JM194147

聴覚障害のある教員が導き出した

生徒の認知特性を生かした指導

聴覚障害児に見られる
傾向や指導上の
工夫点、留意事項

脇中起余子 著

ジアース教育新社

はじめに

　筆者は，新生児のときに薬の副作用で失聴し，補聴器をつけても人の声はほとんど弁別できません。京都府立聾学校幼稚部に入学したときに知っていた日本語は，「ママ」ぐらいだったそうです。その後，キューサインという五十音を表すサインで日本語を獲得しました。3歳児クラスの3学期に初めて発音指導を受けたとき，「フー」と息を出すこともできなかったそうです。それで，筆者は，3歳頃まで日本語がほとんどなく，日本語のインプットは目に見えるキューサインと口形を通してなされたことになります。これらのことは，「視覚優位型・同時処理型」という筆者の認知特性の増強に影響したと思われます。なお，筆者が手話を覚え始めたのは，大学に入学してからです。

　筆者は，小学生の頃から，「みんなが使うこの記憶方法は自分には合わない」と思い，別の方法で記憶したことが何回かありました。そして，京都府立聾学校に数学科教員として着任したとき，最初は教科書や指導書に書かれている方法で指導しましたが，次第に「聞こえない生徒には，私が分かりやすいと思う方法のほうがよいのではないか」と感じて試み始め，手応えを感じるようになりました。その頃は，筆者個人の単なる工夫だと思っていました。また，筆者の指導の順序が教科書に載っている順序と異なる場合もあったので，筆者の工夫を「邪道」と考える人がいるかもしれないという心配がありました。

　その後，「視覚優位型」や「同時処理型」ということばを聞くようになり，聾学校でも発達検査が行われるようになりました。それで，筆者も認知特性との関わりを考えるようになり，それまで筆者が個人的に行ってきた指導上の工夫は，これらの認知特性と関連するのではないかと考えるようになりました。

　この「生徒の認知特性を考慮に入れた指導」について，拙著『聴覚障害教育これまでとこれから』（2009年，北大路書房）の第9章3節（p.165 〜 169）や脇中（2012c）でまとめましたが，もっと多くの具体例を集めたものを出版できないかと思い，ジアース教育新社に相談させていただいたところ，ご快諾をいただきました。

　藤田ら（1998）と熊谷ら（2000，2008，2015，2016）は，『長所活用型指導で子どもが変わる』シリーズの中で，継次処理型向けの指導法と同時処理型向けの指導法を並置させながら詳しく述べています。藤田（2019）も指摘するように，一般の学校での指導法は継次処理タイプのものが多く，そのことから，同時処理型の子どもたちは，継次処理型の子どもたちと比べると，教科学習でつまずきを示す比率が高くなるよう

に思われます。それゆえ，同時処理型が多いと言われる聾学校において，同時処理型と思われる筆者の行ってきた指導上の工夫をもっと詳しくまとめてみたいと思いました。

　本書は，「認知特性を考慮に入れた指導」に焦点を当てたものであり，上述の拙著などいろいろなところで記した内容が含まれています。また，聾学校に数学科教員として長年勤務したときに『ろう教育科学』に多数の論文を投稿し（脇中，1998，2001，2002，2012c など），博士論文も聾学校高等部生徒の算数・数学における困難点をテーマとしました（脇中，2005）。それで，本書で述べた算数・数学に関する記述は，これらの論文で記した内容と重なっています。

　本書の読者の方々には，以下のことに留意していただけたらと思います。
・本書に記した「視覚優位型・同時処理型に有効と思われる指導例」は，いわば筆者の「経験則」によること。
・「この認知特性の子どもには，この指導方法が有効」と十把一絡げにとらえないこと。
・同じ子どもでも，そのときの理解状況などによって有効な方法が変わる可能性があること。
・弱い認知特性の強化を図る指導法よりは，強い認知特性を活用する指導法のほうが，子どもにとって効果的な場合が多いこと。
・世の中にはいろいろな認知特性の人がいることから，最終目標は，多様な認知特性や認知処理様式に対応できる力の育成であると考えること。
・年齢相応の言語力や論理的思考力，問題解決能力を身につけると，結果的に，それらの力の活用によりいろいろな方法に対処できる場合が増えると思われること。

　したがって，本書は，発達検査によって「この子は視覚優位型・同時処理型」と判明しても，「聴覚優位型・継次処理型向きの方法は使わず，視覚優位型・同時処理型向きの方法ばかりにすべき」とは言っていないことに留意してほしいと思います。

　また，「この子（聴覚障害児）は聴覚活用できているから聴覚優位型」のような話を何回も聞きましたが，「目が見えるから視覚優位型」とはならないのと同様に，「耳が使えるから聴覚優位型」とはならないことにも留意してほしいと思います。聴覚障害がない子どもでも「視覚優位型」がときどきみられるのと同様に，聴覚障害がある子どもでも「聴覚優位型」がときどきみられます。

　本書が，いろいろな指導方法を工夫するための一助になれば幸いです。

2024 年 10 月

脇中　起余子

もくじ

第一部

認知特性を考慮に入れた指導の必要性

1章 認知特性とは

（1）「聴覚優位・視覚優位型」と「継次処理・同時処理型」

　私たちは，目や耳，皮膚，鼻，口などの感覚器から入るさまざまな情報を記憶したり処理したりしていますが，どの感覚器から取り入れた情報をどのように処理して記憶・理解・整理・活用・表現を行っているかという「認知特性」は，人によって異なります。例えば，「文字ばかりの文章ではよく理解できない。図や絵がほしい」と思う人，逆に「図をいきなり示されても，どこに注目すればよいのか分からない。『ここがこうだからこうなる』のように，文章の形で説明してほしい」と思う人などがみられます。

　聴覚特別支援学校（以下，聾学校とします）においては，このような認知特性を調べるために用いられることが多い発達検査として，WISC-Ⅲ・Ⅳ・Ⅴと，K-ABCあるいはKABC-Ⅱが挙げられます。

　Hardy-Braz（2009）（上野監訳，2014）は，「一番最初のWISCやWISC-Rが世に出たころには，知能を非言語あるいは言語の使用を減らした形式で測定できる他の検査はなかったため，聴覚障害のある人には長い間ウェクスラー知能検査の動作性検査が最も広く使われていた。他の非言語性の検査が存在する現在でも，ウェクスラー検査の非言語性の検査は最もよく用いられている検査である」と述べています。

　WISC-Ⅲでは，「言語性」と「動作性」のテストの結果によって聴覚優位と視覚優位の傾向のどちらが強いかが分かるとされていました。

　門（2010）は，「自閉症群は，言語性知能指数が動作性知能指数より低い（VIQ＜PIQ）という報告がかつては多かった」と述べていますが，筆者が勤務していた聾学校でも「この子は，言語性知能指数が動

WISC	聴覚優位型	ことばや文章による指導が有効
	視覚優位型	図や絵による指導が有効
K-ABC	継次処理型	部分から全体へ、聴覚的手がかり・言語的手がかりが有効
	同時処理型	全体から部分へ、視覚的手がかり・運動的手がかりが有効

作性知能指数より低い（VIQ ＜ PIQ）」という言い方や，VIQ が PIQ よりかなり高いと「聴覚優位」あるいは「言語優位」であり，VIQ が PIQ よりかなり低いと「視覚優位」であるというような言い方がなされていたように思います。

その後出された WISC-Ⅳ は，それまでの「VIQ，PIQ」の考え方を一新し，「言語理解」や「知覚推理」，「ワーキングメモリ」，「処理速度」の状況によって，有効な手がかりや支援の方法を提起しました。例えば，「言語理解」が優位な場合は，言語による説明でよいですが，弱い場合は，絵カードを用いたり体験させたりして言語によらない理解を図る方法が勧められています。「知覚推理」が優位な場合は，視覚的手がかりが効果的であり，弱い場合は，ことばによる説明が効果的とされています。「ワーキングメモリ」が優位な場合は，聴覚的手がかりが有効ですが，弱い場合は，視覚的手がかりの活用などが必要です。これらのことから，WISC-Ⅳ においても，「言語的手がかり」や「聴覚的手がかり」，「視覚的手がかり」は，支援に際してのキーワードとなっていることがうかがえます。

その後の WISC-V では，それまでの「知覚推理」が「視空間」と「流動性推理」に分かれ，「空間認識は弱いが，推論は得意」や「推論は苦手だが，空間認識はＯＫ」のような傾向が分かるとされています。

最近の WISC 検査は，子どもの強みを細かく見出そうとしていますが，本書では，「聴覚的手がかり」が有効なタイプを「聴覚優位型」，「視覚的手がかり」が有効なタイプを「視覚優位型」と称することにします。

一方，K-ABC は，Kaufman 夫妻によって 1983 年に作成されたものがもとになっており，情報処理の仕方，すなわち「継次処理」と「同時処理」のどちらが得意かが分かるとされています。その後，2013 年に出された日本版 KABC-Ⅱ は，従来の「継次処理」と「同時処理」に「学習能力」と「計画能力」を加えたものになっています。

國末・津島・長南・佐藤・須藤（2019）は，KABC-Ⅱ を聴者と聴覚障害者の大学生に実施し，聴覚障害学生の「継次処理」と「短期記憶」の課題が再確認されたと述べています。

この「継次処理」は，情報を一つずつていねいに時間的な順序にそって処理するものであり，「同時処理」は，複数の情報を同時に見て，その関連性などを理解して処理するものです。「継次処理」の子どもには「部分から全体へ」が効果的であり，「同時処理」の子どもには「全体から部分へ」が効果的であると，よく言われています。

特別支援学校では，認知特性に偏りがある生徒の比率が高く，聴覚障害児の場合，「視覚優位型」や「同時処理型」が多いと言われています。

前川・中山・岡崎（2017）は，重度難聴のある女児の事例紹介のところで，「継次

処理やワーキングメモリーの弱さは，検査自体が聴覚的な記憶や処理を求めているために，難聴のある本児には不利があったと思われる。一方で，同時処理はその相対的な強さであるとともに，難聴の不利を補うべく伸びてきたと考えられた」，「音声提示の聴き取りの限界から，助詞の聴き取りや無意味な文脈の聴き取りに大変困難があった。そのため継次処理の能力そのものを測定しにくい面はあった」などと述べており，同時処理の方法は難聴の不利を補うと考えていることがうかがえます。

また，Hardy-Braz（2009）（上野監訳，2014）は，WISC-Ⅳは「聴覚障害のある子どものための検査の選び方や使い方の実施のガイドラインが掲載された最初の版」であり，「妥当性に関するデータが正式な方法で集められて発表されるまでは，これらのガイドラインやここで述べられた提案はあくまで暫定的なものと考えなくてはならない」と述べていることから，聴覚障害児を対象とする場合の解釈に慎重さを求めていることが分かります。

本書では，「聴覚優位型」と「視覚優位型」，あるいは「継次処理型」と「同時処理型」に着目して，効果的な指導方法を検討します。

WISCで「聴覚優位型」と出て，K-ABCで「同時処理型」と出る例，あるいは逆に，WISCで「視覚優位型」と出て，K-ABCで「継次処理型」と出る例があるかもしれませんが，以下，「聴覚優位型」と「継次処理型」の傾向がある人を「聴継型」，「視覚優位型」と「同時処理型」の傾向がある人を「視同型」と称することにします。

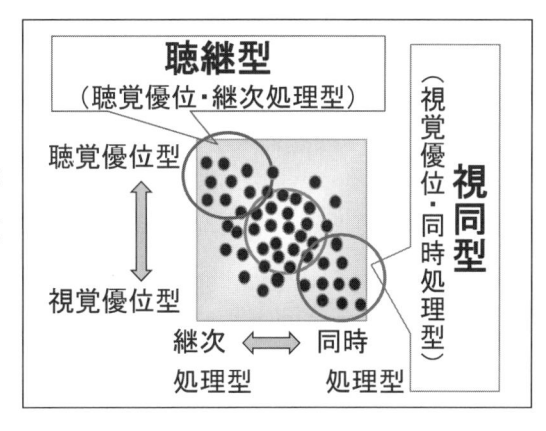

生後すぐに失聴した筆者は，自分も「視同型（視覚優位型・同時処理型）」だと感じてきました。受聴明瞭度はほとんどゼロであり，母音の弁別も難しいです。耳で覚えることや唱えて覚えることが苦手であり，英語学習では，発音記号やアクセントの位置が何回口にしても覚えられませんでした。音楽では，何回声に出して歌っても，ドレミや歌詞が覚えにくかったです。物理では，ドップラー効果（音源が近づくと音は高く聞こえる）を覚えるのに苦労しました。問題が解けないとき，

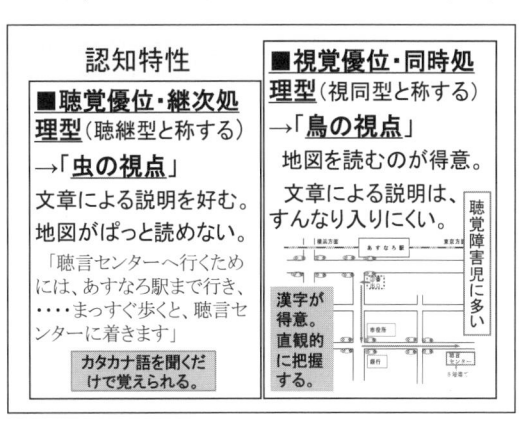

長文による説明が頭に入りにくく，答えを見せられたとたんに直観で理解できたという経験がたびたびありました。どこかへの行き方を説明されるとき，文章による説明が理解しづらく，地図のほうが分かりやすいのにと思ったことが何回もありました。また，自分で自分を見ているような映像での記憶が，現在も多いように思います。

　筆者が聾学校に着任したとき，最初は，先輩の諸先生の指導方法をまねるようにしましたが，次第に筆者なりの指導方法を試み，そのほうが効果的な生徒が多いように感じ始めました。そして，筆者がそれまで個人的に行ってきた学習上の工夫（例えば，「マトリョーシカ」というカタカナ語が覚えにくいので，「的（まと）／良（りょう）／鹿（しか）」という漢字に変換して覚える，表形式にして整理する）は，この視同型と関連するのではないかと思い始めました。さらに，聾学校で「ひらがな語やカタカナ語に比して漢語を覚えるのが得意。直観による理解が多い。長文の理解に時間がかかる。思考するとき視線が右上や上を向く」という特徴がみられる生徒は視同型ではないかと考えて指導にあたるようになりました。また，聾学校で教員や生徒に対する手話研修や手話学習に長年関わり，手話を覚えるのに時間がかかる人は聴継型が多いという仮説を抱き始めました。

　認知特性と関わる用語として，他に，ＮＬＰ（神経言語プログラミング）によると，「聴覚型」「視覚型」「体感覚型」があるといいます。「ネコ」と聞いて，「聴覚型」は，鳴き声が聞こえることが多く，「視覚型」は，ネコの映像を思い

NLP （神経言語プログラミング）	聴覚型	「ネコ」と聞いて泣き声が聞こえてくる。目は右左に動くことが多い。聴覚に訴えることばを使う。
	視覚型	「ネコ」と聞いて姿を思い浮かべる。目は上を見ることが多い。視覚に訴えることばを使う。
	体感覚型	「ネコ」と聞いて手触りを思い出す。目は少し下を見ることが多い。感情や感覚に訴えることばを使う。

浮かべることが多く，「体感覚型」は，ネコの手触りを思い出すことが多いかもしれません。実際は，多くの人間は五感を使って情報を受け止めているので，同じ人でも，「家」と聞いたら家の映像を，「風鈴」と聞いたら「リーン」という音を，「湯たんぽ」と聞いたら温かみを，「やけど」と聞いたら「あちっ」という感覚を思い浮かべるかもしれません。筆者は，「太鼓」と聞くと，大きな低い音が耳から聞こえてくるイメージよりは，身体に響いてくる感じをイメージします。

（２）認知特性を考慮に入れた指導の必要性

　本書の目的は，「この人は，聴覚優位型と視覚優位型のどちらか」，「この人は，継次処理型と同時処理型のどちらか」というように人を分類することではなく，いろいろな認知特性の人がおり，「記憶しやすさ」や「分かりやすい方法」は人によって異

なることを念頭に置き，授業や指導にあたって様々な方法を工夫できる人を増やすことです。

　現在の学校教育や教科書は，どちらかと言えば，聴覚優位型や継次処理型の生徒に有利にできており，視覚優位型や同時処理型の生徒にとっては不利にはたらく可能性があると感じてきました。藤田（2019）も，「一般に定番スタイルといわれる学習法や，学校での指導法には，継次処理タイプのものが多いようです」と述べています。聴覚優位型や継次処理型の「聴継型」にはそのような認知特性を活かした授業を，視覚優位型や同時処理型の「視同型」にはそのような認知特性を活かした授業を用意してあげたいと思います。

　中野（2007）は，算数指導や体育指導において継次処理と同時処理を活かした支援方法を考えて39名のクラスで実践しています。算数指導については，継次処理型向けのプリントと同時処理型向けのプリントを用意して児童に選ばせたところ，前者を選んだのは4名，後者を選んだのは35名でしたが，両方のプリントに

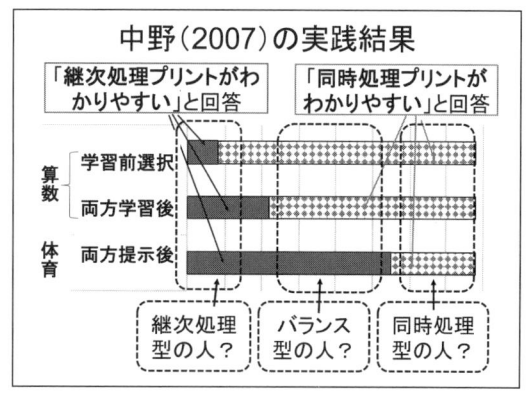

取り組ませたあと，どちらが分かりやすかったかを尋ねたところ，前者を選んだのは11名，後者を選んだのは28名であったといいます。一方，体育指導については，継次処理型向けの支援のほうが分かりやすかったと回答した児童は27名，同時処理型向けの支援のほうが分かりやすかったと回答した児童は12名であったといいます。

　中野（2007）のデータから，継次処理型向けの支援と同時処理型向けの支援の両方を経験したあと，①両方とも継次処理の支援のほうが分かりやすかったと回答した児童（最大11名と考えられる），②両方とも同時処理の支援のほうが分かりやすかったと回答した児童（最大12名と考えられる），③算数指導では同時処理のほうが分かりやすかったが，体育では継次処理の支援のほうが分かりやすかったと回答した児童（最大27名と考えられる），④③と逆のパターンの児童が存在し，①が継次処理型の児童で，②が同時処理型の児童で，③がバランス型の児童である可能性が考えられます。

（3）石川倉次と認知特性

　藤田・青山・熊谷（1998）や熊谷・青山・藤田（2000）は，認知特性を考慮に入れた指導の必要性を強調していますが，筆者は，すでに明治時代に，石川倉次という人が，「認知特性」ということばこそ用いていないものの，聴覚障害児に多い認知特性を考

慮に入れた指導の必要性に言及したと考えています。

　石川倉次は，1887（明治20）年に楽善会訓盲唖院（東京盲唖学校と改称）に赴任して点字考案作業に関わり，のちに「日本点字の父」と呼ばれるようになった人です。盲唖分離により東京盲学校が新設された1910（明治43）年以降は，東京聾唖学校に残り，1925（大正14）年に退職したという経歴から，石川倉次は，盲児と聾唖児の両方に教えた経験があり，両者の違いをよく感知していたと思われます。

　1889（明治22）年に出された「日用単語」に記載されている「尋常科ニ関スル［唖］生ノ希望」の中にある石川倉次の文章を以下に紹介します。

「第一ニ通意術ヲ授ケ玉ヘ，次ニ自活ノ方ヲ教ヘ玉ヘ」

　　第一「常人ノ談話文章ヲ誤リナク知ルノ方ヲ教ヘ玉ヘ」

　　第二「我等ノ思想ヲ誤リナク常人ニ通ズルノ方ヲ我等ニ教ヘ玉ヘ」

　　第三「最モ少時間ヲ以テ最モ覚易クシテ教ヘ玉ヘ，一ヲ知レバ十ヲバ我等自身ニテ

　　　　　モ推シ知ラレ得ル様ニ導カレヨ」

　　第四「我等自身ニテ知リ得ル事物ヲバ教ヘ玉フナ」

　　第五「我等自身ニテ知ラルル様其方便ヲ授ケ玉ヘ」

　以上の文は，小畑（1985）に掲載されていたものをそのまま掲載したものです。大西（2017）に掲載されている文と若干異なりますが，意味は同じです。

　大西（2017）の現代語訳によると，第一は「話の内容，文章が理解できる方法を教えてください」，第二は「私たちの考え，意見を伝える方法を教えてください」，第三は「効果的に，わかりやすい方法で教えてください」，第四は「自分で分かること，できることは教えなくてもいいです」，第五は「自分で分かるようになるためには，どうするとよいのか，勉強の仕方を教えてください」という意味とされています。

　筆者としては，この第一と第二の記述は，助詞などの微妙な日本語や聴者の世界の「暗黙のルール」などを聴覚障害児にも教えてほしいという意味が含まれていると解釈します。第三の記述は，「短時間で大量に教えてほしい」「一を知ったらあとは自分で学べる方法を教えてほしい」という意味であり，これは視同型に効果的な方法で教えてほしい意味であると考えます。そして，第四の記述は，「自分で見て分かることを，わざわざ口頭で説明する必要はない」という意味ですが，筆者も「前置きは短く。結論を早く教えてほしい」「文字にすでに示されていることをわざわざ口頭で繰り返さないでほしい」「私にとっては，自学自習が最も濃密な学習時間だ」と思った経験が何回もあります。第五の記述は，「自分で学べる方法を教えてほしい」という意味であり，これは「バナナを与えるのではなく，バナナの取り方を与えること」に通じると考えます。

　石川倉次は，視覚障害児と聴覚障害児の両方に接し，聴覚障害児に多い独特の認知特性（視覚優位型・同時処理型）を感じていたのではないでしょうか。もし，視覚障害児に多い独特の認知特性を感じていたならば，「盲生ノ希望」が出されたはずと考えます。

　筆者は，特に第三と第四の記述は，「直観に訴えるような教え方が分かりやすい」「他人から長文で説明されても頭に入りにくい。自ら活動してまとめるほうが頭に入りやすい」という聴覚障害児に多い傾向と関連するととらえています。

（4）「言語優位」と関わって

　宮城県総合教育センター（2019）は，「特性理解編」の中で，「認知特性とは，目で見る，耳で聞くなどの五感を中心とした感覚器から入ってきた様々な情報を，脳の中で『整理』『記憶』『理解』する能力のこと」と述べ，情報を「見て記憶する」のが得意な「視覚優位」，情報を「読んで記憶する」のが得意な「言語優位」，情報を「聞いて記憶する」のが得意な「聴覚優位」があるとし，「聴覚優位，言語優位の人は『継次処理』の方が得意で，視覚優位の人は『同時処理』の方が得意とされて」いると述べています。

　この「言語優位」に関して，本田（2012）は，「視覚優位者」には「①写真（カメラアイ）タイプ」と「②三次元映像タイプ」が，「言語優位者」には「③言語映像タイプ」と「④言語抽象タイプ」が，「聴覚優位者」として「⑤聴覚言語タイプ」と「⑥聴覚＆音タイプ」があると述べています。

　本田（2012）の言う①～⑥のタイプについて，「この人は②，この人は⑥」などと単純に分類できません。実際，本田（2012）の問題に取り組んでみると，「自分は，②と④の得点が高かった」というように，複数の項目の得点が高く表れる場合があります。

　筆者の個人的な印象ですが，「⑤あるいは⑥（聴覚優位）」と「③あるいは④（言語優位）」が同時に高い人や，「①あるいは②（視覚優位）」と「③あるいは④（言語優位）」が同時に高い人は多いのに対し，「①あるいは②（視覚優位）」と「⑤あるいは⑥（聴覚優位）」が同時に高い人は少ないように思います。また，聴覚優位の子どもが言語優位になる場合と，視覚優位の子どもが言語優位にな

筆者が感じている傾向と関連	
「聴継型」とする	「視同型」とする
聴覚優位型	視覚優位型
継次処理型	同時処理型
地図が読めない女	話を聞かない男
女脳	男脳
「察してよ」	「はっきり言えよ」
女児に多い傾向	男児に多い傾向
言葉が早い。口達者。	「早く」と言われがち。
言われる前にできる。	夢中になると周りが見えない。
早熟型が多い。	大器晩成型が多い。
複数の指示が入る。	複数の指示が入らない。

る場合を比べると，どちらかと言えば前者のほうが容易なように感じています。

　次に，Allan Pease & Barbara Pease（2002）の『話を聞かない男，地図が読めない女』は，世界のベストセラーになった本ですが，そこで「男脳」「女脳」という言葉が出てきます。男と女の違いに関しては，五百田（2014）の『察しない男，説明しない女』などの本も出されています。

　「男はみんなこうである」などと決めつけることは良くありませんが，「このような人もいれば，このような人もいる」ことについては，否定する人はいないでしょう。

　この Paese ら（2002）の挙げた質問は，本田（2012）の挙げた質問と重なるものがあり，「男脳」はどちらかと言えば視同型と，「女脳」はどちらかと言えば聴継型と重なるものがあるように思いました。前者は，男児に多く，夢中になると周りが見えないタイプや，察することが苦手であり，「はっきり言えよ」と言うタイプが多いのに対し，後者は，女児に多く，言葉が早く口達者であり，複数の指示が入りやすいタイプや，「察してよ」と言うタイプが多いと感じています。

（5）「言語優位」と「9歳の壁」

　「9歳の壁」あるいは「10歳の壁」の存在は，聾学校でいちはやく指摘されてきました。これは，小学校高学年以降の教科学習が難しい現象などをさします。小学校高学年以降は，ことばでことばを理解するという抽象的思考や三段論法の利用といった論理的思考が求められる場面が増えます（脇中，2013a など）。

　同じ問題でも，直観で分かる人と理詰めで分かる人がいます。9歳以前は，現実世界で直観を働かせて解決できることが多いですが，9歳以降は，言語的・論理的な思考による解決が求められることが増えます。

　例えば，定型発達児であれば4歳半以降直観によって解けるという「心の理論」問題は，自閉症児や自閉スペクトラム児にとっては難しいですが，言語性知能検査で9歳レベルを越えると正答できるようになるといいます（別府・野村（2005），河内・佐藤（2008）など）。これは，直観による解決と言語的・論理的理由づけによる解決がある可能性を示唆します。

　聴覚障害児は視同型が多いですが，この認知特性の偏りは，「9歳の壁」を越えると目立たなくなるように感じています。この筆者の感じていることを，次ページの絵に表してみました。

　赤ちゃんは，まだはっきりした言語を身につけておらず，全身を使って情報を受け止めています。実際は，顕著な障害がない場合，聴覚的情報と視覚的情報の両方を受け止めていますが，絵の中では，聴覚優位の子どもは「聴覚的情報を処理する能力」

の上に立ち，視覚優位の子どもは「視覚的情報を処理する能力」の上に立つものとして描きました。そして，言語処理能力や論理的思考力を獲得した子どもは，それらの力を土台にして，「9歳の壁」を越え，抽象の世界に入っていきます。「言語優位」なタイプに見えますが，その根底には聴覚的情報の処理能力あるいは視覚的情報の処理能力が存在しています。

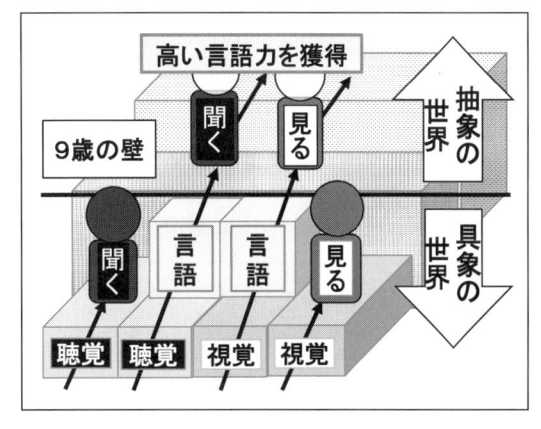

　筆者の場合も，自分の視同型という認知特性は，この言語処理能力や論理的思考力の力を借りて目立たなくなっているかもしれません。その例を以下に挙げます。

　例1）「音源が近づくと高く聞こえる」というドップラー効果の公式について，筆者はそのように感じた体験がありません。高音が聞こえにくく，低音が聞こえやすい特性をもつ筆者としては，音源が近づくと音が大きくなるので，どうしても「音源が近づくと低く聞こえる」ような気がしていました。それで，この公式を覚えるために，「ドップラーと言えば知多半島。『ち』は『近づく』，『た』は『高い』」と覚えました。

　例2）イランとイラクの位置が覚えにくかったので，あいうえお順に並んでいると覚えました。つまり，今は左から右へ書くので，左が「イラク」，右が「イラン」になります。

　例3）「アクエリアス」という飲み物の名前がなかなか覚えられず，「悪（あく）／エリ／明日（あす）」（悪い子エリの明日が心配）で覚えました。

　例4）数学の公式（加法定理）について，「$\sin(A + B) = \sin A \cos B + \cos A \sin B$」は，「咲いた　コスモス コスモス　咲いた」が有名で，「幸子小林，小林幸子」もあるといいます。一方，「$\cos(A + B) = \cos A \cos B - \sin A \sin B$」は，「コスモス コスモス 咲かない 咲かない」が有名で，「小林小林，幸子幸子」もあるといいます。この「咲いたコスモス コスモス　咲いた」や「コスモス コスモス 咲かない 咲かない」が覚えられる人は，聴覚的に歌詞のように覚えているのだろうと想像しますが，筆者は，この「聴覚的に覚える」というのが苦手です。筆者は，何回も口ずさんで覚えようとしても，「コスモス咲いた，咲いたコスモス，だったかな？」「咲かないコスモ

加法定理の公式の覚え方	
よく言われる記憶法	$\sin(A+B) = \sin A \cos B + \cos A \sin B$ **咲**いた**コスモス**　**コスモス咲**いた $\cos(A+B) = \cos A \cos B - \sin A \sin B$ **コスモスコスモス**　**咲**かない**咲**かない （肯定形は「+」を，否定形は「−」を表す）
筆者の記憶法	「**し**→sin」、「**こ**→cos」、順接→「+」、逆接→「−」 $\sin(A+B) = \sin A \cos B + \cos A \sin B$ **しこ**を踏んで、　　**腰**を落とす $\cos(A+B) = \cos A \cos B - \sin A \sin B$ 「**コッコ**」と鳴くも、　　**獅子**となる

ス，コスモス咲かない，だったっけ？」などとごちゃごちゃになって覚えにくかったので，自分で「しこを踏んで，腰を落とす」「コッコと鳴くも，獅子となる」というのを作って覚えました。つまり，「しこ」「腰」「コッコ」「獅子（しし）」の「し」は「sin」，「こ」は「cos」です。また，「踏んで」は順接なので「＋（プラス）」でつなぎ，「鳴くも」は「鳴いたが」を意味する逆接なので「－（マイナス）」でつなぎます。そうして，「sin A cos B ＋ cos A sin B」「cos A cos B － sin A sin B」が作れることになります。

　これらは，言語の力を借りて覚えたと言えるでしょう。

　なお，ある左利きの児童は，漢字をよく間違えており，家庭で「左から右へ書く！」と何回も言われていましたが，小学校高学年以降，家庭での漢字学習の必要性を感じることがぱったりなくなったのは，言語の力が左利きという不利な特性をカバーしたということはないかと思ったことがあります。単に慣れたからだけかもしれませんが。

（6）概要呈示の重要性

　筆者は，聾学校高等部で長年数学（算数を含む）を教えてきましたが，聾学校では，「AはBより５多い」，「AはBの２倍である」のような文章を読んで，「AとBのどちらが多いか」をすぐに判断できない例がかなりみられました。筆者は，着任当時，「高校数学の計算問題が解けるのに，『AはBより５多い』という文を読んで『Aが長く，Bが短い線分図』をすぐに描けない生徒が，なぜこんなに多いのか」と驚かされました。「ゾウは犬より大きい」という文では，「ゾウ」と「犬」の実物を知っているので，大小関係がすぐに分かりますが，「AはBより大きい」のように単語から内容を推測できない文になると，大小関係の判断に時間がかかる例が多いです。

　例えば，「商品パピを選択した人は，１回目の調査では，商品ペポを選択した人と比べると，12人少なかった」という文があるとします。商品パピや商品ペポをイメージできない場合，これらは「A」や「B」のように内容をイメージできない単なる記号と同じになります。しかも，「パピ」という語と「ペポ」という語の間に，「選択した人」や「１回目の調査」などの語が入るので，「パピ」という単語を頭の中で保持しながら，そのあとの情報を聞き，「ペポ」と「より少ない」という語を聞いて，すぐに「パピ＜ペポ」という大切な情報を自分の脳内で保持する必要があります。

　文を聞いて把握した情報の保持，必要な情報と不要な情報の弁別，大小関係の判断がすぐにできる聴継型は，「‥パピ‥‥ペポ‥つまり，パピ＜ペポ，だ」と情報を要約できます。

　しかし，これらが苦手な視同型は，「パピ」という情報を保持しようとしても，そのあとの語を受信すると，その語を無視してよいか保持するべきか迷ったりして，最

初に保持しようとした「パピ」がぼやける可能性があります。また，大小関係がすぐに判断できないので，「パピ＞ペポ」か「パピ＜ペポ」か迷ったまま，その次の文に突入することになります。

```
■長文の説明            ■聴継型
「商品パピを            →‥パピ【保持】‥
選択した人は，          →‥‥【無視】‥‥
商品ペポを              →‥‥ペポ‥‥
選択した人と            →‥‥【無視】‥‥
比べると，              →‥‥【無視】‥‥
12人少なかった」        →パピ ＜ ペポ
                       【情報の保持・選択・
                       要約を自力で行う】
                       （文により大小関係を理解）
```

　それで，「40人を対象に調査を3回行ったところ，商品パピを選択した人は，1回目の調査では，商品ペポを選択した人と比べると，12人少なかったが，2回目の調査では，パピとペポの差は縮まった。そして，3回目の調査では，パピとペポのそれぞれを選んだ比率は，完全に逆転した」という長文が与えられたとき，聴継型の人は，この長文から「1回目は，パピ＜ペポ。2回目は，パピ≒ペポ，3回目は，パピ＞ペポ」という情報を脳内でまとめられます。

```
■長文の説明            ■視同型
「商品パピを            →‥パピ【保持しようとする
                        が，やがてぼやける】‥
選択した人は，          →‥【無視？保持？迷う】‥
商品ペポを              →‥ペポ‥
選択した人と            →‥【無視？保持？迷う】‥
比べると，              →‥【無視？保持？迷う】‥
12人少なかった」        →パピ ＞？＜？ ペポ
                       【情報の保持・選択・要約が
                       難しい】（文だけでは，大小関
                       係のとっさの判断が難しい）
```

しかし，視同型の人（あるいはワーキングメモリが小さい人）は，すでに聞いた単語を脳内にとどめながら聞くことが苦手なので，「パピ」のあとに出されるいろいろな単語に接している間に頭がいっぱいになり，最終的に，「1回目は，パピ＞？＜？ペポ。2回目は，パピ≒ペポ，3回目は，パピ＞？＜？ペポ」となってしまう例があると考えられます。

　そこで，この長文を話す前に，右に示したようなグラフ（パピとペポの選択率を示したグラフ）を提示すると，視同型の人は，グラフを見てぱっと「パピは，最初はペポより少ないが，回を重ねるごとに増えている」ことを頭に入れてから，話を聞くことができます。それで，長文を聞いて，「1回目は，パピ＜ペポ。2回目は，パピ≒ペポ，3回目は，パピ＞ペポ」という情報をまとめることができます。

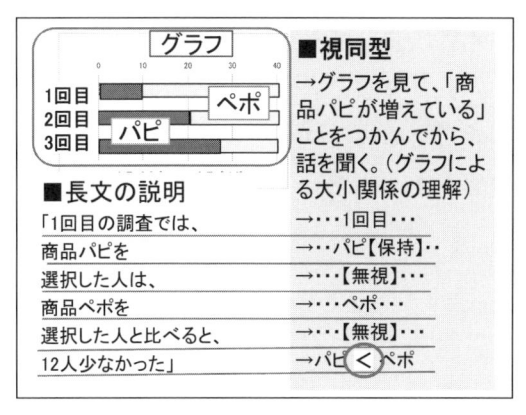

```
グラフ
        0  10  20  30  40
1回目
2回目            ペポ
3回目        パピ

■視同型
→グラフを見て，「商
品パピが増えている」
ことをつかんでから，
話を聞く。（グラフに
よる大小関係の理解）

■長文の説明
「1回目の調査では，      →‥‥1回目‥‥
商品パピを              →‥‥パピ【保持】‥
選択した人は，          →‥‥【無視】‥‥
商品ペポを              →‥‥ペポ‥‥
選択した人と比べると，    →‥‥【無視】‥‥
12人少なかった」        →パピ ＜ ペポ
```

　「同時処理型は『全体から部分へ』の教え方が良い」とよく言われますが，その例の一つが，上述したように「概要を頭に入れてから詳細を聞く」です。このことが，挿絵の効果の違い，マンガを好む度合い，プレゼンテーションソフト使用の有効性の

違い，配付資料を事前に渡すことの有効性の違いと関連すると思われます。

　突然長文を聞く場合は，自分で大切な情報と不要な情報の弁別や自力での要約が求められるので，この経験を積み重ねた人は，以下の力を育成している可能性があります。

・ワーキングメモリの増大
・必要な情報と不要な情報を弁別・取捨選択する力
・整理・要約する力
・「AはBより大きい」を聞いて，とっさに大小関係を判断する力

　これらの力は，所有しているほうが望ましいものばかりです。したがって，視同型の人に対して視同型に有効な方法ばかりを使うのではなく，最終的には，聴継型に有効な方法であっても理解できる力も培う必要性も念頭におきながら指導にあたる必要があります。

　その一方で，同じ内容の情報を与えるとき，例えば，「英語を読む力を伸ばすために」と称して英文ばかりを使用し，結果的に本人の頭に届く情報量が少なくなる事態が続くのも，本人にとっては大きな損失となるでしょう。これと同じように，視同型の子どもに「聴継型の方法でも理解できる力を伸ばすために」と称して，聴継型向けの指導や支援ばかりを行い，結果的に本人の頭に入る知識量が少なくなる事態が続くのも，本人にとって大きな損失となるでしょう。

　最近，聴覚障害教育現場では，プレゼンテーションソフトを利用する授業が多いです。また，講演では，プレゼンテーションソフトを利用して概要を提示するものが増えており，これらは聴覚障害児・者にとって非常に有益なものです。

　本書においても，概要が事前に示されなくても長文が頭に入る聴継型の人だけでなく，概要を頭に入れてからのほうが長文が理解しやすい視同型の人にも多くの内容を届けるために，プレゼンテーションソフトを利用した講義形式に近づくよう，随所に概要をまとめたもの（図や絵）を載せておきます。

2章 自分の認知特性を考えてみよう

（1）自分の認知特性を考えてみるための問題

　自分の物事の感じ方や処理の仕方は，他の人のそれと同じでしょうか。考えたことがないと言う人が多いかもしれません。

　自分の認知特性を考えてみるために，次の設問1）〜14）について考えてみてください。あまり深く考えずに，ぱっと答えてください。

　例えば「私は，同年齢の人（同性の人）

> **自分と異なる認知特性の人に気づくための質問**
>
> 質問に対して、「1〜5」のどれかを答えてください。
>
> ■例：「私は、同年齢の人（同性の人）と比べて、食べる量が多いですか？　少ないですか？
>
> ←── 1 ── 2 ── 3 ── 4 ── 5 ──→
>
> | とても　やや
多い | どちらでも
ない・普通 | やや　とても
少ない |
> |---|---|---|
>
> ※「わからない」は、「3」としておいてください。

と比べて，食べる量は多いか少ないか」という問いがあるとします。とっさに「私は大食いで，皆に驚かれている」と思ったら，「1（とても多い）」を記すとよいです。「少なめ」と思ったら「4（やや少ない）」を記すとよいです。「どちらでもない」あるいは「分からない」と思ったら，「3」を記すとよいです。同様にして，以下の設問に答えてください。

設問1）	あなたの回答（　　　　　　　）

　あなたが見る夢は，どちらが多いですか。「人の話し声や風の音など，聴覚的なイメージの夢を見ることが多い」に対して「非常にあてはまる」と思ったら，「1」を記してください。「真っ赤な夕日，黄色い花など，カラーであり，視覚的なイメージの

> **1) あなたが見る夢は、どちらが多いですか？**
>
> ←── 1 ── 2 ── 3 ── 4 ── 5 ──→
>
> | 非常に　かなり
A）である | どちらとも
言えない | かなり　非常に
B）である |
> |---|---|---|
>
> | A）人の話し声や風の音など、<u>聴覚的</u>なイメージの夢を見ることが多い | B）真っ赤な夕日、黄色い花など、カラーであり、<u>視覚的</u>なイメージの夢のほうが多い |
> |---|---|

夢のほうが多い」に対して「非常にあてはまる」と思ったら，「5」を記してください。

| 設問 2) | あなたの回答（　　　　　　　） |

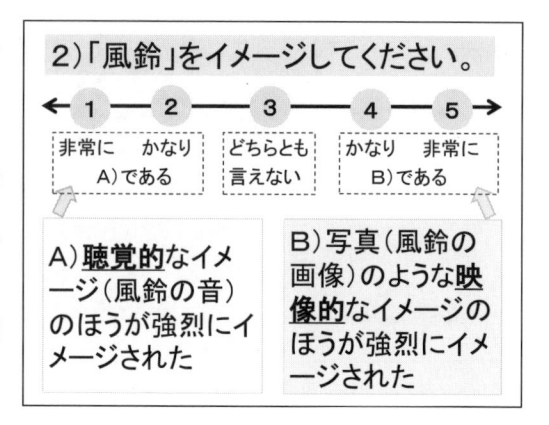

「風鈴」を約5秒間イメージしてください。

この5秒間に，「風鈴の音という聴覚的なイメージ」と「風鈴が風に揺れている視覚的なイメージ」のどちらを，より強烈にイメージしましたか？　この設問では，触覚的イメージ（「ふわふわしている」など）は考えないものとします。

| 設問 3) | あなたの回答（　　　　　　　） |

次の文章を聞いて（読んで），その場面をイメージしてください。

「花子は，人の間をかき分けて，彼のところへ行った。」

あなたがイメージした内容は，「『花子』を『私』に重ね，私から見た映像を思い浮かべる」と「『花子』の姿を第三者として眺める」のどちらに近かったでしょうか。

| 設問 4) | あなたの回答（　　　　　　　） |

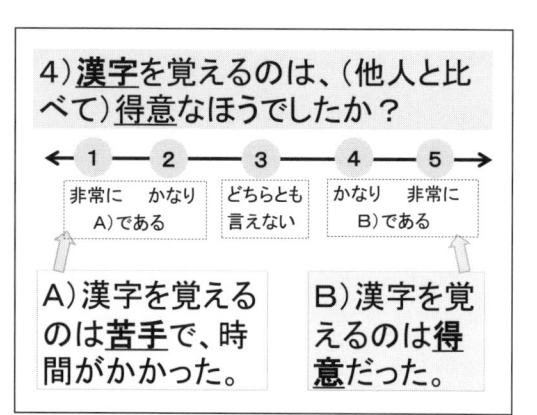

小学校一年から漢字学習が始まります。漢字をすぐに覚えられる人や，逆に何回書いても覚えられない人がいるでしょう。

あなたは，この漢字学習は，他の人と比べて苦手なほうでしたか。それとも得意なほうでしたか。

設問 5)	あなたの回答（　　　　　　　）

　「サンスクリット」「アルストロメリア」などのカタカナ語を難なく覚える人とそうでない人がいるでしょう。

　あなたがこのようなカタカナ語を覚えるとき，聞いて覚えるほうが得意でしたか，それとも見て覚えるほうが得意でしたか。あるいは，聞いて覚えるほうを選びたいと思いますか。それとも，見て覚えるほうを選びたいと思いますか。

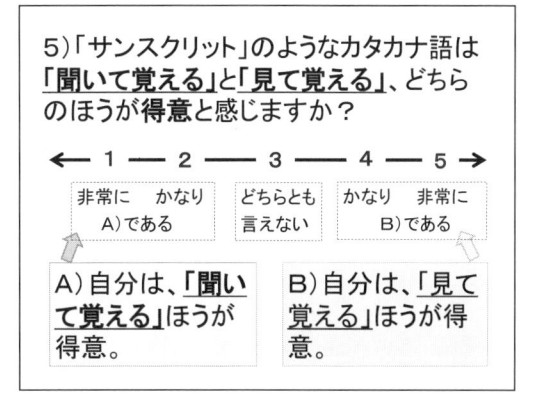

設問 6)	あなたの回答（　　　　　　　）

　あなたは，「田中」「佐藤」などの人の名前を覚えるとき，聞くだけで覚えられると感じていますか。それとも，文字も見るほうが覚えやすいと感じていますか。

　なお，ここでは，漢字が難しい人名や同音異字の人名の場合は考えなくてよいです。

設問 7)	あなたの回答（　　　　　　　）

　歌詞を覚えるとき，聞くだけで覚えられますか。それとも，文字を見ながらのほうが覚えやすいと感じていますか。

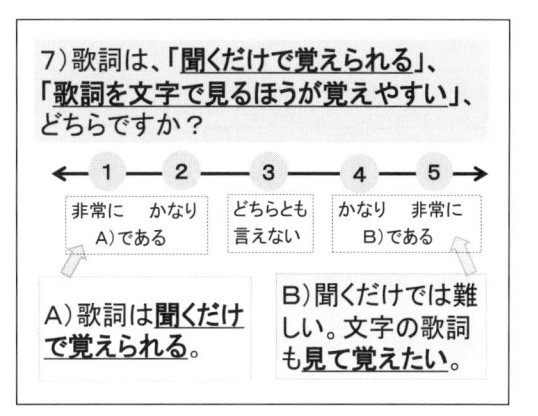

設問 8)	あなたの回答　（　　　　　）

どこかへの行き方を尋ねたとき，「この道をまっすぐ行って，2つめの交差点で右へ曲がって…」のように文章で説明されるほうがよいですか。それとも，地図を渡され，「今いる場所はここで，あなたの行きたい場所はここ」とだけ教えてもらうほうがよいですか。

道案内の複雑度によるでしょうが，簡単な道案内の場合と考えてください。

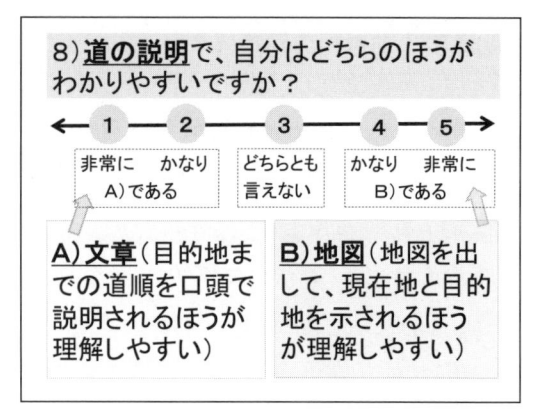

8)**道の説明**で、自分はどちらのほうがわかりやすいですか？

← 1 — 2 — 3 — 4 — 5 →

非常に　かなり　A)である／どちらとも言えない／かなり　非常に　B)である

A)文章（目的地までの道順を口頭で説明されるほうが理解しやすい）　**B)地図**（地図を出して、現在地と目的地を示されるほうが理解しやすい）

設問 9)	あなたの回答　（　　　　　）

次の文章を聞いて（読んで），その場面をイメージしてください。

「私は，人の間をかき分けて，彼のところへ行った。」

あなたがイメージした内容は，「自分を『私』に重ね，私から見た映像を思い浮かべる」と，「『幽体離脱』のように，『私』の姿を第三者として眺める」のどちらに近かったでしょうか。

9)**「私は、人の間をかき分けて、彼のところへ行った」**を読んで、イメージしてください。

1 — 2 — 3 — 4 — 5

非常に　かなり　A)である／どちらとも言えない／かなり　非常に　B)である

A)自分を「私」に重ね、私から見た映像を思い浮かべる。　一人称の「私」　B)「幽体離脱」のように、「私」の姿を第三者として眺める。　三人称の「私」

設問 10)	あなたの回答　（　　　　　）

あなたが誰かに叱られている場面をイメージしてください。

そのイメージは，叱られている本人の目に映る映像でしたか。それとも，幽体離脱のように，私が誰かから叱られているのをもう一人の私が眺めている感じの映像でしたか。

10)**「叱られる場面」**をイメージしてください。

← 1 — 2 — 3 — 4 — 5

非常に　かなり　A)である／どちらとも言えない／かなり　非常に　B)である

A)叱られている本人の目に映る映像を思い浮かべる。**虫の視点。**　B)誰かが叱られている映像を思い浮かべる。**鳥の視点。**

設問 11)	あなたの回答（　　　　　）

あなたが車とぶつかったことがあるとします。そのときの記憶映像は、車とぶつかったときの本人の目に映った映像、つまり車が自分に迫ってくる映像でしたか。それとも、幽体離脱のように、自分が車とぶつかるのをもう一人の自分が眺めているような感じの映像でしたか。

設問 12)	あなたの回答（　　　　　）

あなたが本を読むとき、読み上げる声が脳内で聞こえますか。

いろいろな人の声が聞こえるか、一人だけの声が聞こえるかは、どちらでもよいです。

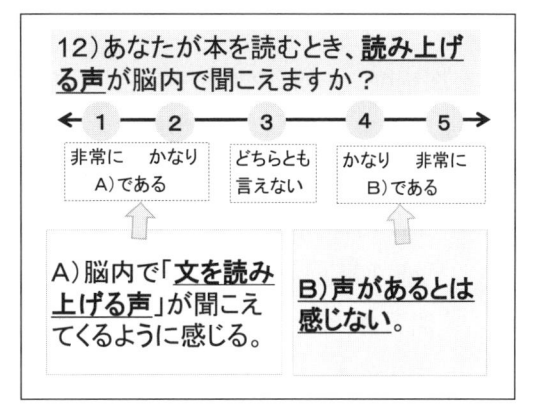

設問 13)	あなたの回答（　　　　　）

あなたは、ベッドの上で左半身を下にして横になっています。誰かから「右足を上下に動かしてください。」と言われて、そのようにしました。そのときのあなたの足の動きは、自分の体の軸にそって頭に近づけたりつま先に近づけたりするような動きになりましたか。それとも、天井に近づけたり地面に近づけたりするような動きになりましたか。

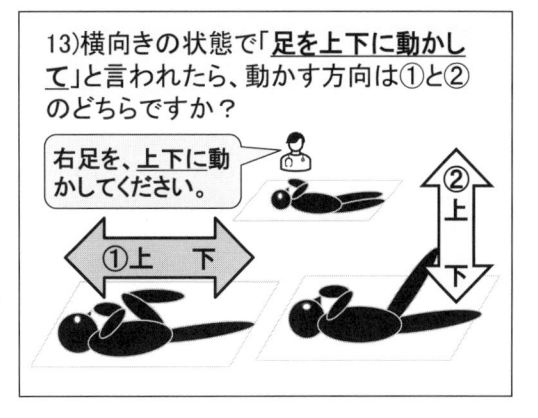

設問 14)	あなたの回答　　a) (　　　　) b) (　　　　) c) (　　　　)

　聾学校（聴覚特別支援学校）に着任された方は，この設問も考えてみてください。

　a) 同年齢・同性の同僚と比べて，自分は手話を覚えるのが遅いほうだと感じましたか。それとも早いほうだと感じましたか。

　b) 同年齢・同性の同僚と比べて，自分は相手の手話を読み取るのが難しいほうだと感じましたか。それとも易しいほうだと感じましたか。

> 問題14)聾学校に着任した先生方にお尋ねします。
> a)「自分は（同年齢の同僚と比べて）、手話を覚えるのが【遅い／早い】ほうだ」と感じた。
> b)「自分は（同年齢の同僚と比べて）、相手の手話を読み取るのが【難しい／易しい】ほうだ」と感じた。
> c)「自分は（同年齢の同僚と比べて）、ろう児の不明瞭な発音を理解するのが【難しい／易しい】ほうだ」と感じた。

　c) 同年齢・同性の同僚と比べて，自分は聴覚障害児の不明瞭な発音を理解するのが難しいほうだと感じましたか。それとも易しいほうだと感じましたか。

（2）各設問について

　（1）の設問 1)〜14) について，筆者の個人的経験や大学での調査結果を交えながら説明します。大学で調べたのはかなり前のことであり，いずれも聴覚障害教育について学ぶ講義の中で，自分の認知特性を考えさせるために集計し，講義の中で示したものです。学生のほとんどは聴覚障害のない学生であり，聴覚障害学生は各年度に0〜2名みられました。

　設問 1) について。聴者に「その夢の中で音声が出てくるか」と尋ねると，肯定した人が多かったので，「夢を見るとき，聴覚的イメージ（音）と視覚的イメージ（映像）のどちらが多いか」という設問 1) を用意したところ，図に示したように，年度や大学によるばらつきはあるものの，聴覚的イメージが多いと回答した人と視覚的イメージが多いと回答した人の両方がみられました。

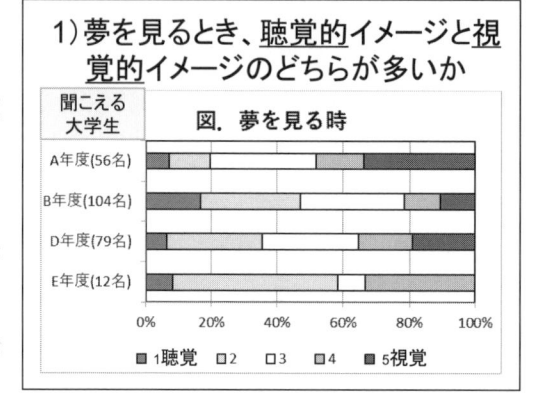

　筆者の場合は，夢に音声はほとんど出てきません。一回だけ「爆発音」がした夢を見たことがありますが，そのときは炎の色も鮮明でした。夢の中での人との会話は，口を見て読話しているようなイメージがあります。

　なお，筆者が子どものとき，「白黒の夢を見る人が多い」と聞いて，「私の夢はカラ

ーだ」と思いましたが，最近はカラーの夢を見ると言う人が多いようです。白黒テレビが多かった時期は，白黒の夢を見る人が多かったのでしょうか。

設問2）について。最初は「ネコ」という語を用いて「聴覚的イメージと視覚的イメージのどちらを抱いたか」を尋ねましたが，「視覚的イメージ」と回答した人が多かったので，「風鈴」という語に変えたところ，聴覚的イメージと回答した人の比率が増えました。

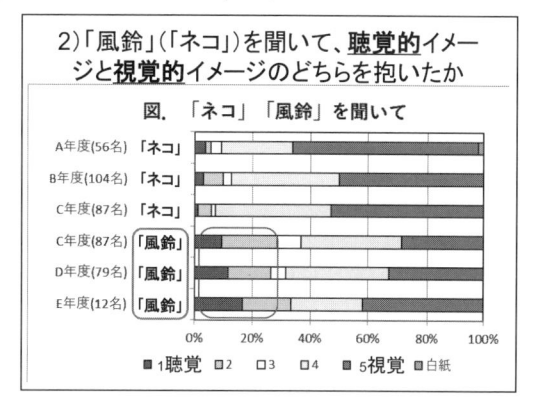

筆者の場合は，視覚的イメージが多く，聴覚的イメージはほとんどありません。触覚的イメージは，単語によると感じています。例えば，「やけど」という語を聞いたら，「あちっ」という感覚を真っ先にイメージするでしょう。ここで，触覚的イメージも含めた質問にすると，異なる結果になるかもしれません。

設問3）については，後述します。

設問4）〜7）について。これらは，記憶に関する設問です。

設問4）「漢字の記憶は得意だったか」について，「やや得意」「得意」と答えた比率が半数を超えた年度が多いようでした。もっとも，「自分が子ども時代の成績は平均以上だったか」と尋ねると，半数以上の人が「平均以上だった」と答えると聞いたことがあるので，自己評価と実際の間にずれがある可能性を否定できません。

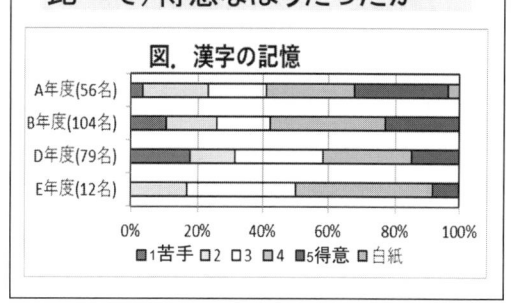

設問5）「カタカナ語の記憶方法」について，「聞いて覚えるほうが得意」と回答した人と「見て覚えるほうが得意」と回答した人の割合は，近似しているようでした。

なお，筆者は，植物の名前のカタカナ語は，ポケモンや恐竜の名前のカタカナ語と

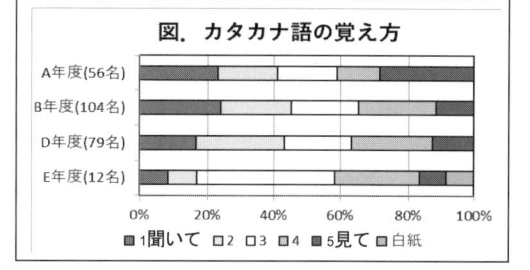

比べて頭に入りやすいと感じており，関心の有無と記憶しやすさは関係するようです。

設問6）「人の名前の記憶」については，文字で見るほうが覚えやすいと回答した人

が多いようでしたが，「聞くだけで覚えられる」と「文字を見るだけで覚えられる」のいずれかの選択を求める形式であれば，異なる結果になった可能性があります。

　設問 7）「歌詞の記憶」についても，設問 6）と同様です。「歌詞は文字を見るだけで覚えられる」と「聞きながらのほうが覚えやすい」を選ぶ形式であれば，異なる結果が出た可能性があります。

　いずれにせよ，これらの結果は，聴覚的情報だけで記憶できる人と，視覚的情報も求めている人がいることを示すと言えるでしょう。

　筆者は，「耳で覚える」ことが苦手であり，歌詞や英語の発音は，何回口にしてもなかなか覚えられませんでした。漢字を書くときは，脳裏に漢字がおぼろげながら浮かん

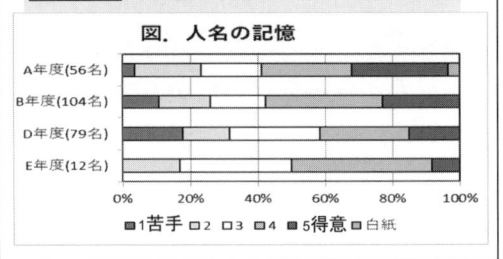

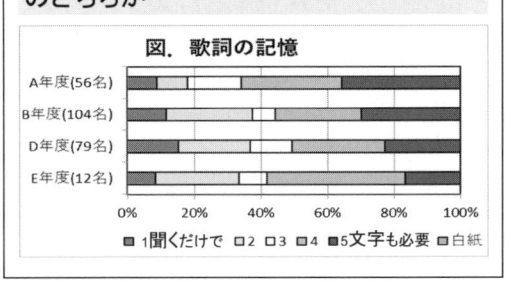

できて，それを見ながら書くことが多いです。そのおぼろげながら浮かんできた漢字像が消えたときは，しばらく待って，その後再度問題を見て再び漢字像が脳裏に出現するのを待つこともあります。

　人の名前について，以前「ソノさん」と聞いたとき，最初は「園さん」という漢字が浮かんできて，「私はソノさんを知らない」と言いましたが，その後話していて「あっ，曾野さん，それなら知っている。さっきは，別の漢字をイメージしたから気付かなかった」と言ったことがあります。そのとき，相手から「聴覚障害者に人名を伝えるときは，漢字と一緒に伝えたほうがよいと聞いたことがあるが，あなたに対してもそうする必要があったね」と言われました。

　筆者は，難しい内容を考えて話すときは，脳裏（しかもなぜか脳裏の右側と感じている）に漢字などの文字が浮かんできて，それを読むように話していると感じることがよくあります。また，人の話を聞くとき，漢字が脳裏に浮かんでくるので，手話通訳者が「衣食住」のところで「食べる，着る，住む」の手話で表したとき，「食衣住と違う。衣食住だ」と思ったことがあります。

　設問 8）では，「道案内のとき，文章と地図のどちらがよいか」に対して，文章を選んだ人と地図を選んだ人がみられましたが，「自分が道案内するとき」と考えた人が

いる可能性があるため，「自分が道の説明を受けるとき」と明示した尋ね方のほうが良かったと思われます。

筆者は，図（地図）での説明のほうを希望します。ある店の場所をデパートの受付の人に尋ねたとき，相手が文章をていねいに書き始めたので，それをさえぎって，「店内図はありますか？　私が尋ねているお店はどこですか？　私がいるこの場所はどこですか？　これで，店へは一人で行けます。ありがとうございます」と言って去ったことがあります。

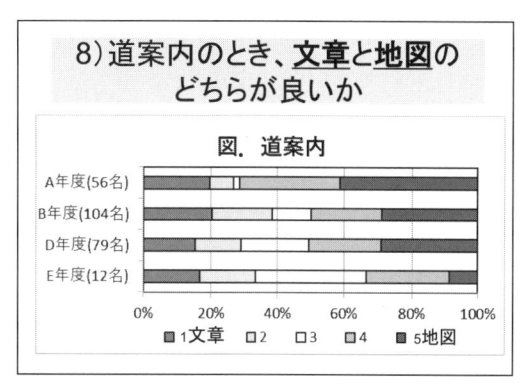

また，自動車のカーナビで「ノースアップ方式」（常に北側が上の地図）と「ヘディングアップ方式」（常に進行方向が上の地図）がありますが，ノースアップ派は少

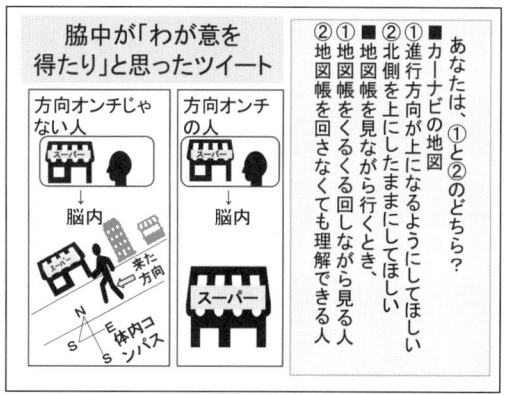

数派であるといいます。ノースアップ派の一人は「今，市内や日本の中のどこにいるかを『絶対的に』知っておきたい」と語ったと聞きますが，筆者も同感です。ヘディングアップ方式だと，確かに目的地に楽にたどりつけますが，自分が出発地から目的地までどんなルートで行ったのか，周囲のいろいろな物はそのルートとどんな関係にあるのかが理解しにくく，「無我夢中で進んでいたら，いつのまにか目的地に着いたが，そのルートを地図で示せと言われたら，書けない」のです。筆者としては，大画面がノースアップで，その右下にヘディングアップの画面も示されているというのが，最も分かりやすいかと思います。

また，京都にいて，「大阪では…」という話になったとき，相手が「大阪」のところで北側を指さすと，筆者は「大阪は，ここからみると南（南西）なんだけど…」と思ってしまいます。聾学校の中で「図書室へ行って…」と話すとき指さした方向が，図書室のある方向とずれているときも，筆者は違和感を抱いてしまいます。

設問3）と設問9）について。設問3）「『花子は人の間をかき分けて…』を聞いたときのイメージ」と設問9）「『私は人の間をかき分けて…』を聞いたときのイメージ」は，虫の視点と鳥の視点のどちらに近いかを尋ねるものと言えるでしょう。

筆者は，設問3）では「花子は」とあるので，第三者として「花子を眺める」という鳥の視点をもつ人が多く，設問9）では「私は」とあるので，自分の目に映るもの

を考えるという虫の視点をもつ人が多いと予想しましたが，図を見れば分かるように，全体的にその傾向が見出されたと言えるでしょう。

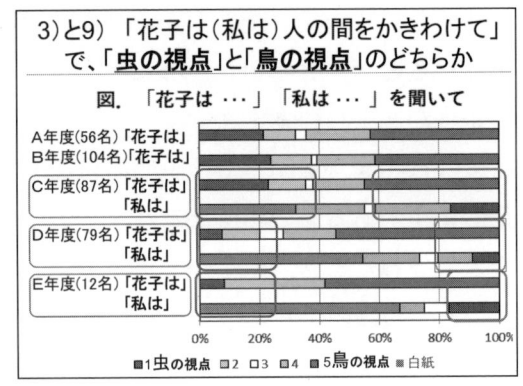

3)と9)「花子は（私は）人の間をかきわけて」で、「虫の視点」と「鳥の視点」のどちらか

図．「花子は …」「私は …」を聞いて

A年度(56名)「花子は」
B年度(104名)「花子は」
C年度(87名)「花子は」「私は」
D年度(79名)「花子は」「私は」
E年度(12名)「花子は」「私は」

■1虫の視点　■2　□3　□4　■5鳥の視点　□白紙

その一方で，両方で虫の視点を選んだ人と，両方で鳥の視点を選んだ人もみられます。筆者は，前者が聴継型であり，後者が視同型だろうかと考えました。

　筆者は，両方とも鳥の視点で考えることが多いように感じています。とは言え，虫の視点で考えなさいと言われたら，それは可能です。

　設問 10）と設問 11）について。設問 10）は叱られたときの記憶イメージが，設問 11）は自分が事故にあったときの記憶イメージが，虫の視点と鳥の視点のどちらかを尋ねるものです。

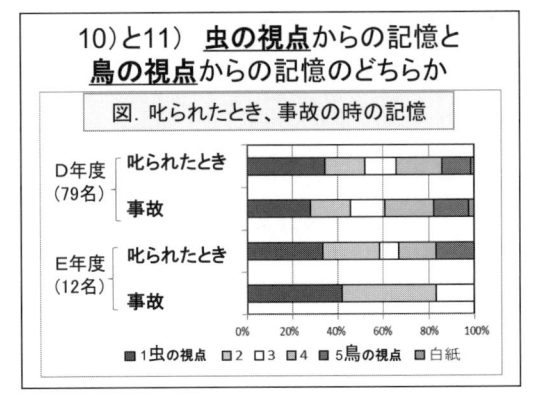

10)と11)　虫の視点からの記憶と鳥の視点からの記憶のどちらか

図．叱られたとき、事故の時の記憶

D年度(79名)　叱られたとき／事故
E年度(12名)　叱られたとき／事故

■1虫の視点　□2　□3　□4　■5鳥の視点　□白紙

　図を見れば分かるように，自分が体験したことの記憶なので，虫の視点を選んだ人が多かったですが，鳥の視点を選んだ者も存在する結果になりました。

　筆者は，過去の自分の体験を鳥の視点で記憶していることが多いです。自分で自分を見ている感じです。例えば，高校生のとき，掃除をしていたら，突然ロッカーが倒れてきたことがありましたが，筆者は，ロッカーが私をめがけて倒れた光景を別の私が（幽体離脱のように）見ている感じで記憶しています。

　この記憶に関して，筆者は思い出したことがあります。筆者は，小さな女の子がバス停の椅子に座ってバスを待っている光景を夢に見ることが多かったです。筆者は，その女の子を第三者として見ているのに，なぜかその女の子が心細さに震えていることをひしひしと感じていました。なぜこの夢を繰り返して見るのだろうと不思議に思っていた頃，法事があり，遠い親戚（筆者の祖母の実家の人）が「起余子ちゃんが 2 歳ぐらいのときに，おばあさんが起余子ちゃんを我が家に連れてきて，我が家で預かったことがある。そのとき，起余子ちゃんは，わーわー泣いて家からいなくなり，大騒ぎになった。結局，起余子ちゃんはうちから 20 分ほど離れたバス停の椅子に座っていたのが見つかり，みんな『うちからバス停までの道は複雑なのに，よく一人で戻れたな』と感心していた」と話してくれました。それを聞いて，筆者は上述の夢を思

い出し，「あの女の子は私だったのか」と思いました。祖母が筆者を親戚に預けに行ったので，聾学校幼稚部に入学するために京都市内に引っ越す前の話であり，筆者が3歳になる前のことです。その頃，まだ「ママ」という日本語を理解するかしないかという時期だったので，親戚たちの話しかけが私に届かず，心細さに震えていたのでしょう。それにしても，その親戚の家は複雑な道を行く必要があり，まだ2歳台だった自分があの道を逆に戻れたのかと我ながら驚きました。さらに，「あの女の子は私だったのか」と思うと，その後そのような夢をぱったりと見なくなったのはどうしてかと思います。

　設問12）の「本を読むとき，読み上げる声が脳内で聞こえるか」について，ニューヨーク大学のVilhaue（2016）によれば，82.5％の人が「読書中に内なる声が聞こえる」と回答し，10.6％の人は，「内なる声は聞こえない」と回答したといいます。「声が聞こえる」と回答した人のうち13％は，興味の程度などによって声が聞こえるとき

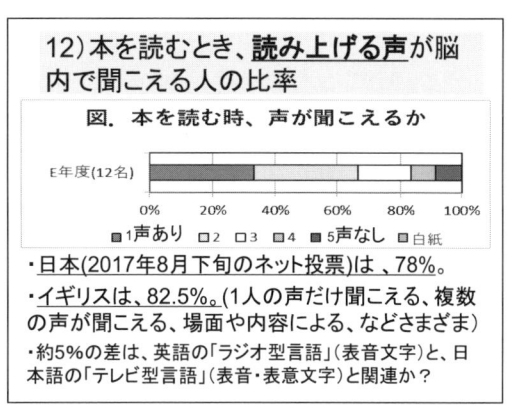

と聞こえないときがあると回答したといいます（http://gigazine.net/news/20160225-read-voice-in-head/）。日本での結果は，ネット上の投票結果によると，2017年夏の時点で78％でした。

　筆者はこれを読んだとき，「本を読んでいるとき声が聞こえる人がいるの!?　幻聴では？　これって異常では？」と驚きましたが，ネットでは，逆に「声が聞こえない人がいるの!?」と驚いた人がみられます。

　なお，上記の「声が聞こえる」と回答した比率を見ると，日本はアメリカより約5ポイント低く表れましたが，有意差があるとすれば，それは表音文字や表意文字が絡んでいる可能性があります。すなわち，英語は表音文字であるアルファベットのみから構成されているのに対し，日本語は表意文字である漢字と表音文字であるひらがなやカタカナから構成されています。日本の障害のない人でも，ひらがなばかりの文より漢字も適度に使われている文のほうが読みやすいでしょう。また，聴者であっても，英単語が分からないとき，「どう書くの？」と綴りを尋ねる日本人が多いと聞いたことがあります。筆者も，吸い上げるように読むとき，漢字が真っ先に目に飛び込んでくるような感じがします。

　設問13）について。これは，筆者が最近経験したことから作成した設問です。つまり，筆者が整体師から「自分が腰に手を当てているので，右足を上下に動かしてください」

と言われたとき，筆者は，右足を天井に近づけるように動かしたり左足にくっつけたりすることだと解釈しました。すると，「そうではなくて，自分の頭に近づけたり遠ざけたりしてください」と言われ，「あ，ここにも『虫の視点』と『鳥の視点』の問題がある。横になっている人に対しては，『上下に動かしてください』より『自分の頭に近づけたり遠ざけたりしてください』のほ

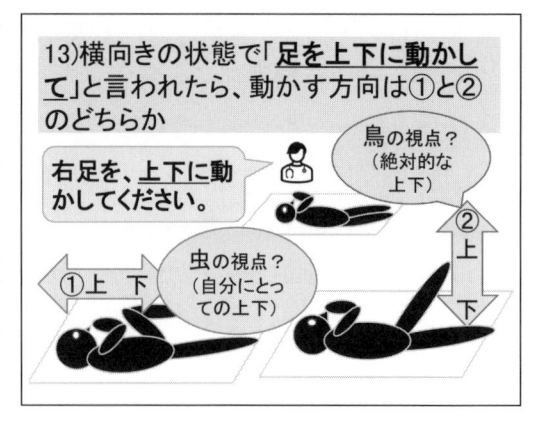

13)横向きの状態で「足を上下に動かして」と言われたら、動かす方向は①と②のどちらか

右足を、上下に動かしてください。

鳥の視点？
（絶対的な上下）

虫の視点？
（自分にとっての上下）

①上下

②上下

うがよいのではないか」と思いました。そして，横になっている状態で「上へ」と言われたら，頭のてっぺん（頭頂部）と，（右側を上にして横たわっている場合）右半身の上部（天井に近いほう）のどちらをイメージする人が多いのだろうかと考えました。

　設問 14）について。聾学校に着任した先生方を見ていると，手話を覚えたり相手の手話を読み取ったりするのが早い人や，聴覚障害児・者の不明瞭な発音を理解するのが早い人は，視同型が多いように感じていたので，この設問を用意しました。したがって，大学で手話に関心をもち，聴覚障害教育総論を受講する学生は，視同型が多い可能性があるかもしれません。

問題14）聾学校に着任したとき、同年齢の同僚と比べて、

a) 手話を覚えるのが　遅い／早い
b) 相手の手話を読み取るのが　難／易
c) 聾児の不明瞭な発音を理解するのが　難／易

→同年齢の教員で、手話を覚える早さや読み取りの難易に違いがある。
　筆者の不明瞭な発音をすぐに理解する人（プロソディや全体的な雰囲気で理解する方法？）としない人（一音ずつ理解する方法？）がいる。
　手話に関心がある人や覚えるのが早い人は、視同型（視覚優位・同時処理型）が多い？

　なお，設問 14）の「不明瞭な発音の理解」に関して，聾学校への新転任教員や筑波技術大学教員を見ていると，慣れの問題もあるでしょうが，それだけではなく，「相手が何と言ったかを一字（一音節）ずつ聞き取って理解する人」と「単語や文章全体の雰囲気（韻律情報・プロソディー）から推測して理解する人」がいるように思われます。前者は「継次処理」に多く，後者は「同時処理」に多いと言えるかもしれません。筆者の発音も不明瞭ですが，「あなたの発音がなかなか理解できない人は，聾学校教員は務まらないと思う」と言われたことがあります。今までの経験から言うと，筆者の発音が理解できない状態が長く続く人は，手話を覚えるのに時間がかかる人が多く，「この人は，聴覚優位型や継次処理型かな」と感じることが多かったです。

3章 認知特性の把握の難しさ

（1）本田（2012）に関する筆者の調査より①

　認知特性の正確な把握には発達検査が必要ですが，筆者は，下に記した理由から，心理アセスメントに関する知識と経験をもつ専門家による実施が必要な発達検査を受けなくても，自分や生徒の認知特性を容易に把握できる方法がないかと考えました。

・外部機関に検査を申し込んでも，すぐに受検できるわけではないこと

・校内で検査を実施する場合も，1対1で長時間を要すること

・筆者は，聾学校生徒の校内での様子からその生徒の認知特性を推測したが，その推測と検査結果の間に大きな隔たりがないように感じてきたこと

・教員はそれぞれ自分にとって分かりやすい方法がどの生徒にとっても分かりやすいと考える傾向があるが，自分と異なった認知特性の生徒の存在と認知特性を考慮に入れた指導の必要性をもっと考える必要があること

・かなりの人数の集団で授業を行うとき，「聴継型と視同型の生徒がそれぞれどれぐらいいるか」を念頭におく必要があると考えること

　教師や生徒が一人で自分の認知特性を容易につかめる問題や，紙面による一斉調査でクラス全体の認知特性の傾向が分かる問題がないだろうかと思い始めた矢先に，本田（2012）の「認知特性テスト」に出会いました。

　本田（2012）は，「視覚優位者」には「①写真（カメラアイ）タイプ」と「②三次元映像タイプ」が，「言語優位者」には「③言語映像タイプ」と「④言語抽象タイプ」が，「聴覚優位者」として「⑤聴覚言語タイプ」と「⑥聴覚＆音タイプ」があり，それぞれに多い職業を掲げています。この「認知特性テスト」（35問）に回答すると，これらの①〜⑥のそれぞれの得点が決まります。点数が14点以下のところは弱い認知特性であり，点数が26点以上のところは強い認知特性であるといいます。

　生後すぐに失聴した筆者がこのテストを受けたところ，①が24点，②が41点，③

が25点，④が28点，⑤が7点，⑥が0点でした。すなわち，「②視覚優位者・三次元映像タイプ」と「④言語優位者・言語抽象タイプ」のところで強い認知特性をもち，「⑤聴覚優位者・聴覚言語タイプ」と「⑥聴覚優位者・聴覚＆音タイプ」のところで弱い認知特性をもつことになります。また，筆者は，自分の子ども（聴覚障害はない）もどちらかと言えば視覚優位型のほうだと感じており，子ども2人とも①と②の点数が⑤と⑥の点数より高く現れたので，「これらの結果は妥当」と考えました。

その後，いろいろな大学のいろいろな学部で本田（2012）の問題を実施し，設問に対する自己申告による認知特性の把握はかなり難しいのではないかと思うようになりました。特に音楽系の学部の学生において，かなりの学生が「視覚優位型」と出たからです。以下，詳しく述べます。

A大学で聴覚障害教育に関する講座を受講する学生は，手話に関心をもつ人が多くみられました。特別支援学校教員を志さない学生も混じっていましたが，聴覚障害教育を選択したという意味で，以下教育系と称します。

A大学の学生に「自分と異なる認知特性をもつ人の存在を考える必要性」を説くために，本田（2012）の問題に取り組んでもらったところ，学生80名の平均点は，①〜⑥の全てが15点から25点の間に収まると予想しましたが，②で79％の学生が26点以上（強い認知特性）となり，⑥で46％の学生が14点以下（弱い認知特性）となりました。そのとき，筆者は，聾学校での経験から，「手話に関心がある人は，そうでない人と比べて，視覚優位型の傾向がある」可能性を考えました。

本田（2012）は，写真家や画家，デザイナー，建築家は①と②で，教師は④で，作詞家や音楽家は⑤と⑥で高得点を取ると述べているので，美術関係の仕事に進むことが多い美術系学部の学生は視覚優位の①と②で強い認知特性を示し，音楽関係の仕事に進むことが多い音楽系学部の学生は聴覚優位の⑤と⑥で強い認知特性を示すと予想し，B大学関係者の協力を得て美術系学部の12名と音楽系学部の44名に実施していただいたところ，図に示したように，美術系と音楽系は両方とも①と②の平均点が⑤と⑥の平均点を上回っており，「美術系は①と②で高得点を，音楽系は⑤と⑥で高得点を取る」という傾向を見出すことはできませんでした。逆に，音楽系は，視覚優位の①と②において，むしろ美術系や教育系と比べてやや強い認知特性を示す学生が多いようでした。

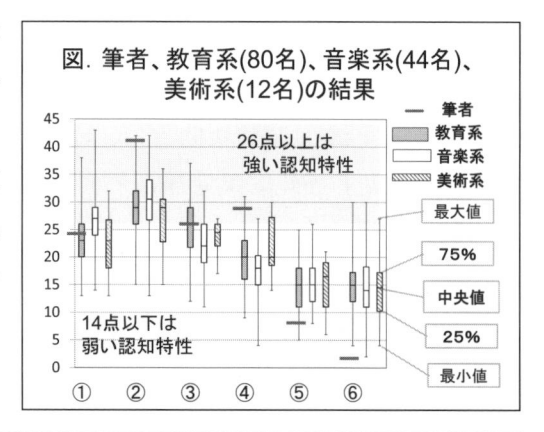

　なお，絶対音感の有無による差を調べま
したが，それを図の左側に示します。「絶
対音感」は，音楽系の学生に多いと予想し
ましたが，「絶対音感がある」と回答した
比率は，音楽系は 16％であり，教育系の

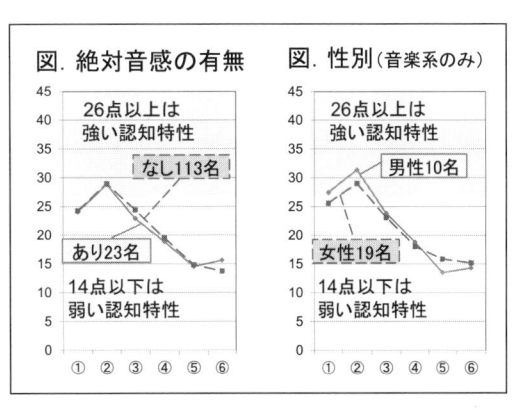

図. 絶対音感の有無　　図. 性別（音楽系のみ）

19％を下回ったことは，筆者にとって意外
でした。美術系は 8％でした。そして，「絶
対音感あり」と「絶対音感なし」の人を比
べると，わずかに③が低く表れ，⑥が高く表れました。⑥について，F 検定の結果等
分散と認められたので，t 検定を行ったところ，5％の水準で有意差を認めることは
できませんでしたが，6％の水準で有意でした。そのため，絶対音感の有無が認知特
性と関係するかは分からないことになります。

　次に，音楽系で性別を尋ねましたが，回答があった 29 名の結果を図の右側に示し
ました。「視覚優位」の①と②では，男性は女性より点数が高くなっており，逆に「聴
覚優位」の⑤と⑥では，男性は女性より点数が低くなっていました。差が大きく表れ
た②と⑤について，F 検定を行ったところ等分散と言える結果になったので，t 検定
を行ったところ，性別による有意差を認めることはできませんでした。ただし，人数
が増えると，同じ形のグラフでも有意差が認められる場合があるので，性差の違いに
ついては，今後の課題としたいと思います。

　以上の結果より，本田（2012）のテストは，いろいろな人がランダムに受けても，
特に②で高い得点を取り，特に⑤や⑥で低い得点を取る問題である可能性や，学部選
択は認知特性と関連しない可能性が考えられました。これらの結果から，筆者は，認
知特性をわずかな設問や自己申告によって判断することには慎重であるべきという結
論にいたりました。特に，聴覚障害児や低年齢の子どもは自己客観視が難しい例が多
いという指摘もあることから，自己申告で自分の認知特性を考える問題の作成にあた
って，群間比較や個人差（他者と比較してどうか）と個人内比較（自分の中でいろい
ろな項目を比べてどうか）を分けた質問を検討する必要があるかもしれません。

（2）本田（2012）に関する筆者の調査より②

　本田（2012）の設問は，自分の認知特性を考えるのに良い設問も含まれていると感
じているので，以下の分析を行ってみました。

　調査の前は，①と②は美術系の学生に，③と④は教育系の学生に，⑤と⑥は音楽系
の学生に多く表れるのではないかと考えました。そこで，各設問で，本田（2012）の

配点と照らし合わせ，配点が①と②のみにある選択肢を選んだ比率が美術系で他の群より 10% 以上高く表れ，配点が③と④のみにある選択肢を選んだ比率が教育系で他の群より 10% 以上高く表れ，配点が⑤と⑥のみにある選択肢を選んだ比率が音楽系で他の群より 10% 以上高く表れた選択肢が含まれる問題を調べると，以下に掲げたように 35 問中 5 問でした（上述の結果が現れた選択肢に★をつけました）。

　重度の聴覚障害がある筆者は，問 4 の「曲を聞く」こと，問 5 の「テレビをつけながら（見ながら）会話する」こと，問 12 の「音や挿入歌からシーンをイメージする」ことができないため，そのような選択肢を選ぶことはありえません。このように，聴覚障害の程度によっては選択に困る問題が多かったです。

　しかし，認知特性の違いは日常的行動の違いに結びつくはずなので，本人（子ども，教員など）の認知特性がつかめるペーパー問題が開発されることを望みます。

　なお，補章に，上記の問題以外の問題の結果と考えたことをまとめておきました。

筆者がいくつかの大学で実施した結果 「美術」は美術系，「教育」は教育系，「音楽」は音楽系の学部		本田（2012）による 配点						結果（%）		
		①	②	③	④	⑤	⑥	美術	教育	音楽
問 4（聴覚記憶力） 初めて聞いた曲を，すぐに口ずさめますか？	C．まったく口ずさめない　★	1	1					33	4	0
	B．簡単な曲，あるいはサビの部分ならメロディを口ずさめる			2	1	4		58	80	77
	A．どんな曲でも途中からでもメロディを口ずさめる						4	8	16	23
問 5（聴覚認知力） テレビをつけながらの会話について，	C．どちらともいえない　★	1	1					17	1	7
	B．テレビを消すか，音を小さくしてもらう			1	2	4		0	15	14
	A．テレビがついていても，問題なく会話できる						4	83	84	80
問 12（記憶方法） ドラマや映画を見たあと，友人と評論するときをイメージしてください。	A．シーンを写真のように止まった映像，あるいは画像をコマ送りにして思い出しつつ評論する　★	4						33	11	14
	B．シーン映像そのもので思い出しながら評論する		4					58	69	52
	C．登場人物のセリフを思い出しながら評論する			4	1	2		8	16	25
	D．音や挿入歌からシーンをイメージして評論する						4	0	4	9
問 17（記憶方法） 学生時代を振り返ってください。教科書を暗記するとき，あなたはどうやって暗記していましたか？	B．全体をじっと見る	2	1					8	3	23
	A．文章を書き写す　★			2				8	38	23
	C．重要部分にマーカーで線を引く				4			33	28	18
	D．何度も黙読する					2		50	7	16
	E．何度も音読する						2	0	25	20
問 21（視覚処理力） 機械操作について，	A．取扱説明書なんか読まなくてもできる　★	2	2					50	16	36
	B．取扱説明書を読みながらやる　★			2	2			33	51	36
	C．取扱説明書を読むとよけいにわからなくなるので，とりあえずやってみる					0	0	17	33	27

4章 認知特性と学習

（1）都築ら（2016）より

　都築・神山・吉田・木全（2016）は，本田（2012, 2013）を参考にして2択の問題を作り，教員を「視覚優位型」と「言語優位型」，「聴覚優位型」に分け，「7と3で10」のような「数の合成・分解」に関して「視覚的方略」「言語的方略」「体感覚的方略」「聴覚的方略」の教材を準備し，どれが分かりやすく，どれが分かりにくかったかを尋ねています。

　その結果，教員の認知特性は，言語優位型が65％，聴覚優位型が23％，視覚優位型が13％であったこと，視覚優位型と言語優位型の教員は，視覚的方略と言語的方略を分かりやすいとし，体感覚的方略や聴覚的方略を分かりにくいとした

都築ら（2016）の「表1　認知特性のタイプと方略の選択」を改変したもの

		視覚的方略	言語的方略	体感覚的方略	聴覚的方略
わかりやすい方略	視覚優位型	①58%	②35%	0%	8%
	言語優位型	①51%	②23%	8%	19%
	聴覚優位型	①36%	23%	11%	②31%
わかりにくい方略	視覚優位型	4%	12%	①54%	②31%
	言語優位型	6%	14%	①66%	②25%
	聴覚優位型	16%	②22%	①47%	16%

①は最も比率が高かったもの。②は2番目に比率が高かったもの。

こと，聴覚優位型の教員は，視覚的方略と聴覚的方略を分かりやすいとし，体感覚的方略を分かりにくいとしたことが報告されています。すなわち，視覚的方略は全ての認知特性の人にとって分かりやすいとされ，体感覚的方略は全ての認知特性の人にとって分かりにくいとされたことになります。

　ここで，都築ら（2016）が作成した認知特性を調べる問題の例として，「1. 初対面の人を覚える時に，（A）顔や雰囲気で覚える，（B）名前の響きから覚える」と「2. 教科書を暗記する時に，（A）教科書をじっと見て暗記した，（B）何度も音読して暗記した」が紹介されていましたが，配点の詳細については書かれていませんでした。

　この「1.」は，本田（2012）の問1と関連すると思われますが，筆者が大学で実施

した結果によると，「顔や雰囲気で覚える」は，大学の美術系，教育系，音楽系の学部のいずれにおいても選択率が最も高く表れ，「名前の響きから覚える」はいずれも10%未満でした。また，「2.」は，本田（2012）の問17と関連すると思われますが，「全体をじっと見る」は，音楽系で最も高く表れ，「何度も音読する」は教育系で最も高く表れました。したがって，都築ら（2016）が作成した問題によってその人の認知特性を把握できるとすることには慎重になる必要があるかもしれません。

筆者がいくつかの大学で実施した結果 「美術」は美術系，「教育」は教育系，「音楽」は音楽系の学部		本田（2012）による 配点						結果（%）		
		①	②	③	④	⑤	⑥	美術	教育	音楽
問1（記憶方法）初対面の人を覚えるときのポイントは何ですか？	A．顔や雰囲気で覚える	2	2	1				75	96	93
	B．名刺の文字で覚える				2			17	1	0
	C．名前の響きから覚える					1	2	8	3	7
問17　→　第一部3章（2）の表（38ページ）を参照										

　都築ら（2016）は，「7と3は10」について，視覚的方略，言語的方略，体感覚的方略，聴覚的方略の4つを考えており，比率は少なくても誰かが「分かりやすい」と選んでいたことから，今後何かを指導していて子どもが分からなかったとき，「視覚的方略，言語的方略，体感覚的方略，聴覚的方略の4つを準備するとしたら，今まで指導した方略はどれに該当し，残りの3つの方略は，それぞれどんなものになるだろうか」と考えるとよいことになります。

　このとき，例えば「体感覚的方略」と考えて準備された教材の内容によっては，その方略が「分かりやすい」として選ばれることが少なかったとしても，それは「体感覚的方略だから」とは言えない可能性にも留意する必要があります。例えば，都築ら（2016）が示した「体感覚的方略」は，どの認知特性でも「分かりにくい」として選ばれる比率が高かったですが，筆者のほうでこれを改善したものを右に示しました。手話を使う聴覚障害児は，「運動的手がか

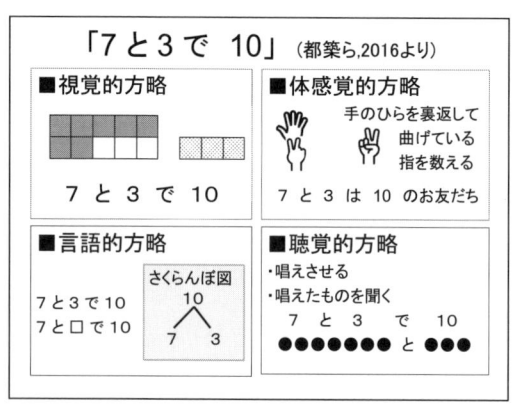

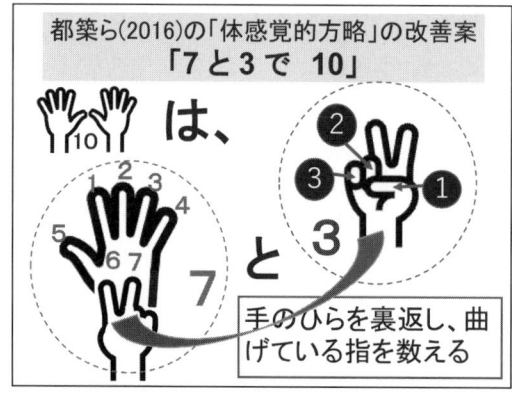

り」や「手を使った思考」に慣れているので，内容によっては「分かりやすい」として選ばれる比率が変わる可能性があるでしょう。

（2）PASS 理論を用いた研究より

　DN-CAS は，Luria の神経心理学モデルから導き出された PASS 理論を基礎とする認知能力検査であり，「プランニング」と「注意」，「同時処理」，「継次処理」の面から子どもの認知特性の状況を把握しようとするものです。

　この PASS 理論の枠組みを利用した授業づくりの試みとして，村松・岡崎（2014）や村山（2017）が挙げられます。本書の目的は認知特性を調べる検査や問題を紹介することではないので，DN-CAS や PASS 理論の詳細は，ここでは述べません。

　村山（2017）は，PASS 評定尺度の中の「同時処理」と「継次処理」の項目を用いて，小 5 のクラス全員の認知特性を簡易的に調べ，認知群において認知特性を考慮した授業を，統制群において通常の授業を行い，両群を比較した結果，認知特性を考慮した指導の効果は，新規の学習内容においては認められたが，既習内容の学習においては認められなかったと述べ，「既習内容を活用する学習は，児童のそれまでの学習に関する知識量が必要となる。また，持っている知識を想起し活用するという力も必要となり認知特性を考慮するだけでは難しい」と考察しています。

　この研究の結果は，筆者が今まで感じてきた「高いレベルの言語力や論理的思考力を身につけると，認知特性の偏りは目立ちにくくなる」と関連するように思われるので，以下詳しく述べます。

　表に示したように，文字を獲得する前とあとに分けて，情報処理の仕方を考えてみます。

　文字を獲得する前は，文字が読めないので，絵や動画のような視覚的情報を処理するのが得意な視覚優位型①と，

文字獲得前		文字獲得後			
タイプ	処理が得意な情報	タイプ	処理が得意な情報	情報の種類	どんな情報に変えて記憶・思考するか
聴覚優位型①	聴覚的情報（声・音）	聴覚優位型②	聞いた情報	音声	聴覚的情報
		言語優位型	読んだ情報	（文章的）文字（図式的）	継次処理的情報
					言語的情報
視覚優位型①	視覚的情報（絵・動画）	視覚優位型②	見た情報	動画写真	同時処理的情報
					映像的情報

声や音のような聴覚的情報を処理するのが得意な聴覚優位型①があると考えられます。聴覚的情報は，インプットされては消える声を処理するため，継次処理的情報であると考えられます。一方，絵や動画という視覚的情報は，どちらかと言うと全体的な情報が大切であるため，同時処理的情報であると考えられます。

　次に，文字を獲得したあとは，見た情報の処理が得意な「視覚優位型②」と，読んだ情報の処理が得意な「言語優位型」，聞いた情報の処理が得意な「聴覚優位型②」の 3 つが考えられます。文字で書かれた文章を脳内で読み上げて意味をつかんでいる

場合，文字言語情報を聴覚的情報ないし継次処理的情報に変換して処理し，記憶・思考したりしており，一方，文字で書かれた文章全体を吸い上げるように見て意味をつかんでいる場合，文字言語情報を視覚的情報ないし同時処理的情報に変換して処理し，記憶・思考したりしていると考えられます。

村山（2017）の言う「既習内容を活用する学習」は，「それまでの学習に関する知識量」を必要とするゆえに，視覚優位型であっても，あるいは聴覚優位型であっても，言語情報の処理がスムーズになっていれば対応が可能であることから，視覚優位型か聴覚優位型かという認知特性を考慮した指導の効果はさほど強く表れ

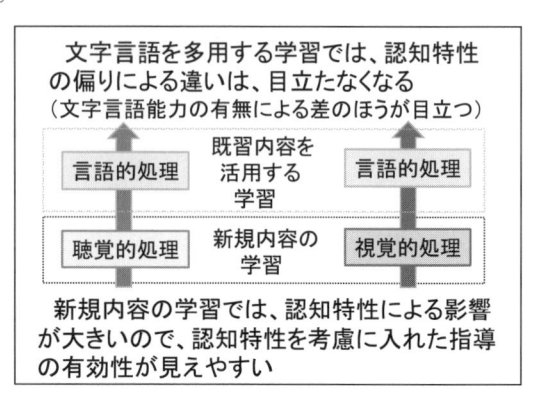

ないことになる可能性が，「新規の学習内容」においては，言語情報の蓄積が少ないゆえに，本来の得意とする認知特性が始動し，認知特性を考慮した指導の効果が現れたという可能性が考えられるでしょう。

言い換えると，教員が視同型向けと聴継型向けの指導方法を準備したとしても，言語情報の蓄積や言語処理能力の高低がそれぞれの指導方法の効果が表れる程度に影響するのであり，視覚優位型①と視覚優位型②の区別と，聴覚優位型①と聴覚優位型②の区別が必要になると言えるでしょう。

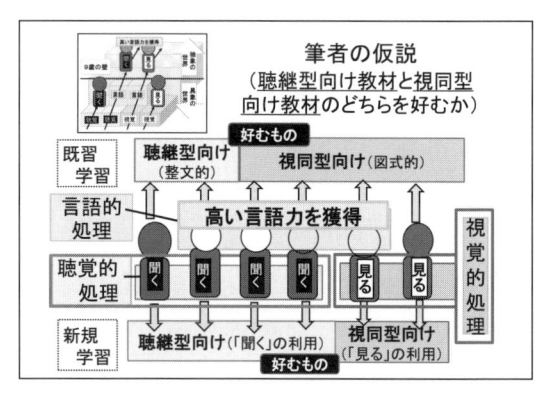

言語処理能力が高い人は，文字で書かれた文章を読んで，図式で表したり簡潔な言語情報にまとめたりして，脳内に収納します。コンパクトにまとめると容量が小さくなり，脳にしまいやすくなります。つまり，「縮小して収納する」のです（「縮納」ということばがあればと思います）。それで，言語処理に長けた人の中には，言語処理が終わったあとなので，同時処理方略として準備された教材や視同型向けとして用意された指導法や簡潔な教材を「分かりやすい」として選ぶ可能性があります。

新しい情報を既知情報と関連付けてコンパクトにまとめる「縮納」は，新しい情報を「上書きモード」で取り入れているのに対し，新しい情報を単独の情報として記憶する方法は，新しい情報を「挿入モード」で取り入れていると言えるかもしれません。聾学校では，新規に学習すると，それまで理解していたはずの既習事項が混乱するこ

とがありますが，これは，新規情報と既知情報の関連を理解しないゆえに，「上書きモード」ではなく「挿入モード」になっていることを示すと言えるかもしれません。

　言い換えると，コンパクトに整理・要約された図式的な言語情報を好む人の中には，(a) 本来は聴継型であるが，高い言語処理能力を獲得し，内容を理解したあとなので，凝縮された図式的な言語情報を好む人と，(b) 本来は視同型であり，凝縮された図式的な言語情報を好む人とがいる可能性があります。

　都築ら（2016）において，言語優位型の51％が「視覚処理方略」を「分かりやすい」としましたが，これは，この (a) と関連する可能性が考えられます。

　また，筆者の調査の結果，本田（2012）の問題に対してかなりの人が「視覚優位」と出たことも，この (a) と関連する可能性が考えられます。さらに，3章で，本田（2012）の配点と学部との関連がかなり出たと思われる5問を紹介しましたが，そのうち問4は「初めて聞いた曲」と，問5は「テレビをつけながらの会話」と，問12は「ドラマや映画を見たあと」と，問21は「取扱説明書と機械操作」と関わる質問であり，どちらかと言えば新規学習内容に関わるものなので，聴覚優位型や視覚優位型という本来の認知特性が表れやすい設問であった可能性が考えられます。

　今後認知特性を考慮に入れた指導の有効性を検討するときは，新規学習事項と既習学習事項のどちらか，十分な言語処理能力を有しているか否かが影響する質問項目になっていないか，の2点をも考慮に入れる必要があると思われます。

（3）「脳内ボード」と「短期記憶」「長期記憶」「ワーキングメモリ」の関係

　何か話を聞いて，「そう言えば…」と思い出したり，「じゃ，あれはどうなるのかな」と疑問に思ったりすることがあります。このように脳裏に浮かんだ事柄の量が多いとき，「脳内ボード」が大きいと称します。この「脳内ボード」は筆者の造語です。

　「脳内ボード」と「短期記憶」「長期記憶」の関係について，筆者は記憶に関する専門家ではありませんが，自身の聾学校での経験などから思うことを述べます。

　視同型は，聴継型と比べると「脳内ボード」が小さく，何かを聞いて「そう言えば，あれはどうなるのかな」といろいろと思いをめぐらせることが難しい例が多いです。短期記憶が弱く，意味と結びつかないと長期記憶が難しいです。この「脳内ボード」は，本人がもっている「語彙ネットワーク」の緊密さと関連するかもしれません。

　他人が「この人は視同型だが，短期記憶はそんなに弱くない」と感じる場合，それは，視同型の本人が，とっさに言語と結びつけるなど何らかの工夫を行っている可能性があります。

　また，筆者は，覚えやすくするために，人の話を聞くとき「対比表」を脳内で作る

ことがあります。日本語は，文末に大切な情報があることが多い（例えば「Ａである」か「Ａでない」かは文末に示される）ため，音声情報より文字情報のほうが，先に文末を見て短時間で整理しやすくなります。また，内容が理解できると，覚えるべき事柄の容量が小さくなり，長期記憶に送りこみやすくなると感じています。

　教室で，先生が新規学習内容として「事項①は…，事項②は…」と言ったとします。

　聴継型は，まだよく理解していないながらも，「事項①は…，事項②は…」を「脳内ボード」に保持しつつ，「そう言えばあれがあったな。事項①はこういう意味があって，事項②はこういう意味があるのだな」などと思いを巡らせながら，過去の経験と

結びつけたり意味づけたり体系化したりし，そのことによって「長期記憶」という貯蔵庫へ送り込むことができます。

　それに対して，視同型は，「脳内ボード」が小さいので，「え，事項①？　事項②？」などと迷い（カタカナ語があれば，「クラ…？　クラジミア？　クラミジア？」などと迷い），うまく保持できません。まして，過去の経験との結びつけや体系化は難しいので，「長期記憶」という貯蔵庫へ送り込むことができません。

　そこで，新規学習事項を視同型の人に理解しやすい形で文字化したりすると，文字化されたもの（板書，掲示物，資料など）を見ながら，「この事項①は…で，この事項②は…と関係するようだ」などと思考・理解できます。そして，「この事柄と結びつく事項①の用語は…だ。覚えよう」と取り込むことができ，「長期記憶」という貯蔵庫へ送り込むことが可能になります。

　これらをまとめると，聴継型の「聞きながら学ぶ」は「頭の中で考える」，視同型の「見ながら考える」は「頭の外で考える」と言い換えられるでしょう。そして，

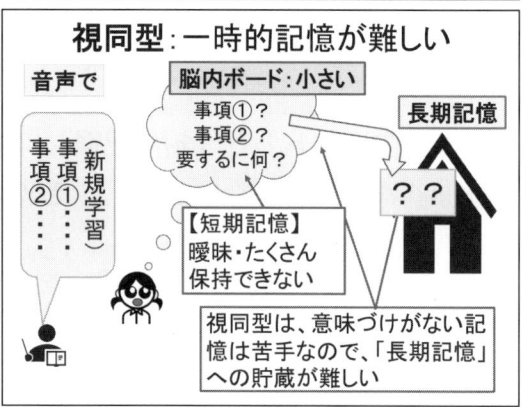

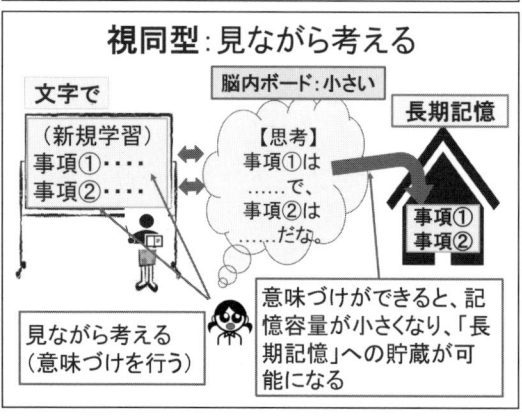

聴継型の場合は，頭の外にある新規情報の「A」と頭の中にある既知情報の「B」を関連付けて脳内の貯蔵庫にしまうのに対し，視同型の場合は，頭の外にある新規情報の「A」と既知情報の「B」を頭の外で同時に見比べて関連付け，それらを脳内の貯蔵庫にしまうと言えるでしょう。

　筆者は，一般の中学・高校へ通っていたとき，聴覚障害ゆえに自学自習が多かったのですが，今振り返ると，参考書を読みながらノートにまとめることが多かったです。そして，表や事物間の対応関係を理解してから，あらためて関連する用語をていねいに頭に入れることが多かったように思います。

　「理解してから単語を頭に入れる」というやり方について，最近も「私は，やはり理解してから，あらためて単語を頭に入れるタイプだ」と感じたエピソードがありました。オンラインでの会話の方法をある人にメールで尋ねたところ，「方法が2つある。それぞれURLを見て」という形で説明するメールが送られました。「どちらが簡単？」と尋ね，「じゃ，どちらでもいいから，そちらから私を招待してくれる？」と言うと，「AとBのどちらがいい？」と言われました（これらのメールは，一日ほど間隔をあけてやりとりされました。AとBは，初めて聞くカタカナ語でした）。そして，相手から送られたメールを見て，「B」という単語は，見て意味が想像できないものだったので，相手のタイプミスかと思い，「Bって何？」と尋ねたら，「前説明したでしょ」と言われました。そこで，あらためて前のメールを見ると，確かに「B」という単語がありました。そのとき，「私は，やはり内容を理解してから単語を頭に入れるタイプだ」と気づかされました。そして，「もし『二日前に紹介したAとBのどちらがいい？』」という文であれば，前に紹介されたあの二つのことかと分かっただろう」と思い，聾学校で，授業の初めに「3日前の授業で話題にしたAとBに関して」と話し始める場合と，いきなり「AとBに関して」と話し始める場合とで，生徒の受け止め方が異なる可能性を考えました。

　なお，記憶方法について，聴覚的な記憶や視覚的な記憶が考えられます。一般に，短期記憶の情報はリハーサルにより長期記憶に転送されると言われていますが，筆者の記憶方法は，脳裏に刻みつけるというような視覚的に記憶する方法ばかりではありません。ある長いカタカナ語を覚えるとき，何度も口にして喉元の運動感覚で覚えた

こともあります。例えば「モノ，ジ，トリ，テトラ，ペンタ，ヘキサ…」のように化学で必要な言い方は，何回も口にし，喉元から芋づる式に出てくるようにしました（聴覚的イメージは全くありません。また，視覚的に覚えたのでもありません）。

　藤田（2019）は，学習方法の代表的なものとして「(1) リハーサル（繰り返し），(2) 精緻化（意味づける），(3) 体制化（まとめる），(4) 理解モニタリング（チェックする）」の4点を挙げ，「継次処理スタイル優位の子どもにはリハーサル方法，同時処理スタイル優位の子どもには精緻化方法と体制化方法が向いている」と述べています。さらに，「(1) リハーサル（繰り返し）」について，「維持リハーサル」と「精緻化リハーサル」があるとし，「継次処理優位の子どもには維持リハーサルを用いることができますが，同時処理優位の子どもは，情報の順番に基づく事柄を記憶することにつまずきを示すため，精緻化リハーサルを用いないと効をなしません」と述べています。つまり，同時処理型の人は「精緻化（意味づけ）」や「体制化（まとめる）」が有効であるということになり，これは筆者が感じてきたことと一致します。

　さらに，藤田（2019）は，「(3) 体制化（まとめる）」について，「同時処理スタイルの子どもは，学習材料をグループ分けしたり，学習内容を図や表にして表すなどの体制化方法が効果的と思われます」と述べており，これは，筆者が自学自習に際してノートにまとめることを重視したことと関連すると言えるでしょう。

　筆者は，聴継型は「情報を取り込む→理解する」が多く，視同型は「情報を理解する→取り込む」が多いと感じてきましたが，この聴継型の「情報を取り込む→理解する」は，「情報を短期記憶に取り込む（維持リハーサル）→理解する（精緻化・体制化）→長期記憶への貯蔵」であり，視同型の「情報を理解する→取り込む」は，「情報を精緻化・体制化して理解する→短期記憶あるいは長期記憶に取り込む」と言い換えられるでしょう。

　また，聴覚障害児は，「ルールを聞いて取り込み，問題を解いて理解を確認する」より，「とりあえず解いてみて，正誤と説明を見てそれを取り込む」ほうが効果的な例が多いと感じています。この例を，9章（3）で紹介します。

　「ワーキングメモリ」という語との関連について，湯澤・湯澤（2017）は，「ワーキングメモリのうち，言語的短期記憶・言語性ワーキングメモリ・視空間的短期記憶・視空間的ワーキングメモリのいずれが小さいかをアセスメントし，課題の原因を見極めることで，子どもへの支援を方向づけることができる」と述べ，学習につまずいていてもワーキングメモリに問題がない子どももいることを指摘しています。ワーキングメモリに問題がある子どもは，聴継型と視同型のどちらに多いかについては，よく分かりませんでしたが，「言語的短期記憶」は「音声情報を覚える力」で，「言語性ワー

キングメモリ」は「音声情報を覚えながら，考える力」と記されていたので，この二つが弱い子どもは視同型に多いのではないかと推測します。そして，本章で述べる「脳内ボード」は，どちらかというと「ワーキングメモリ」に近いのではないかと考えますが，「ワーキングメモリ」「短期記憶」「長期記憶」と「脳内ボード」の関連については，これ以上立ち入らないことにします。

（4）「虫の視点」・「鳥の視点」による思考・記憶

　何かを作るための説明を聞くとき，筆者は，「手順の説明の前に，ゴールや完成物を見たい」と思うことがよくありました。完成物を見たとたんに，手順が（おぼろげながらあるいは明瞭に）見え，相手の説明が頭に入りやすくなると感じています。

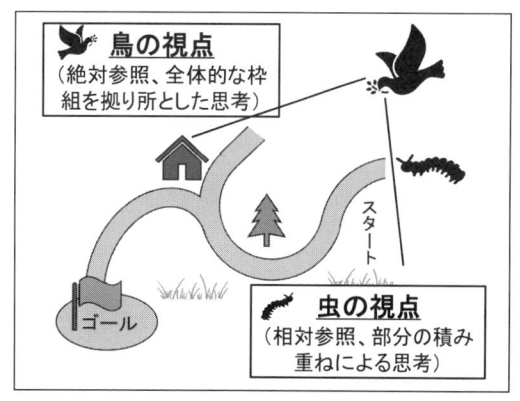

　「虫の視点」は，「相対参照」や「部分の積み重ねによる思考」と関連し，「鳥の視点」は，「絶対参照」や「枠組みを拠り所とした思考」であると言えるでしょう。

　「虫の視点」では，段階的であり，順序性が重視されます。ゴールに着いたとき，来し方が理解できるようです。それに対して，「鳥の視点」では，全体を俯瞰してお

	虫の視点	鳥の視点
① スタート	スタートだ！	全体を頭に入れてスタート　ゴールはあそこか
② 家のところで	家だ。左へ！	今ここか。ゴールはあっちだな
③ ゴール	ゴールだ！	ゴールはここだ！
④ 来し方の理解	来し方を理解する	来し方を理解する

り，最初からゴールを頭に入れて道筋を考えます。鳥瞰的とも言えるでしょう。絶えず「ゴールと現在の地点はどこか」を考えながらゴールしないと，ゴールに着いたとき，来し方が理解できないようです。

　筆者は，「鳥の視点」による思考や記憶が多いように感じていますが，「虫の視点」による思考や記憶が全くないわけではありません。筆者の短期記憶を考えてみると，いわゆる感覚的記憶や運動的記憶に近いものが多いようであり，「虫の視点」による映像も含まれていますが，長期記憶に送りこまれると，「鳥の視点」による映像に変わることが多いようです。例えば，筆者が初めて洋式トイレを見て戸惑ったときの記憶や，父から言われたことを 40 年ぶりに思い出したときの記憶は，鳥の視点による映像になっていますが，突然身に迫った事柄（赤信号を無視して猛スピードで走り去った車のナンバーを記憶してメモしようとしたときなど）の記憶は，虫の視点による映像となっています。

（5）聴継型と視同型の違いのまとめ

　継次処理型の「5原則」として「1.段階的な考え方，2.部分から全体へ，3.順序性の重視，4.聴覚的・言語的手がかり，5.時間的・分析的」があり，同時処理型の「5原則」として「1.全体を踏まえた教え方，2.全体から部分へ，3.関連性の重視，4.視覚的・運動的手がかり，5.空間的・統合的」があります（藤田ら，1998 など多数）。

　この「5原則」の3〜5は，どのような情報が理解や記憶などの処理を容易にするかという「情報処理」の問題と関わると思われます。これらと関連して，筆者が考える聴継型と指導型の違いを以下にまとめてみました。これについては，第二部の6章で詳述します。

		継次処理型	同時処理型
藤田ら（1998）などの「5原則」	3	順序性の重視	関連性の重視
	4	聴覚的・言語的手がかり	視覚的・運動的手がかり
	5	時間的・分析的	空間的・統合的
		聴継型	視同型
文章の読み方		端から一行ずつ順次読む	あるまとまりの文章を吸い上げるように読む
混同しやすい語		音韻的に似ている語	形態的に似ている語
記憶しやすい情報		聴覚的情報，言語的情報	視覚的情報，直観的情報，運動的手がかりを伴う情報
文章の受信		「虫の視点」が多い・主語や心情とセットで受け止める	「鳥の視点」が多い・目に見える現象と結びつける
ある語や文に接したとき，何を思い浮かべるか?		主体と関わりがある内容（関わった経験など）	主体と関わりがない内容（視覚的映像など）
「脳内ボード」		「脳内ボード」は大きい	「脳内ボード」は小さい
参照の仕方		継次参照が多い・本質に迫りやすい	同時参照が多い・本質に迫りにくい
矛盾		「結論における矛盾」も理解しやすい	「結論における矛盾」より「事実における矛盾」が分かりやすい
説明や参照の仕方		継次的修正・説明が効果的	同時的修正・説明，対比の手法が効果的
漢字のもつ力を利用した修正		効果あり	聴継型と比べると，効果が非常に大きい
単語の意味の指導		文章の形で説明されるだけで，理解や定着が可能	視覚的な説明や運動的手がかりを伴う説明がよい
別の解法の紹介		頭に入りやすい	必要性を感じないと，頭に入りにくい
アドバイスの仕方		未来型・注意喚起型のアドバイスでも可	過去型・評価型のアドバイスが効果的
思考（時計の読み方）		聴覚的思考，言語的思考	視覚的思考，直観的思考，運動的手がかりを伴う思考
解決方法（「多い」「～倍」文）		言語的な意味をふまえた解決方法	図式の力を借りた解決方法
解決方法（やりもらい文を使った文章題）		「逆戻り」による解決方法が可能	「俯瞰」の力を借りた解決方法
複数の公式の扱い（公式を絞れる場合）		公式が複数でも対応が可能	公式は絞るほうがよい
複数の公式の扱い（公式を絞れない場合）		少数例から「公式と本質」のつながりが分かる	「脳内ボード」での「つながり」の形成→「公式」の記憶→「公式と本質」のつながりの取り込み
公式の届け方		「文章」の形で届ける	「図式や絵」の形で届ける
資料の作り方		文章（読み上げて伝わる文）による説明	図式や絵，同時参照や対比を利用した説明

　また，「5原則」の1〜2は，どのような順序で指導するのが分かりやすいかという問題と関わると思われます。これらと関連して，筆者が考える聴継型と指導型の違いを以下にまとめてみました。これについては，第二部の7章で詳述します。

		継次処理型	同時処理型
藤田ら（1998）などの「5原則」	1	段階的な教え方	全体をふまえた教え方
	2	部分から全体へ	全体から部分へ

	聴継型	視同型
「部分」と「全体」の関連	「部分」から「全体」へ	「部分と曖昧な全体の往還」から「明瞭な全体」へ
紙芝居やマンガにおける登場人物の位置関係	「せりふ」などを通して意味的につなげて理解するので，位置関係の変化はさほど気にならない	「絶対的な一つの枠組み」の中で登場人物を固定して考えるので，途中での位置関係の変化が気になることがある
1時間の授業づくり：「山場」の越え方	「山場」を越えるのは，授業終了間際になっても可	「山場」は早めに越え，全体を振り返ることが大切
授業と授業の接続（宿題の意味）	宿題がなくても，次に進める	「理解の深化・確認・定着」のために，宿題の意味は大きい
各単元への時間の配分	直線状の教え方（「部分から全体へ」）	らせん状の教え方（「全体から部分へ」）
学年対応の教科学習	「直線状の教え方」で大丈夫なことが多いため，年間指導計画にそって一年間の単元を全て進めることができる	「直線状の教え方」では理解が不十分に終わることが多いため，一年間の単元を全て進めることが難しい
新出語や結論を出すタイミング	新出語や結論はあとになっても可	新出語や結論は先行型がよい
指導順序	「部分から全体へ」の教え方	「全体から部分へ」の教え方，結論先行型
指導の仕方	言語を媒介として考えられる	「絶対的な一つの枠組み」の中で考えるほうが早い
「知覚的判断」から「論理的・言語的思考」への移行	容易	困難
演繹法と帰納法	言語を媒介として考えられるので，演繹法が可能	帰納法のほうが納得しやすい，多数例を通して考えさせる。

5章 第二部に入る前の留意事項

（1）単純に決めつけないこと

　同じ視覚優位型でも，映像を写真のように記憶できる人とそうでない人がいるようです。筆者は「自分は視覚優位型だ」と思っていますが，絵を描くことや人の顔を覚えることは得意ではないと感じているので，人の認知特性をこうだと単純に決めつけないでほしいと思います。

> **同じ人でも、場面によって「わかりやすい方法」は異なること**
>
> 「問①と問②で、聴継型向きの説明と視同型向きの説明のどちらがわかりやすかったか？」
> →Aさん「①聴継型向き　②聴継型向き」
> 　Bさん「①聴継型向き　②視同型向き」
> 　Cさん「①視同型向き　②視同型向き」
>
> 問①　　聴継型　　｜　視同型
> 問②　聴継型　｜　　視同型

　1章（2）で中野（2007）を引用して述べたように，同じ人でも，ある場面で「聴継型を想定して作られた説明のほうが分かりやすい」と言い，別の場面で「視同型を想定して作られた説明のほうが分かりやすい」と言う可能性があります。それで，発達検査で「この子は視同型の傾向がある」と言われても，視同型を想定した説明や指導方法が全て有効とは限らないことに留意してください。

　また，聴覚障害児・者は視同型が多いと言われていますが，聾学校にいる生徒全員が視同型とは限らないことに留意してください。

　さらに，筆者は，今まで何人かの教員が「この子（聴覚障害児）は聴覚活用ができているから，聴覚優位型だと思う」と言ったのを聞いてきましたが，「聴覚活用できる人＝聴継型」と決めつけてはいけないことにも留意してください。「目が見えている人全員が視同型」ではないのと同じです。

　以下，「〜が効果的である」という書き方をするところがありますが，「〜が効果的な場合が多い」という意味にとらえてください。

（2）視同型を聴継型に変えようと思わないこと

「強い認知特性である視同型を聴継型に変えさせる」ことと「聴継型向きの方法にも対処できる力を育てる」ことは異なります。現在の学校や社会では，聴継型向きの方法が多いですが，視同型を聴継型に変えようと思わないでください。それは，利き手を左手から右手に変えるようなものだと思います。利き手は生得的に決まっており，成長につれて現れてきますが，認知特性も同じと考えます。

利き手の矯正の弊害を指摘する人が多いです。利き手をむりやり矯正しようとすると，右左のとっさの弁別が困難になり，認知能力や言語力・学力に悪影響を及ぼすことを指摘する研究者もいます。それと同様に，視同型という認知特性をむりやり聴継型に変えようとすると，自尊心を低めたりするなどの弊害が現れる可能性があります。

少し横道にそれますが，この本は聴覚障害教育関係者の目にふれることが多いと思われるため，以下のことを記しておきます。

人工内耳装用児が増え，「手話や指文字，キューサインを使うと耳を使おうとしなくなる」としてこれらの視覚的サインを全て否定する医師・言語聴覚士（ＳＴ）と，「人工内耳を装用しても一部の音が曖昧に聞こえる子どもがおり，視覚的サインも必要」と考える医師・言語聴覚士（ＳＴ）がみられます。筆者は，聴覚活用と視覚活用は「敵対」せず「補完」しあうと考えており，「そんなに耳を使うことが大事なら，視覚的情報である文字も使わないほうがよいのではないか。一日中アイマスクをつけさせてはどうか」と言いたくなることがあります。筆者自身は口形を大切な情報としてコミュニケーションしていますが，表情や身振り，手話があると読話がさらに容易になると感じており，昔聾学校で「手話や指文字の使用は，読話能力を低めるから，使わないほうがよい」と言われていたと聞いて驚いたものでした。

また，「生活言語」の聞き取りは容易ですが，「学習言語」の聞き取りは難しいことを頭に入れてほしいと思います。例えば「みて。かぶとむ●がとれたよ」では，「かぶとむし」と容易に推測できますが，「た●かなかん●きがん」では，「確かな鑑識眼」と即座に分かる人は少ないでしょう。実際，聴覚活用で日常会話がスムーズにできる聴覚障害児や障害者手帳をもたない軽度の難聴児であっても，「四十九日」や「むやみに」のように使用頻度が低い単語が聞き取れなかった例が相当数みられたことや，聞こえていても視覚優位型を想定した方法のほうが分かりやすいと述べる例も多いことから，聴覚活用の状況だけを見て，「この子は，従来の聴継型向きの方法でよいだろう」と決めつけないでください。その一方で，「エレベーター」などの語の正確な記憶と定着のために，口を動かす，相手の口の動きを見る，声を聞くという継次処理の要素を含む動作を日常的に行うほうがよいことにも留意してください。

（3）言語処理能力の獲得を大切に考えること

　AとBという二つの方法があり，Aが効果的な人とBが効果的な人がいるとき，Aの方法ばかりだとBの方法を好む人にとっては困るでしょうし，その逆もしかりです。

　学校では，聴継型の子どものクラスと視同型の子どものクラス，バランス型の子どものクラスに分けて教えることは難しいことから，聴継型向きの方法と視同型向きの方法のどちらにも対応できる力を培うことが望ましいでしょう。その一方で，学校での指導法は聴継型向きのものが多いようであり，子どもの学習上のつまずきが視同型という認知特性と関連するならば，それを考慮に入れた指導を行い，子どもに「分かった」「これなら自分もできる」という達成感をもたせる必要があると考えます。

　小野・小林・原・東原・星井（2017）は，「一見，同時尺度の得点が高くても，複数の情報が一度に入ってくる場合の処理に関係する『同時処理が強い』とはいえないこと」があるとし，この場合は「同時処理」ではなく，「視覚処理」が強いという解釈のほうがよいと指摘していますが，全体的には，継次処理が苦手な子どもには同時処理を活用すること，逆に同時処理が苦手な子どもには継次処理を活用することを勧めています。「アセスメントで得られた情報（得意な認知スタイルや望ましい学習環境等）を子どもの援助に生かす」ことがいたるところで強調されています。

　藤田（2019）は，「『強い能力（認知処理スタイル）ばかりを使うと，弱い能力（認知処理スタイル）は置き去りにされるのでは』と心配される方がいるかもしれません。しかし，より大事なのは，苦手をなくすことよりも，目標とする学習内容や行動やスキルを子どもが身につけることです」と述べる一方で，「長所活用型だからといって，弱い能力をまったく使わないでプログラムを組むというのは不可能です」と述べていることから，ある教員が視同型向けの指導を行っても，その子どもが置かれる場面全てにおいて視同型向けの方法ばかりになることはありえず，聴継型向けの方法への対処が必要な場面にさらされることもあると考えていることがうかがえます。

　筆者も，自分が「視同型向きの方法」ばかりを使っても，他の先生も全員が「視同型向きの方法」になるとは思えません。自分は，学習時のつまずきに対して，本人が「これなら分かる・できる」と思えるような指導方法の工夫を優先したいと考えます。

　視同型の子どもに「聴継型向きの方法にも対処できる力が大切」と称して聴継型向きの方法しか使わないのは，車椅子が必要な子どもに「車椅子を与えると歩こうとしなくなる」と言うのと同じであると考えます。

　筆者が筑波技術大学に着任し，聴覚障害学生に教えることになったとき，「親切すぎてはいけない」と自分を戒めてきました。「視同型向けの方法ばかりになってはいけない。聴継型向けの方法にも慣れさせる必要がある」と考えて，あえて聴継型向き

の方法もときどき使うようにしてきましたが,「やはり視同型向きの方法だと結果が違う」と感じることも多々ありました。「最終目標は,聴継型向けの方法と視同型向けの方法のどちらにも対応できる力を培わせること」と考えていますが,多人数の集団で教えるとき,その二つの方法のバランスを取ることの難しさを感じています。

　現在の筆者は,年齢相応の学力や言語処理能力を身につけると,視同型であっても従来の聴継型向けの方法に対処できる力が増し,認知特性の違いによるギャップは目立たなくなるように感じていることから,視同型向けの方法である絵や記号を多用する教え方や直観に訴えるような教え方が多くなるとしても,その中で関連する日本語や解決方法の獲得という目標を大事に考えながら取り組めばよいのではないかと考えています。

（4）うまくいかないとき,他の方法を考える力を身につけること

　藤田（2019）や村山（2017）らが指摘するように,周囲の大人が児童生徒の得意とする認知処理様式を知り,それに合わせて教材を取捨選択したり方法を工夫したりすることは,児童生徒の自尊感の獲得や学力向上のために大切です。

　児童生徒が自分の認知特性を知るために,また,教員が自分の担当するクラスの子どもたちの認知特性のおおまかな傾向を知るために,短時間での集団実施が可能な問題の作成と確定が望まれます。このとき,自己客観視が難しく,自己認知が甘い児童生徒とそうでない児童生徒がいることが考えられるため,自己客観視の困難さや自己認知の甘さの度合いに左右されない問題であることが望ましいでしょう。

　本書の目的をあらためて述べると,ある認知特性に有効な指導方法を確定させるというよりは,ある指導方法の有効性が感じられないとき別の指導方法を工夫できる人を増やすために,筆者自身の経験や感じてきたことをまとめることです。筆者の綴った方法が視同型に有効であるという数量的データはなく,筆者自身が「自分だったらこんな方法を試してみる」と思ったことを書き散らしたにすぎません。筆者の綴った内容を読んだ人の中には,「筆者のような人は少ない」と思う人がいるでしょうが,筆者と同じような人がどれぐらいの比率で存在するかは,重要な問題ではありません。

　第二部や第三部では,聴継型と視同型を対置させながらも視同型向きと思われる方法を中心に述べますが,視同型の人には視同型向きの方法ばかりにせよという意味ではないことにくれぐれも留意してください。ある指導方法で効果が上がらない子どもがいるときは,別の指導方法も工夫できるようであってください。「視同型向きの方法を考えると,こんな方法になるかな。その方法で教えてみたらどうなるかな」というように,いろいろな指導方法を工夫できる力を身につけていただけたらと思います。

認知特性の特徴と指導例

6章 情報処理に関わって

藤田ら（1998）などの「5原則」		継次処理型	同時処理型
	3	順序性の重視	関連性の重視
	4	聴覚的・言語的手がかり	視覚的・運動的手がかり
	5	時間的・分析的	空間的・統合的

　藤田ら（1998）などは,「5原則」のところで,「3.継次処理型は『順序性の重視』が,同時処理型は『関連性の重視』が効果的」,「4.継次処理型には『聴覚的・言語的手がかり』が,同時処理型には『視覚的・運動的手がかり』が効果的」,「5.継次処理型は『時間的・分析的』が,同時処理型は『空間的・統合的』が効果的」と述べています。

　これらは,「聴覚的情報」や「言語的情報」「視覚的情報」「運動感覚的情報」などの中でどんな情報が処理しやすいか,教師は「順序性を重視した説明」と「関連性を重視した説明」,「演繹的な説明」と「帰納的な説明」などどんな特徴を備えた情報を提供するとよいかという,いわゆる情報処理の問題と関連すると思われます。

　上記の３つの「原則」を筆者のことばで言い換えると,視同型は,聴継型と比べて,音声のように表れては消える情報の処理（重要な単語の取捨選択,一時記憶,意味づけなど）に多大なエネルギーを要することもあり,何かを聞いて思い浮かべる量が少なくなります。そのため,図式的・統合的・俯瞰的な情報のほうが,頭の中に保持しやすいです。目に見える文字を見ながら意味づけを行うことによって,その内容を長期記憶に取り込むことができます。また,ある事柄を聞いたとき,自ら別の事柄を思い出して対比する「継次参照」が苦手なため,教師が同時に二つの事柄を対比の形で示して生徒に「同時参照」させると,生徒は二つの事柄の関連を直観的に理解し,取り込みやすくなります。

　そこで,視同型に効果的な情報提示のためのキーワードは,「見て学ぶ」「同時参照」「俯瞰」になると考えます。この「見て学ぶ」は「直観に訴えるような教え方」と,「同

時参照」は「図式的な教え方，対比や関連性を重視した教え方」と，「俯瞰」は「全体をふまえた教え方」と関連します。

　6章では，「（1）認知特性と情報処理」で，認知特性と情報処理の関連を述べます。次に，「（2）情報の特徴に配慮した指導例」で，いろいろな情報の特徴をふまえた指導例を紹介します。

（1）認知特性と情報処理

文章の読み方	聴継型：端から一行ずつ順次読む 視同型：まとまりのある文章を吸い上げるように読む

　聴継型の人は，音声で読み上げるように，一字ずつあるいは一行ずつ順番に読む人が多いですが，視同型の人は，ひとまとまりの文を吸い上げるように読む人が多いため，視野に入る文字の量が少ないと内容がつかみにくい傾向があることになります。

■文字と文章の読み方

　聴継型は，文章を文頭から音読するように読む人が多く，新幹線の扉の上にある字幕表示のように，一行の中で字が流れる方法でも，理解がスムーズです。

　それに対して，視同型は，全体を吸い上げるような読み方が多いです。文頭と文末の両方から読み取るような場合もあります。それで，「耳たぶ→耳ぶた」のように音節の入れ替えが起きやすいのでしょう。また，「プレイ」と「レイプ」を混同するなど，字面が似ていると混同することが多いのでしょう。

　例えば，「彼は，彼女に古ぼけた本を渡した」という文が書かれているとします。聴継型は，最初から音読するように読むので，保持が必要な単語とそうでない単語を弁別しながら，「①主語（彼）」，「②間接目的語（彼女）」，「③直接目的語（本）」，「④動詞（渡した）」を全て出てきた順番に脳内に保持して，文の意味を理解します。それは，ワーキングメモリ

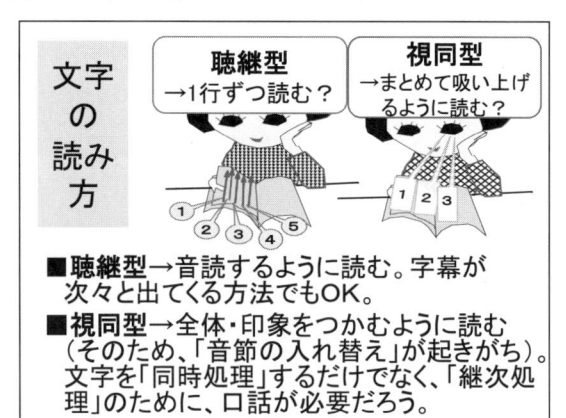

のトレーニングにつながっているでしょう。

　それに対して，視同型は，文全体を吸い上げるように読むので，例えば，まず文末の動詞「渡した」を見てから，「主語は？」と探して，助詞「は」がついている「彼」を見つけ，「誰に？」と探して，助詞「に」がついている「彼女」を見つけ，「何を？」と探して，助詞「を」がついている「本」を見つけて，意味を理解する場合があります。あるいは，動詞「渡した」を見てから，その文にある単語「彼」「彼女」「本」を探して，文の意味を把握します。言い換えれば，単語だけを拾って，その内容から意味を推測する方略をとる人が多いです。したがって，視同型は，「妹は兄より5kg重い」という文で，「妹」「兄」「重い」という単語を拾って，通常兄は妹より重いことから，「兄＝重い，妹＝軽い」と解釈してしまう子どもがみられることになるのでしょう。

■字幕の読み方

　聴覚障害のある筆者は，字幕による情報保障を初めて受けたとき，文字で示されるだけでありがたいと思いましたが，慣れてくると，「私は，一字ずつ左から右へ読むような読み方をしていない。文頭から読むのと同時に，文末からも読んでいる感じ，あるいは，まとまりのある文章を吸い上げるように読んでいる感じ。だから，一行ずつ映し出すのではなく，各段落を表示してほしい」と思うようになりました。また，先に動詞を読んで頭に入れてから主語や目的語に注目するという読み方をする場合もあると感じています。

　字幕表示の例として，「一行タイプ」と「数行タイプ」があります。「一行タイプ」は，新幹線の扉の上にある字幕表示のようなものです。そこでは，一行分の字が流れていきます。それに対して，「数行タイプ」では，最初の1〜5行めが映し出され，次に2〜6行めが映し出され，次に3〜7行めが映し出されるようなタイプと，段落（まとまりのある文）が映し出され，次にその次の段落が映し出されるタイプがあります。

　コロナ感染拡大防止のため筑波技術大学（聴覚障害者のためのキャンパス）でオンライン授業が始まり，手話ができな

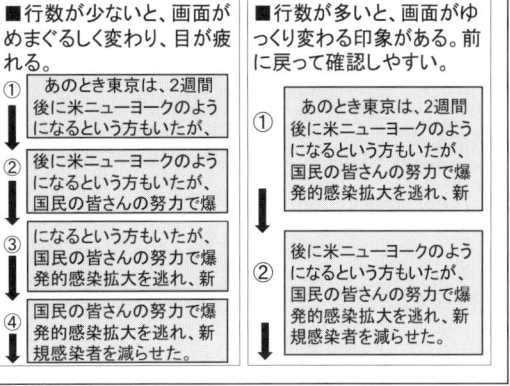

い非常勤講師の話を字幕で流すことになりました。最初は，文字を大きく示すために３行程度映し出していましたが，学生から「字が流れる速さが速いので読みづらい。行数をもっと増やしてほしい」という要望があり，７行に増やしたところ，「読みやすくなった」という声が多く寄せられました。

　一行ずつ読む人であれば，字幕表示の最初の行あるいは最後の行のところのみに視線を固定して読めばよいでしょうが，筆者も，まとまりのある文を吸い上げるように読むタイプなので，行数が少ないと一行ずつ上に動くときの変化がめまぐるしく，「あ，待って。あーあ，この動詞の主語や目的語をもう一回見たかったのに，もう上へ消えちゃった」と思うことがありました。

　なお，この字幕表示は Zoom 授業でなされたものでしたが，最初の授業のときに「聴覚活用できている学生が多い」という印象があったにもかかわらず，「字幕表示は行数が多いほうが見やすい」と言う学生が多かったことから，「最近聴覚活用できる学生が増えたとは言え，やはり視同型が多いのかな」と感じさせられました。

■プレゼンテーションや字幕がある講話の聞き方

　プレゼンテーションや字幕を利用した講義があるとします。

　順番を重視して情報をとらえる聴継型の場合，講師の口頭での話①を聞いてから，話①の要約である画面の段落①（文字）を見る，それから，話②を聞いて，画面の段落②（話②の要約）を見る，という流れが多いかもしれません。それで，講師によっては，話①を話し終わってから，段落①を画面上で示す場合があります。

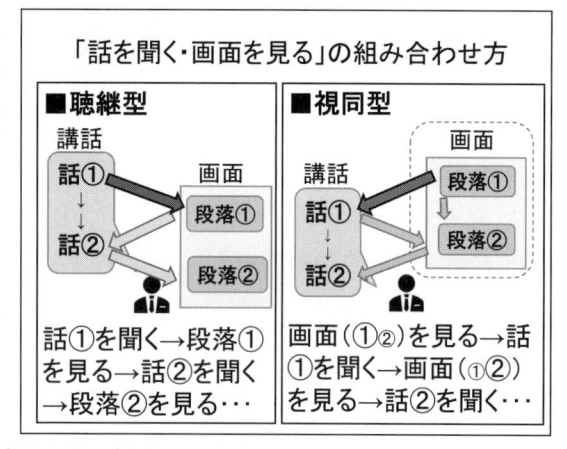

　一方，情報を全体から瞬時にとらえる視同型の場合，画面に示されると，瞬時に段落①や段落②の存在をつかみます。ここで，「存在をつかむ」と「内容を理解する」は同じとは限りません。画面の段落①（話①の要約）を見てどんな話になりそうかを予想しながら，講師の話①を聞き，あらためて段落①を見て，自分なりに咀嚼・確認します。同時に，画面の段落②（話②の要約）を見てどんな話になりそうかを予想しながら，講師の話②を聞き，あらためて段落②を見て，自分なりに咀嚼・確認します。

　視同型が多い聾学校では，「導入のための話であっても，テーマを話し始める前に板書すること」や，「文字情報を提示する場合，それを読む時間を与えてから話し始めること」が大切になるゆえんです。その一方で，文字情報を先に提示すると，生徒

は文字に視線を向け，教師の顔に視線を向けることが減るので，教師の話に集中してほしいときは，文字情報の提示をあとにすることがときには大切になってきます。

　筆者の講演で，プレゼンテーションソフトを操作しながら話すことになりましたが，筆者の手話や不明瞭な発音を理解しづらい人のために，筆者の話す内容（長文をあらかじめ文字化してあった）を別のスクリーンに映し出すことを他の人に依頼すると，筆者が段落を話し終えてからその段落をスクリーンに映し出そうとする人がほとんどでした。それで，「特に聴覚障害者は，話す前に文字が見えるほうがよいので，私が話し始めたらすぐにその段落をスクリーンに映してほしい」と伝え，「聞こえる人は『口頭での話①→要約の文字①→口頭での話②→要約の文字②』の順番がふつうなのか。聞こえない人にとっては，『要約の文字①→口頭での話①→要約の文字②→口頭での話②』が良いと思うのだが」と思ったことがあります。

混同しやすい語	聴継型：音韻的に似ている語 視同型：形態的に似ている語

　聴継型は，聴覚的に似ている語の混同が起きやすいですが，視同型は，視覚的に似ている語の混同が起きやすいです。

　聴継型は，「湯浅」と「岩佐」，「fold」と「hold」のように，聴覚的に似ている単語を混同しやすいですが，視同型は，字面がかなり異なると混同は少ないようです。一方，視同型は，「耳たぶ」を「耳ぶた」，「とかげ」を「かとげ」と覚えたり，

わかりやすい時、混同が起きやすい時

	聴継型	視同型
混同が多いのは‥	聴覚的類似語	視覚的類似語
「プレイ」と「レイプ」 「あらた」と「あたら」など	違う語と感じ、混同が少ない。	似た語と感じ、混同が多い。
「湯浅」と「岩佐」 「fold」と「hold」など	（聞いて）混同が多い。	（文字を見て）混同は少ない。
①「A÷B＝C…D」 ②「A＝B×C＋D」 ③「　C　（筆算の形） 　B）A 　　‥ 　　D　」	「割る数」「割られる数」「商」「余り」がどれかわかるか？ ①と②の形でも、わかる。	③が最もわかりやすい。①と②はわかりにくい。

「レイプ」と「プレイ」を混同したりするなど，音節の入れ替えが起きやすいですが，聴継型は，これらの単語は，耳にするとかなり異なる印象を抱くからか，混同は少ないようです。

　筆者も，文字から新出語を吸い上げるように仕入れるので，この音節の入れ替えが多いですが，「耳ぶた」などと間違って口にすると，「違うよ，『耳たぶ』だよ」と訂正されたりして，単語を正しく覚え直すことがよくありました。つまり，筆者は，文字から同時処理的に仕入れた単語を，継次処理が必要な口話（読話・発声）によってより正確に身につけていったと言えるでしょう。

　最近の例を挙げると，2020年初頭からの新型コロナの感染拡大に伴い，「アマビエ」という妖怪が話題になり，「いばらきアマビエちゃん」への登録が呼びかけられましたが，筆者は，2020年11月に「アマビエ」を「アマエビ」と思い込んでいたことに初めて気づきました。それまで登録の呼びかけは知っていましたが，会話で口にしたとき，相手に指摘されて初めて気づいたのでした。これは，文字の提供だけでは正確な日本語の獲得に結びつかない例の一つでしょう。「口話を使わなくても文字と手話で日本語は獲得できる」という主張がみられますが，全ての単語を自ら書くことは難しく，継次処理が必要な口話（自分の口を動かしたり発声したりする，相手の口の動きを見たり声を聞いたりする）の意義をあらためて感じさせられました。

　ある大学教員が，「『とんぼの羽』と言うべきところを『とんぼのマネ』と言った人工内耳装用児がいたが，このような間違いは以前（読話が大切に指導されていた頃）はなかった」と語りました。それまでは，「はね」と「あね」のように口の動きが似ている言い方と間違える例が多く，「はね」と「まね」のように口の動きがかなり異なる言い方と間違える例は少なかったのです。聴覚活用ができる聴覚障害児の増加に伴い，音韻的に似ている単語と混同する例が増えているようです。なお，筆者は，「『とかげ』を『かとげ』，『気にしない』を『気をしない』と書くような間違いは，口をあまり見ず，手話に大きく頼っている子どもにもみられる」と感じています。

　筆者は，指文字や手話を通して人名を受け取るので，「湯浅」と「岩佐」を混同した人に「『ゆあさ』と『いわさ』のどちらとはっきり聞こえなかったのか」と尋ねると，「はっきり聞こえたが，響きが似ているから一瞬混同した」と言われ，「へえ，私は，指文字や手話が異なるから，『田中』と『阿部』のように混同しない」と思ったことがあります。また，「雰囲気」を「ふいんき」と間違える聴者が多いと聞き，「私は，『雰』の『分』を見ているから，『ふん』が使われる読み方とはっきり分かる。『ふいんき』と間違えることはない」と思いました。「シミュレーション」を「シュミレーション」と間違える聴者が多いですが，筆者は，どちらかと聞かれたとき，「シュミレーション」なら脳裏に「趣味」という漢字が浮かんでくるはずだが，今までそういう経験がなかったので，「シミュレーション」だろうと答えたことがあります。また，「クラミジア」と「クラジミア」のどちらが正しいかを調べ，「ミジ」から「惨め」を連想し，その後間違えなくなったこともあります。

　聾学校で，「A÷B＝C…D」や「A＝B×C＋D」，「筆算の形で，A÷Bを計算してCとDを出した式」のそれぞれで，「割る数はどれ？」「割られる数は？」「商は？」「余りは？」と尋ねたとき，横書きで形が似ている前者の二つの式と比べて，筆算の形の式で正答する生徒が多いと感じました。それは，「A」「B」「C」「D」の場所が，

筆算の形は横一列の形とかなり異なる印象を与えることと関連すると思われます。

　聾学校では,「b」と「d」,「p」と「q」を混同する例があり, 筆者は, そういう生徒に対して,「●」「★」のような記号に変えて公式を示したことがありました。

記憶しやすい情報	聴継型：聴覚的情報, 言語的情報 視同型：視覚的情報, 直観的情報, 運動的手がかりを伴う情報

　何かを記憶するとき, 聴継型の人は, 音声を聞いて記憶できる人が多いですが, 視同型の人は, 視覚的に見ないと記憶が難しい人が多いようです。文字情報について, 聴継型は, 文章で示されてすぐに意味を理解して記憶できる人が多いですが, 視同型は, 文章を読んで内容を自分の覚えやすい形に変換する必要があり, 長文による文字情報よりは, 図式的な文字情報のほうが意味をつかみやすいようです。

　脇中 (2003b) は, 聾学校で「音声方略」と「手話口形方略」のどちらが記憶につながりやすいかを調べ, 個人差が大きいことを見出しました。

　以下,「大の月・小の月」や「九九」の例を取り上げて説明します。

■大の月と小の月

　聾学校では,「2つ」を「につ」,「6つ」を「ろくつ」と読む例がみられます。日本語単語を覚えるのが難しく,「1, 2, 3…」を「いち, に, さん…」と覚えるだけで精一杯なようです。また,「4月は30日まで？　31日まで？」と尋ねると答えられない例があり, 中には,「毎年決まっているの？」と尋ねてきた例もありました。

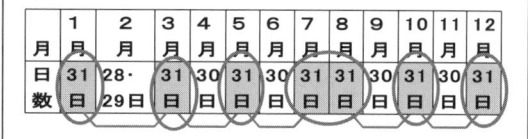

大の月・小の月の覚え方

■聴継型→「西向く士」によって、「2, 4, 6, 9, 11月」が「小の月」であると覚える。

（「6つ」を「ろくつ」と読むような子、「むっつ」のような読み方がなかなか覚えられない子の場合、この方法は難しい）

■視同型→（下の表を使って）視覚的に、「大の月」の位置を覚える。

月	1月	2月	3月	4月	5月	6月	7月	8月	9月	10月	11月	12月
日数	31日	28・29日	31日	30日	31日	30日	31日	31日	30日	31日	30日	31日

　大の月・小の月について, 聴継型は, 日本語を聞いて覚えられるので,「西向く士は小の月」(「にしむく」と「士」から「2, 4, 6, 9, 11」が導かれる) と教えると, それを覚えて対応できますが,「6つ」を「むっつ」と読めない生徒は, それが難しいです。

　筆者が担当した高等部のある聴覚障害生徒は, 定期試験では, 高校の範囲の計算問題が解けても,「物差し」や「定規」の読み方は白紙のままということが多かったです。この生徒は, 発達検査で「こんなに視覚優位型に偏っている生徒は珍しい」と言われた生徒でした。「ひとつ, ふたつ, みっつ…」の読み方も完全に覚えておらず, それ

らを今から記憶させるのは至難の業と思われたので，表の中でマルで囲んで示すなどして大の月を強調した表を渡し，ポンポンと飛ぶ手話表現をつけながら，「（左端から）1月，飛んで，3月，飛んで，5月，飛んで，7月は，31日。次に，（右端から）12月，飛んで，10月，飛んで，8月，これも31日。7月と8月は，あなたの好きな夏休みだね」と説明しました。そして，期末試験で出題したところ，この生徒は，ポンポン飛ぶ動作をつけながら大の月の日数を記入し，残りの小の月の日数も正しく記入できていました。しかし，「定規」「長方形」などの読みは，試験前に「この単語の読みをテストに出す」と予告したにもかかわらず，白紙回答でした。

　その後一ヶ月ぶりに再度出題したとき，その生徒はせっかく覚えてもすぐに忘れると他の先生から聞いていたので，「その月は何日までか」も忘れているだろうと思いましたが，ポンポン飛ぶ動作をつけながら全ての月の日数を正しく書いたことには驚かされました。

■九九を覚える

　聾学校小学部では，従来から九九の指導の困難さが指摘されています。

　筆者は，聾学校高等部に着任したとき，同僚が九九の読み方を指導しているのを見て，「九九の読み方なんて，私は使わないのに」と思いながら，九九をまだ覚えていなかった生徒に読み方も指導したところ，読みの問題は難しいままでしたが，九九の答えは全て言えるようになった例を経験しました。筆者は，「いんいちがいち」のような読み方の正確な記憶より他のことを優先させたいと思い，九九の読み方の指導はそこで終了しました。

　「九九の答えをどうやって出しているか」と尋ねられても，明確に説明できる人は少ないでしょう。筆者自身は，「九九の答えが脳裏に浮かぶこともあるし，口ずさむように出てくることもある」と感じています。そこで，九九の答えとともに読み方を覚えているかを聾学校で調査したところ（脇中，2002），九九の答えは書けるのに読み方を覚えていない例が多くみられました。聴覚活用の度合いは「受聴明瞭度」の数値からだいたい推測できるので，九九の読み方の正答率と受聴明瞭度の関連を調べたところ，受聴明瞭度が高い生徒は，九九の読み方の正答率が高いという傾向が見出されましたが，九九の答えを書く問題の正答率と受聴明瞭度の間に相関を見出すことはできませんでした。

　筆者は，聾学校高等部で，九九をまだ覚

九九を覚える
（九九の習得に時間がかかる聴覚障害児が多い）

「聞いて覚える」は，聴覚障害児には難しい。
（ドレミ・英語のアクセントや発音）
■聴継型→九九を聞く・唱える。語呂合わせを使う。
■視同型→カードで視覚的に覚える。表作成により規則性を理解して覚える。
※「指を使って計算する」方法は最後の手段。

『聴覚障害教育これまでとこれから』（北大路書房）より引用

視同型：具体物（目に見える物）にこだわる傾向

中学校用の問題「入選うたがいなしの 折り紙つきの 作品」

聴児	高等部	選択肢	考え方	語の具体的側面（漢字などにこだわった解釈）	視同型
89%	29%	「保証つきの」			
	29%	「折り紙」	景品に折り紙を紙をつけた		
	14%	「折り紙つきの」	二つ折りの紙をつけ、目印にした	折り紙つきから連想される「折り鶴」	

（聴児の中3三学期）

聴継型：「虫の視点」　視同型：「鳥の視点」

小学校用の問題「右手の たてもの」

聴児	高等部	選択肢	考え方	
68%	45%	右の方の	相対参照・虫の視点（自分から見て右側にある）	聴継
	0%	右に曲がったところの	右に曲がった「く」の字型　相対参照・虫の視点	
	45%	右はしの	絶対参照・鳥の視点（地図右を見る）	視同
	9%	右手でさし	相対参照・鳥の視点（右手でさす人の映像を思い浮かべる）	

（聴児の小6三学期）

■聴継型 → 相対参照（主観的意味とセットで）、主観的・内観的現象に目を向けながら
■視同型 → 絶対参照（位置関係や見た目とセットで）、客観的・外観的現象に目を向けながら

文章の受信

聴継型：「虫の視点」が多い、主語や心情とセットで受け止める
視同型：「鳥の視点」が多い、目に見える現象と結びつける

視覚的情報のウェイトが大きい視同型の人は、具体的に目に見えるものにこだわり、抽象化の方向に進むことが難しいようです。その例を紹介します。

■ある問題の結果より

筆者は、聾学校高等部で国語に関する問題の誤答を分析したことがあります（脇中、2014）。この中で、聴覚障害児に多い認知特性と関わりがあるのかと感じた誤答を、以下に紹介します。なお、当時の高等部では、中学校用の問題において「中学1～3年生相当の読書力」と診断された生徒が多かったです。

中学校用の問題に、「入選疑いなしの折り紙つきの作品」の「折り紙つきの作品」の意味を問う問題がありました。正答は「保証つきの」であり、中3の聴児は89％が正答するといいますが、高等部生徒の正答率は29％でした。そして、残りの71％は、「折り紙」や「折り鶴」「二つ折りの紙」という語が入った選択肢を選んでいました。

小学校用の問題に、「右手の建物」の「右手の」の意味を問う問題があります。「右手の」の意味を問う問題に、「右手の建物」の

えていない生徒を数名担当しました。彼らは、小学部や中学部、高等部で九九を指導されても、難しいままでした。そこで、筆者は、江戸時代から伝わっている「指を使っての九九の答えを出す方法」を指導しました。前ページに示した手指の絵は、手指で使う指数字に合わせてアレンジしたものです。これは、五の段までは暗記し、六の段以降は両手の指を使って答えを出す方法です（詳細は、拙著（脇中、2009）を参照）。両手の指を使うため、鉛筆を置いて計算する必要があります。それで、筆者は、この方法は最後の手段であり、できるだけほうびのシールをもらうと喜ぶ小学校低学年の間に九九を覚えさせるのが良いと考えています。

た。正答は「右の方の」であり，小6の聴児は68％が正答するといいますが，高等部生徒は45％でした。そして，残りのうち45％は，「右はしの」を選んでいました。筆者は，この問題を初めて見たとき，「右の方の」と「右はしの」は同じ意味になると思い，その後「いや，『右の方の』は『虫の視点』からのことばで，『右端の』は『鳥の視点』からのことばだ。だから，相手にとっての『右の方』は，私から見ると『左端』になる場合がある」と考え直しました。筆者は，絶対的な枠組みで考える習性があるため，最初「右のほうの」と「右端の」は同じ意味だと感じたのでしょう。

　また，小学校用の問題に，「人の間をかきわける」の「かきわける」の意味を問う問題がありました。正答は「手でおしわける」であり，小6の聴児は67％が正答するといいますが，高等部生徒は18％でした。そして，残りの82％全員が，「通りぬける」を選んでいました。これも，「手でおしわける」は「虫の視点」からのことばで，「通り抜ける」はどちらか

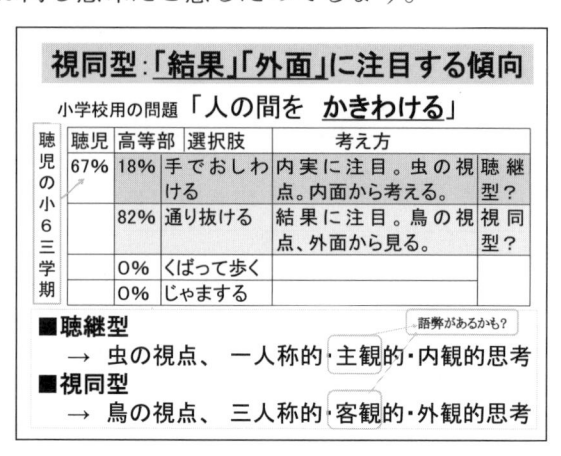

と言えば「鳥の視点」からのことばと言えるかもしれません。筆者は，「私も鳥の視点に立って考えることが多いから，『通り抜ける』を選んでしまいそうだ」と思いました。

■漢字にとらわれた解釈

　視同型は，表意文字である漢字に強い人が多いです。重複障害があり，日本語がなかなか覚えられなかったある生徒は，「ざっし」という指文字やひらがなに反応しませんでしたが，「雑誌」という漢字を見て，読みを知らなかったにもかかわらず，「本？」と反応しました。このように，読めなくても漢字を見て意味を推測できる例が多いです。これは，逆に言うと，漢字から離れて，意味を理解することが難しいことになります。その例を以下に記します。

・「赤道」に行けば，そこに赤い道がある。

・「座薬」は，座って飲む薬である。

・「所得税」は，「得」という字があるから，多いほうがうれしい。

・「生前」は，生まれる前という意味である。

■位置関係や見た目にとらわれた解釈

　視同型は，目に見える位置関係や見た目に過剰に意味をもたせて解釈する例が多いです。その例を以下に挙げます。

・「机にある赤くてとても書きやすいペン」で「赤いのは何か」と尋ねられて，「机」のほうが「赤い」という単語に近い位置にあることから，「机」と答えます。

・「AはBより5cm長い」において「AとBのどちらが長いか」と尋ねると，「B」のほうが「長い」という単語に近いことから，「Bのほうが長い」と解釈します。

・「3時10分前」は，「前」という語が「10分」のすぐ後に出てくるため，「3時8〜9分のこと」と解釈します。筑波技術大学で，「2：50のこと」と正しく理解する聴覚障害学生は，例年2割前後であるようでした。

・「父の書いた小説を出版した」「父は書いた小説を出版した」「父が書いた小説を出版した」において，出版した人はそれぞれ「父以外の人物」「父」「父の場合と父以外の人物の場合がある」ですが，文面に出てくる「父」「書く」「出版した」を助詞抜きでつなげ，全て「父が書いた小説を父が出版した意味に解釈します。

■その他の例

・聾学校で「100円玉の重さは，1円玉の重さの何倍か？　最も適切なものを選べ。{1，5，10，100}」という問題に対して，「100」と答える例が多く，「重さ」という文字を指さして強調しても，訂正できない例が多いです。金銭的な価値から離れて，重さに注目して考える必要がありますが，これが難しいです。

・「デッドスペース」という単語について，「デッド＝死んでいる」「スペース＝空間」と知ると，「お墓の場所のこと？」と意味を推測した例がみられました。

・筆者は，口頭で伝えられた内容より文字で伝えられた内容のほうに「信頼感」を抱いています。あるとき，分掌の長から文字で伝えられた内容と後日別の人から口頭で伝えられた内容の間に矛盾がありました。筆者は，「分掌の長が文字でこうするよう言っていた」と言いましたが，明確な説明がなく，筆者の中で混乱が長く続きました。後日，「分掌の長が伝えた内容のほうが間違っていたが，皆それを口にしづらかった」と聞き，筆者は「誰かが一言『分掌の長が伝えた内容は間違い』と言ってくれたら，筆者の疑問や混乱は早く氷解したのに」と思い，聴者の世界ではミスをはっきり指摘しないのが美徳という雰囲気があるとあらためて感じました。プライドの高い人が質問されて自分のミスに気づき，「ああ，そこはこうしておいて」と言ったとします。察することにたけている人は，「先に文字で伝えた内容は間違いで，あとに口頭で言った内容が正しいのだな」と分かりますが，それができない人は，「先に文字で伝えられた内容はどうなるのか。どちらが正しいのか。両方とも正しいと考えなければならないのか」などと混乱が長く続くと思われます。そこで，視同型の人は，「どちらが正しいのか」となおも尋ねる場面が生じる可能性があり，これは，「聾者は白黒をはっきりさせたがる」とよく言われることと関連するかもしれません。

ある語や文に接したとき，何を思い浮かべるか?	聴継型：主体と関わりがある内容（関わった経験など） 視同型：主体と関わりがない内容（視覚的映像など）

　筆者は，テスターから「ハトと金魚を同じ仲間にできないか」と尋ねられて，「ハトは鳥の仲間で，金魚は魚の仲間だから，無理」と答えた聴覚障害児の例を経験しました。聾学校では，抽象的な共通点をもつ「仲間」（上位概念）の理解が難しい例が多いです。「上位概念」になるほど，見た目の共通点が少なくなると考えられます。

　視覚的情報のウェイトが大きく，視覚という知覚にひきずられがちな視同型の人は，具体的に目に見えるもの（視覚的・物理的現象など）を思い浮かべることが多く，聴覚的情報や自分との関わりを思い浮かべることが少ないようです。

　ある単語や文を聞いて，あるいはその文字を見て思い浮かべる内容として，「視覚的情報」と「それ以外の情報（聴覚的情報を含む）」が考えられるでしょう。「新聞」と「ラジオ」の場合，また，「AがBに本をあげる」という文の場合，「視覚的情報」と「それ以外の情報」は，以下の表のようになるでしょう。

	視覚的情報	それ以外の情報（聴覚的情報を含む）
新　聞	茶色っぽい紙，薄い大きな紙，カラー写真や記事が載っている紙	初めて聞くニュースやおもしろい記事が文字の形で載っている，ところどころに難しくて理解できない文章がある
ラジオ	金属製の四角い機械，アンテナを伸ばす機械	初めて聞くニュースやおもしろい記事を音声を通して伝えている，ところどころに難しくて理解できない文章がある
「AがBに本をあげる」	本がAからBに渡されている場面	Aは私の「ウチ（身近な人）」で，Bは本を渡されている，所有権がAからBに移っている

■「新聞」と「ラジオ」の共通点

　「新聞」の視覚的情報は，文字が多く薄くて大きい紙で，「ラジオ」の視覚的情報は，金属製で直方体の機械となるでしょう。一方，視覚的情報以外の情報として，「新聞」は，「新聞を読んでニュースを仕入れた」「難しい単語が多い」などとなり，「ラジオ」は，「音声を通してニュースを仕入れた」「難しい単語が多い」などとなるでしょう。そして，この2つの共通点は，「それを通してニュースなど新しい情報を知る」となるでしょう。

　では，「新聞」と「ラジオ」の共通点を視同型の子どもに考えさせるとき，どんな方法がよいでしょうか。①音声や指文字，手話で「『新聞』と『ラジオ』の共通点は何か」と尋ねる，②文字で「新聞」と「ラジオ」を示す，③「新聞」と「ラジオ」の画像（写真）を示す，④「新聞を読む人」と「ラジオを聞く人」の画像（写真や絵）を示す，の4つが考えられます。

　物の画像（写真）だけを思い浮かべる人は，紙と金属の間の共通点を考えようとし

て戸惑うでしょう。それに対し，新聞やラジオを用いた経験が豊富な人は，それらを通して情報を仕入れた経験を思い出し，「ニュースなど新しい情報を教えてくれる」という共通点に気づきやすいでしょう。

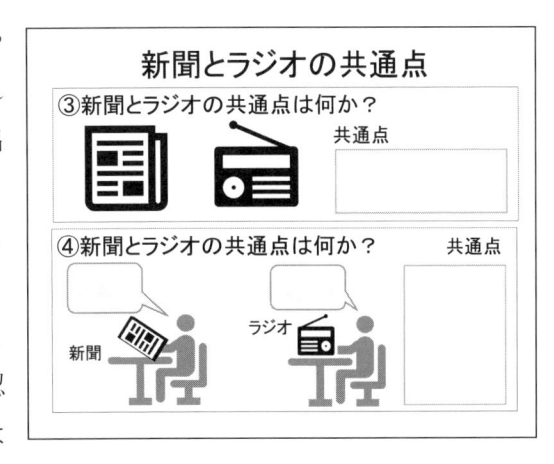

　したがって，視同型の子どもに対して，「文字やその物の画像・写真で示せば，認知特性に配慮していることになる」とは限らないことになります。上の④の画像（新聞を読む人とラジオを聞く人の絵）を見ても答えられない子どもに対しては，吹き出しを作り，吹き出しに書かせる取り組みが効果的でしょう。また，上の③の画像（単なる新聞やラジオの画像）を使う場合でも，やりとりの中で「新聞を読んだ人はどう思う？　ラジオを聞いた人は？」のような問いかけがあれば，正答を引き出しやすくなるでしょう。

■「あげる」を使った文

　「AがBに本をあげる」という文では，視覚的情報としては，単に「本がAからBに渡される」場面や「AがBに本を貸す」場面と同じようなものになります。一方，視覚的情報以外の情報としては，「Aが自分にとって『ウチ』に相当する人であり，Aが本の所有権をBに譲っている」となります。

　視覚的情報だけを考える人は，「A→B」という「方向」のみに注目し，「ウチ／ソト」に関する意識は薄いでしょう。それで，友達が私に本を譲ったとき，「友達が私に本をあげる」は言えると解釈する例が生じるでしょう。筆者は，聴覚障害学生の約8割が「『友達が私に本をあげる』は使える」と回答したことに驚きました。

■「言語の生活化」と「生活の言語化」

　文部科学省（2020）の『聴覚障害教育の手引』によると，「言語の生活化」は，生活の場面を想定し，絵カード等を用いてその場面で使われる様々な言い方をあらかじめ教えておき，実際の生活の場面でその言い方を使うよう促して言葉を定着させるという言語指導の方法であり，「生活の言語化」とは，食事や着替えなど日常の生活行動を通して言語を学習させるという言語指導の方法です。

　聾学校幼稚部の教室で初めてことばを教えるときは，写真を使うことが多くなり，主体的な関わりを経験させることに限界がある場合が多いです。そこで，学校外の生活の中でも，主体的に事物に関わって言語化する中で，そのことばを聞いたときのイメージを豊かに思い浮かべることができるように導く必要があります。すなわち，「新

聞とラジオの共通点」が分からない子どもや，友達が私に本をくれたとき「友達が私に本をあげた」と言えると思っている子どもは，「生活の言語化」と「言語の生活化」の両方が不十分な場合があると考えられるでしょう。

「脳内ボード」	聴継型：「脳内ボード」は大きい 視同型：「脳内ボード」は小さい

　「ワーキングメモリ」という語があります。情報を一時的に維持しながら思考などを行う構造を意味する語であり，「作業記憶」や「作動記憶」とも呼ばれています。これが小さい子どもは，大きい子どもと比べて，学習に困難を示す例が多いといいます。この「ワーキングメモリ」という語にこめられている意味は，学者・研究者によって異なるようなので，本書では，「脳内ボード」という語（筆者の造語）を用いることにします。

　「脳内ボード」が大きい子どもは，教師の導入のための話に対する反応が良いです。例えば，教師が「トマトは野菜だ」と言ったとします。視同型の子どもは，「脳内ボード」が小さいので，「トマトは野菜」という文をそこに貼り付けるだけになります。しかし，聴継型の子どもは，「脳内ボード」が大きいので，「トマトは野菜」という文だけでなく，「そう言えば，前スーパーへ行ったら，トマトの隣でナスが売られていたな」「じゃ，スイカも野菜なのかな？」などと思考を広げることができます。

　この「脳内ボード」の大きさは，相手の話を聞き取るときに必要なエネルギーの大小によって変わります。筆者も，相手の話が分かりやすい場合は，あれこれ考えを巡らせることができましたが，相手の話の読み取りが大変なときは，その後感想を求められても，「話の内容をつかむのに精一杯で，自分の感想を振り返る余裕がなかった。しばらく考える時間が

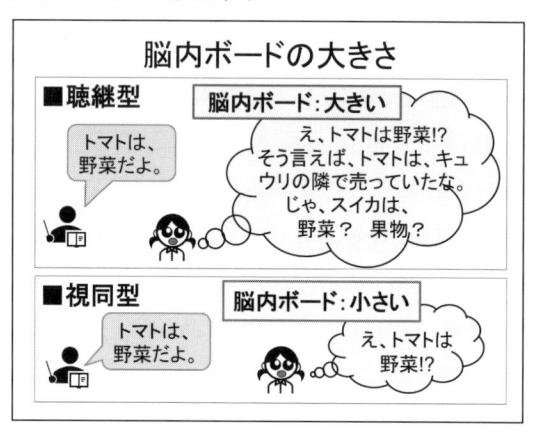

ほしい」と言ったことがあります。聴覚活用で話が理解できる聴覚障害児であっても，「手話併用のほうがリラックスして聞ける」と言う例があることから，「『聴覚活用で話が理解できる』イコール『手話や字幕は必要ない』」とはならないと考えます。

参照の仕方	聴継型：継次参照が多い，本質に迫りやすい 視同型：同時参照が多い，本質に迫りにくい

■継次参照と同時参照

「継次参照」と「同時参照」も，筆者の造語です。「継次参照」は，相手の話と自分の「脳内ボード」に出てきた内容を参照することであり，「同時参照」は，文字などを通して，二つの事柄を同時に対比させて参照することです。

例えば，「バイクが停めてあった車 {と・に} ぶつかった。（複数回答可）」という問題で，「と」を選んだ聴覚障害学生が

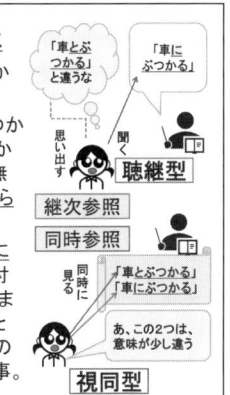

29％みられました。また，「突然ですが，担任の先生 {と・に} お会いしたいです。（1つ選ぶ）」では，正答率は84％であり，16％の学生が誤答の「と」を選んでいました。

聴継型は，「〜に会う」や「〜と会う」を日々聞き，ほとんど無意識のうちに両者の違いを感じ取っていきます。しかし，視同型は，「〜に会う」と「〜と会う」の両方とも言えるという受け止めで終わりがちです。過去に，「停めてあった車 {に・と} ぶつかる」という問題を見て初めて両者に意味の違いがあることを知った学生がいました。これに関して，9章で詳しく述べます。

聴継型は，継次参照に慣れているので，教師は，二つの事柄のうち一方のみに言及する話し方でも大丈夫です。しかし，視同型は，同時参照でないと，一方の事柄に関する情報を受け止めるだけで精一杯であり，二つの事柄の細かい違いを深く意識できないことが多いです。それで，教師のほうで，視同型の子どもが同時参照によって二つの事柄の関連や違いを深く意識できるよう配慮する必要があります。また，視同型の子どもに，相手の話を受信する力だけでなく，思いを巡らせる力を培わせるために，「何か気づいたことがある？」と尋ねたりして，「じゃ，あれはどうなるの？」などと自ら質問できる力を幼少時から培わせる必要があります。

■参照の特徴

「脳内ボード」や「継次参照・同時参照」について，他に特徴をまとめてみると，聴継型のそれは「動画的参照」で，視同型のそれは「絵画的参照」と言えるかもしれません。つまり，聴継型は，「順序」が重要な意味をもつ「動画的参照」であり，視同型は「あるかないか」が重要な意味をもつ「絵画的参照」であると感じています。

　さらに，ストーリーのある文を聞いたとき，聴継型は，ビデオのように逆向きの再生が可能なのに対し，視同型は，テレビのように逆向きの再生が難しいように感じます。こ

参照の特徴

	聴継型	視同型
脳内ボード	大きい	小さい
参照	「継次参照」	「同時参照」
重視する内容	順序を重視する「動画的参照」が多い	存在の有無を重視する「絵画的参照」が多い
動画参照	ビデオ的（逆向き再生が可能）	テレビ的（逆向き再生が不可能）

のことは，後述する「やりもらい文」の文章題の理解に影響すると思われます。

■本質に迫りやすい参照・迫りにくい参照

　聾学校では，「学習範囲が狭いとできるが，広くなると難しい」という話をよく聞きます。その例の一つが，「足し算・引き算の文章題」です。足し算の計算の練習をしたあと，足し算の文章題を解き，引き算の計算の練習をしたあと，引き算の文章題を解き，その後，足し算と引き算が混じった文章題を解くという流れが多いですが，聾学校では，最後の足し算

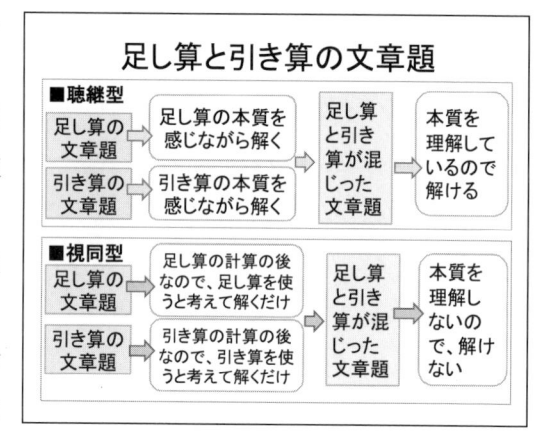

と引き算が混じった文章題のところでつまずく例が非常に多いです。

　筆者は，足し算と引き算が混じった文章題がほしいと思い，書店でいろいろなドリルを調べて，「一般の子どもは，足し算と引き算が混じった文章題のページ数がこんなに少なくても，解けるようになっているのか」と驚いたことがあります。

　一般の子どもは，脳内ボードにいろいろなことを書き込んで，先生の説明との継次参照を行うため，足し算の単元のところで，足し算を使う文章題の本質を理解し，次に，引き算の単元のところで，引き算を使う文章題の本質を理解し，最後に，足し算と引き算が混じった文章題のところで最後の確認を行うのでしょう。

　それに対して，聾学校の子どもは，足し算の単元のところにある文章題は，「足し算の計算の練習をしたあとだから，これは足し算を使う文章題だろう」と考えて解いているに過ぎません。引き算のところも同様です。それで，足し算と引き算の文章題が混じると，とたんに立ち往生する例が多いと思われます。

　足し算や引き算は，増えたり減ったりする現象と関わっており，時系列として先か後かという「順序」が大きな意味をもちます。「ビデオ的動画参照」は逆の再生が可能なのに対し，「テレビ的動画参照」は逆の再生が不可能とします。ビデオ的動画参照が可能な聴継型は，「これは増えているけど，最初の個数を尋ねているから，引き

算を使う」のように考えられるのに対して，テレビ的動画参照になってしまう視同型の場合は，「増えているのに，なぜ引き算を使うのか」と分からなくなる例が多いです。そのとき，聾学校では，「少数例を取り上げての詳細な説明」より「多数例を取り上げての対比による説明」が効果的でしょう。

矛盾の理解	聴継型：「結論における矛盾」も理解しやすい 視同型：「結論における矛盾」より「事実における矛盾」が分かりやすい

　聾学校で教えていたとき，聴覚障害児は，論理的に「こうだからこうなる」と説明して導かれた結論と問題にある結論を照合して，「だから，答えは合っているね」と言っても，「納得した！」という表情を見せてくれることは少ないのに対して，問題に書かれている結論の範囲に含まれるある数値を問題に代入して「合っているか」を考えさせると，「ホントだ！　合っている！」と納得した表情を見せてくれることが多いと感じました。

　また，2つの「事実」から導かれる「結論」を見て正誤を判断する方法より，1つの「事実」と「結論」を組み合わせて計算し，出た数値と問題にあるもう一つの「事実」と照合させて正誤を判断する方法のほうが分かりやすいのかと感じたことがあります。この具体例を以下に紹介します。

　「Aが70，Bが20のとき，a）AはBの3.5倍と言えるか。b）Bを1とするときBは3.5と言えるか」について，a）b）ともに「70 ÷ 20 = 3.5」を計算したり「70：20 = x：1を解くと x = 3.5」を導いたりして，「言える」と答える方法①と，「20 × 3.5 = 70」を計算して，問題の「Aは70」と一致するため，「言える」と答える方法②のどちらでもよいですが，聾学校では，方法②のほうが納得した表情をみせてくれることが多いと感じました。

　一方，「Aが70.1，Bが19.9のとき，a）AはBの3.5倍と言えるか。b）Bを1とするときBは3.5と言えるか」について，方法①では，計算の結果出た数字「3.52…」を小数第二位で四捨五入すると「3.5」となるため，「言える」と答えることになります。方法②では，「19.9 × 3.5 = 69.65」を計算して，問題の「Aは70.1」と一致しないため，「言えない」と答えた例がみられました。すなわち，「誤差」の問題と関連しており，この概念は，説明が難しく，「概数」の単元の難しさと重なるように思われます。

（2）情報の特徴に配慮した指導例

説明や修正の仕方	聴継型：継次的修正・説明が効果的
	視同型：同時的修正・説明，対比の手法が効果的

■修正の仕方

　「継次的修正」と「同時的修正」も筆者の造語です。

　「継次的修正」は，相手が脳内ボードとの参照を行ってくれることを前提に，一方の特徴などを述べるだけでよいです。例えば，子どもが「暫時」を「ぜんじ」と読んだら，「ざんじ，と読むんだよ」と指摘するだけで，子どもは自分の脳内ボードにある「ぜんじ」という誤答との継次参照を行い，修正できます。

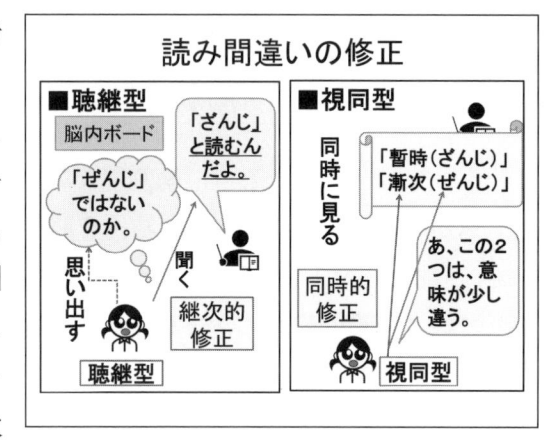

　一方，「同時的修正」は，子どもの視野に同時に示して修正させるものです。子どもが「暫時」を「ぜんじ」と読んだら，「漸次」の「漸」という漢字と混同したのだろうと推測し，「暫時（ざんじ）」と「漸次（ぜんじ）」を同時に板書してみせるとよいでしょう。逆に，「漸次」を「ざんじ」と読んだときは，「暫（ざん）」や「斬（ざん）」を書けばよいでしょう。

　聾学校で，「好かれる」を「このかれる」と読んだ子どもがいたとき，「すかれる」という正しい読み方を教えるだけで，その後「す」と「この」のどちらで読むのか迷わなくなるわけではありません。そこで「好（す）く」と「好（この）む」を板書し，「好き，好かん！」や「お好み」などを紹介すると，「好」の後にカ行の音が来ると「す」と読み，マ行の音が来ると「この」と読むことを感じてくれるでしょう。

　このような「同時的修正」を行うためには，児童生徒がなぜそのように間違えたのかをとっさに推測する力が，教員に求められます。

　「四十九日」を「よんじゅうくにち」と読む例は，筑波技術大学でもみられますが，ある学生が「しくもにち？」と言ったとき，筆者は，すぐに「九十九」を「つくも」と読む例があるため「四十九」を「しくも」と読んだのかと思い，「九十九」と書いて「この『つくも』と混同したのかな。これが読めるってすごい。だけど，正解は…」と説明したことがあります。

　教師が「今まで悲しかったのはどんなときかな」と言ったとき，「しつこい，しつこい」

と言った生徒がいましたが，教師はそれを聞き流して公開授業を進めていました。筆者は，その生徒が「しつこいな」という表情でなかったことから，「失恋」を「しつこい」と読んでいた可能性を考えたことがあります。その一方で，筆者は，生徒が「レイプ」という語を使って自分の経験を話してきたとき，他の語を「レイプ」と間違えた可能性を考えることができず，驚いて誰もいない部屋へ連れていき，長時間話をして，やっと生徒が「プレイ」と混同していたことが分かった経験があります。

■継次的説明・修正と同時的説明・修正

　授業で「砂漠は降水量が少ない」という「本質」が伝えられたあと，生徒が「鳥取砂丘も砂漠だね」と言うことがあります。このように，「本質」を教えたつもりなのに伝わっていなかったということは，聾学校でよくみられます。「じゃ，あれはどうなるの」という思考ができたことは評価したいと思いますが，鳥取砂丘が引き出されたことは，砂漠の本質をまだつかめていないことを示すでしょう。

> **①継次的説明・修正と②同時的説明・修正**
>
> ・「砂漠」の学習時、生徒が「鳥取砂丘」と言う。
>
> **■聴継型の子に対する継次的説明・修正**
>
> 　教師「鳥取砂丘は、砂がたくさんあるけど、雨も降るから、砂漠ではないよ」（一方の特徴を説明するようなやり方が多い）→子どもは、脳内で、「砂丘」と「砂漠」の違いを整理できる。
>
> **■視同型の子に対する同時的説明・修正**
>
> 　教師「鳥取砂丘は、砂が多く、年間降水量が多い。砂漠は、砂が多く、年間降水量が少ない」（両者を対置させる説明の仕方）→子どもは、「砂が多い」が両方に出てきたことから、「砂が多いかだけで、砂漠と決まらない」と理解できる。

　聴継型の場合は，「鳥取砂丘は，砂がたくさんあるが，雨も降るから，砂漠ではない」のように，一方（鳥取砂丘）に関する特徴を説明するだけで，子どもは，自分の脳内ボードにある「砂漠は，雨が少ない。砂丘は，雨が降る」などと照らし合わせるという継次参照を行い，砂漠の概念を修正できます。

　視同型の場合は，「鳥取砂丘は，砂が多く，年間降水量が多い。それに対して，砂漠は，砂が多く，年間降水量が少ない」のような同時的説明・修正のほうが良いです。すると，子どもは，「砂が多い」が両方に出てくることから，「年間降水量の多寡」が砂漠の本質であることを理解しやすくなります。視同型には，対比の手法を用いた説明，表形式の説明が効果的なので，対比表を板書して，「砂漠であるために必要なことは何か」を尋ね，「年間降水量が少ないこと」を引き出すとよいでしょう。

　あるいは，このような例があることを想定して，最初から砂漠と砂丘のそれぞれの画像と降水量のグラフを示し，「どちらも砂があるけど，こちらは降水量が少

「砂漠と砂丘の違いは、ここ（年間降水量）だ！」

ないから砂漠で，こちらは降水量が多いから砂漠ではない」のように「同時的説明」を行うとよいでしょう。

■小3理科の「磁石」と「電気」

　小3の理科で，「鉄は磁石に引きつけられ，アルミニウムは磁石に引きつけられない」と学習し，次に，「鉄やアルミニウムは，電気を通す」と学習することになっています。

　後日まとめのテストで，「これは磁石にくっつくか」「これは電気を通すか」と尋ねられ，「前，鉄とアルミニウムは『同じ』と記憶したような…」「いや，『違う』と記憶したような…」のように混乱することがあります。つまり，視同型は，印象による記憶が多く，別の事柄との混同が生じやすい傾向があるかもしれません。そこで，あらためて「電気との関連では，AとBは同じで，磁石との関連では，AとBは異なる」ことを対置形式でまとめるとよいでしょう。

> ### 「鉄・アルミニウム」と「磁石・電気」の関連
> （小3で学習する）
>
> **■継次的説明・修正**
> 「鉄やアルミニウムは、電気を通す。磁石は、鉄を引きつけるが、アルミニウムを引きつけない」と文章で説明されて、修正したり定着させたりできる。
>
> **■同時的説明・修正**
> 対置形式のほうが、修正・定着させやすい。
>
> | | 鉄 | アルミニウム | 金 | 銀 | 銅 |
> |---|---|---|---|---|---|
> | 電気を通す | ○ | ○ | | ○ | ○ | ○ |
> | 磁石にくっつく | ○ | × | | × | × | × |

■修正のタイミング（すぐに教えず，考えさせる必要性）

　例えば「にわかに水かさが増した」という文について，「意味がわかる」と言った子どもが「庭／カニ／水／傘／増える」という手話で読んだ例がありました。「なぜカニが出てくるの？」と尋ねると「カニは水が好き」などと言います。そこで，「にわかに」という語があるとすぐに教えるのではなく，「庭」と「カニ」の間に助詞がない理由を尋ね，「にわかに」という単語がある可能性に気づかせたいと思います。

　このように，思考させることが大切でしょう。視同型は，聴継型と比べて，他人の説明がそのあと消え去ることが多く，自分で考えるほうが頭に残りやすいようです。

漢字のもつ力を利用した修正	聴継型：効果あり 視同型：聴継型と比べると，効果が非常に大きい

　筆者は，カタカナ語が覚えづらく，登場人物の名前がカタカナとなっている小説は読みにくいと感じています。同じ文字ですが，表音文字（ひらがな，カタカナ，アルファベットなど）は聴継型と相性が良く，表意文字（漢字など）は視同型と相性が良いかもしれません。聴覚障害児は，漢字が得意な例が多いようです。

■「砂漠」と「砂漠」

砂漠には「砂砂漠」と「岩石砂漠」がありますが，岩石砂漠の画像を見て，「砂がない」と言った生徒がいました。世界では，岩石砂漠が砂砂漠より広い面積を占めますが，「砂がない」と言った生徒は，「砂がないのに，『砂漠』と言ってよいのか」と思ったのでしょう。このような場合，

> **視同型には、漢字の力を利用した修正が効果的**
>
> 子ども（「岩石砂漠」を見て）「砂がないよ！」
> ■聴継型（漢字にこだわらないので、修正が可能）
> →教師の「これ（岩石砂漠）も、砂漠に入るんだよ」で、『砂』の漢字があるが、岩だけの場合も、『砂漠』に含まれるんだな」と納得できる。
> ■視同型（漢字にこだわるので、修正が難しい）
> →教師（漢字の力を利用した説明のために「沙漠」と板書する）「以前は『沙漠』が使われていたらしい。『さんずい（水）』と『少』の組み合わせだね。でも、戦後、『沙』の漢字は学校で教えないことになったから、『砂漠』と書くようになったらしい。沙漠は、砂ばかりのと、岩ばかりのがあるんだよ」

聴継型には，「これ（岩石砂漠）も砂漠なんだよ」と言うだけでよいでしょうが，視同型には，「砂漠＝\{砂砂漠，岩石砂漠\}」「砂砂漠＋岩石砂漠＝砂漠」のように，砂砂漠と岩石砂漠は砂漠の範疇に入ることをはっきり示すほうがよいでしょう。

また，視同型は，漢字にこだわる場合が多いので，逆に，漢字のもつ力を利用して説明できるならばそれが良いと考えます。具体的には，「沙」という漢字を紹介し，「水」を意味する「氵（さんずい）」と「少」を組み合わせてできた漢字「沙」は，「水が少ない」を意味すると説明します。そして，日本では，最初「沙漠」という漢字が使われていましたが，「沙」が常用漢字に含まれていなかった関係，あるいは教育漢字に含まれていない関係で，教科書では「砂漠」（あるいは「さばく」）と記すようになったことを紹介するとよいでしょう。この漢字を用いた説明は，砂漠の本質は「砂」ではなく，「水が少ない，年間降水量が少ない」であることの理解を容易にすると思われます。

■助詞と漢字

筑波技術大学で，「かちかちとなる／かちかちになる」の使い分けに関して，「〜と鳴る／〜に成る」のように漢字をつけて説明すると，他の問題と比べて正答率がかなり上昇したので，ここでも漢字のもつ力を感じさせられました。

■使役形と漢字

漢字は意味の理解に大きな力をもちますが，そのことが逆に日本語の正確な定着を妨げる可能性があります。筑波技術大学で，「帰る」の使役形を「かえらせる，かえせる，かわらせる，かえされる」などの選択肢から選ぶ問題を出すと，正答率は67％でした。その後，授業中に簡単に説明し，期末試験で「『帰る』の使役形をひらがなで書け」という問題を出すと，正答率は49％でした。また，別の年度に，「帰る」の使役形をひらがなで書かせると，正答率はわずか3％だったことに驚かされました（誤答の7割は「かえさせる」でした）。これらの結果から，ふだんは，「帰らせる」の漢字の部分と「〜せる」を見て「これは使役だ」と意味を判断するにとどまり，「かえらせる」という使役形を自らすらすらと言える段階にまで至っていなかったのかと感

じました。また，「かえらせる」と「かえさせる」が日常生活の中でどこまで明瞭に聴覚障害児に届いているのかと疑問に思いました。

このように，選択肢がひらがなで記されることやひらがなで答えを書かせることが正答率を下げたのかと感じた経験が，筆者には何回かあります。

単語の意味の指導	聴継型：文章の形で説明されるだけで，理解や定着が可能
	視同型：視覚的な説明や運動的手がかりを伴う説明がよい

■漢字の書き順

筆者は，小学生のとき，漢字の書き順を注意されて，最終的に書かれた結果が正確であればそれでいいじゃないかと思ったことがあります。また，漢字の学習で「大きく空書せよ」と指示されたとき書きにくいと感じましたが，これは視同型の傾向ではないかと思います。

■「分母・分子」の単語の意味の指導

「３分の２」を分数の形で書くとき，複数の教科書会社は，「線を引く，３，２」という書き順で指導しているといいます。聾学校では，「３，線を引く，２」という書き順になっている例があり，その場合，「５＋2/3＝」の式を書くとき，「５」と「３」が同じ高さになり，分数を示す線が左側の「５」より高い位置に書かれることが

> ### 新出語の意味の理解
> ■**聴継型**→「『2／3』について、下の割る数が分母、上の割られる数が分子」のような**文章の形**で説明されても、意味が理解・定着できる。
> ■**視同型**→以下のように**視覚的な説明**や、「母が子をおんぶしている」という**動作による説明**があると、意味が理解できる。
>
>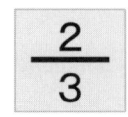

あります。それで，「線を引く，３，２」の書き順のほうがよいでしょう。その一方で，筆者の書き順を考えると，「線を引く，３，２」と「３，線を引く，２」の両方があるようです。特に，「３分の２は…」と声を出しながら書くときは，「３，線を引く，２」になってしまいます。

聾学校の算数・数学の授業で，「2/3」を書き写すとき，上から下へ書き写す例，つまり「２，線を引く，３」と書く例が意外と多いと感じてきました。また，「分母」と「分子」はどれかを尋ねると，逆に答える聴覚障害児がみられました。このことに関して，「手話では，年上を自分の体より上で，年下を自分の体より下で表すから，分母は線の上の数字で，分子は線の下の数字と思う例が多い」と聞いたことがありますが，筆者は，「私にはそういうイメージはなかった。小学校のとき，先生が『お母さんが子どもをおんぶしている』と説明してくれたから，分母は下，分子は上というイメージがしっ

かりできあがった」と感じています。

　なお，英語では，「2/3」は「two-thirds」のように分子が分母より先に表現されるので，分数の計算の力と分数の書き順は無関係かもしれません。

■運動的手がかり

　運動的手がかりは，特に視同型に効果的です。算数・数学の場合の例を紹介します。

　「約分」は，公約数で分母と分子を割ることですが，「2で約分」のときは，「2」の形を表した両手を使って，分母と分子のそれぞれで同時に斜線を描く動作をします。「5で約分」のときは，「5」の形を表した両手を用います。

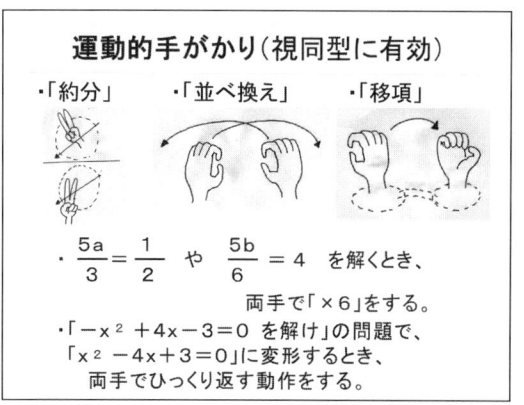

運動的手がかり（視同型に有効）

・「約分」　　・「並べ換え」　　・「移項」

・$\dfrac{5a}{3} = \dfrac{1}{2}$　や　$\dfrac{5b}{6} = 4$　を解くとき，
　　　　　　　　両手で「×6」をする。
・「$-x^2+4x-3=0$ を解け」の問題で，
　「$x^2-4x+3=0$」に変形するとき，
　両手でひっくり返す動作をする。

『聴覚障害教育これまでとこれから』（北大路書房）より引用

　「並べ換え」と「移項」について，混同する生徒が多いです。そこで，筆者は，「左辺の島と，右辺の島があって，その間に『＝』の橋がある。この橋を越えないで，島の中だけで順番を変えるときは単なる『並べ換え』で，橋を越えるときは『移項』になる」と説明し，「並べ換え」では，「＋と－」はそのままであることを示すために，手の甲を上に向けたまま手を動かすしぐさを用い，「移項」では，「＋と－」が逆になることを示すために，手の甲を裏返すしぐさを用いてきました。そして，巡回中，「移項を忘れている」と気づいたときは，ノートに記入している生徒の視野に入るところで「移項」のしぐさをしてみせると，生徒は，顔を上げて筆者の顔を見なくても，移項の必要性に気づくことができます。

　分数が混じった方程式では，「両辺に6をかけて」と言うとき，両手で「×6」という動作を使うと，生徒は，一方の辺だけを6倍する間違いが減ります。そして，そのあと分数が混じった方程式を見て戸惑ったとき，筆者が両手を少し上げると，すぐに「分かった。両方を6倍するんだ」などと自ら思い出すことが増えます。

　「$-x^2-4x+3=0$」を解くという問題のところで，「両辺に-1をかけて」と言うと，「$x^2-4x+3=0$」というように，最初の項だけ-1をかけるという間違いがみられるので，筆者が複数の一列に並んだ箱の左端と右端を押さえて同時に全ての箱を転がすような動作（麻雀で，「ロン」と言って何個かの牌を同時に前に倒して皆に見せるような所作）をつけて説明すると，「$x^2+4x-3=0$」のように全ての項の正負を正しく書き換える割合が高まったと感じました。

　筆者は，手話の使用も「運動的手がかり」に含まれると考えます。手話をつけて読

むだけで算数文章題の正答率が高まった例がみられました（脇中，2001）。また，文章の記憶について，聾学校高等部で声に出して読んで覚える「音声方略」と手話や口形をつけて読んで覚える「手話口形方略」による記憶調査を実施したところ，生徒によってそれぞれの方略の有効性が異なる結果が見出されました（脇中，2003b）。それで，筆者は，生徒の状況に応じて，手話を含めて手を動かして覚えることを勧めています。

■「ホントに分かった！」を引き出す

　筆者は，小数と分数の間のつながりを理解しない生徒がいることから，「小数 0.3 ＝分数（3/10）＝百分率（30％）＝歩合（3割）」，「分数 3/100 ＝小数（0.03）＝百分率（3％）＝歩合（3分）」のような問題をペーパーで出してきました。

　消費税率が 3％だった頃，「1000 円の 3％は 300 円」「1000 円の 3％は 3000 円」

「今、ホントに分かった！」を引き出す

1) 2分の1, 半分, 0.5, 50％など　　2) 2分の2, 1, 1.0, 100％など

3) 2分の3, 1.5, 150％など　　4) 100分の3, 0.03, 3％など（ほんの少し）雰囲気を出す）

教師「2分の1は？」→生徒（指で答える）「あっ、2分の1は、半分と同じや！」→教師「え、あなた、プリントで、2分の1＝0.5＝半分と答えられていたから、もうわかっていたのでは？」→生徒「そのプリントでは、そう書いたけど、今、ホントにその意味がわかった！」　→「頭レベルでの理解」と「体レベルでの理解・実感を伴う理解」があると感じた。

『聴覚障害教育これまでとこれから』（北大路書房）より引用

と言う生徒がいたことから，「3％はほんの少しで，30％はかなり多いが，元の量を超えることはない」という感覚をもってほしいと思い，上に示したように，左手で「1」を表し，右手で「1/2，2/2，3/2，0.03，0.3」などの数値を表す問題を出しました。そのことを通して，「2/2 は，1 と同じであること」「3/2 は，1 を超えること」などの感覚をもたせるようにしました。その中で，「半分」ということばを出したとき，右手で「1/2」あるいは「0.5」と表し，「先生！　半分って，さっきの 1/2（0.5）と同じだ！」と叫んだ生徒がいました。それで，筆者が「あれ，テストで，あなたは，『半分 ＝ 1/2 ＝ 0.5 ＝ 50％ ＝ 5 割』と書けていたじゃないの」と言うと，「今，ホントに分かった！」と言われたことから，「本当に分かる」とはどういうことかと考えさせられました。

■用語の定着と維持

　ある聾学校で，生徒が「『オホーツク海』という単語がなかなか覚えられない」と言ったので，教師が「オホホ」と言うように手を口に当て，それから何かにくっつけるしぐさで表すと，生徒は笑い，その後覚えられたという話を聞いたことがあります。これも，「運動的手がかり」で記憶できた例と言えるでしょう。

　「第一次産業」という語は，小学校の社会で学習する用語です。「第一次産業」という音声と「第一／作る」という手話で表した動画を聴覚障害学生に見せ，話し手が表した日本語を紙に書いてもらったところ，ほとんど全員が「第一」の手話と「産業」の手話を読み取れていましたが，その 3 分の 2 の学生が「次（じ）」が脱落した「第一産業」を書いていたことに驚かされました。つまり，「第一産業」と書いた学生が

「第一次産業」と書いた学生の２倍いたことになります。この手話動画を，着任して年数が短い教員が多い聾学校で（音声なしで）見せたところ，簡単な手話単語も読み取れない教員が多かったですが，「第一産業」と書いた人は「第一次産業」と書いた人より少なかったです。上記の聴覚障害学生も聾学校教員も，小学生のときに「第一次産業」

用語の定着と維持
・「第一／産業」という手話を見て，「第一次産業」という用語ではなく，「次」が剥落した「第一産業」を書いた比率　　　　聴者＜聴覚障害者 ・聴者も聴覚障害者も，小学校の時「第一次産業」という語に接したはずだが…
■聴継型→聞いて覚えると，「じ（次）」が剥落しにくい？
■視同型→見て覚えると，「じ（次）」が剥落しやすい？（意味は残るが…）

の用語を学習したはずですが，聴覚障害学生の６～７割が，なぜ「じ（次）」が脱落した「第一産業」を書いたのでしょうか。聴覚的に聞いたり実際に口にしたりして記憶した単語と視覚的に仕入れて記憶した単語を比べると，後者のほうが単語の一部がその後剥落する度合いが高いのかと考えさせられました。あるいは，学習後その語に偶発的にかつ正確に（つまり，語の一部が曖昧になることなく）接した回数の多寡と関係するのかもしれません。

　筆者の場合は，単語を聴覚的に思い出すことはありませんが，口や喉の運動感覚で覚えていると感じることはあります。例えば，「まぎらわしい」と「まぎわらしい」のどちらか迷ったときは，実際に口を動かしてみて「まぎらわしい」が正しいと判断することがあります。この「口を動かす」も運動的手がかりに含まれると考えます。

別の解法の紹介	聴継型：頭に入りやすい 視同型：必要性を感じないと，頭に入りにくい

　教科書では，解法Ａが既習事項であり，別の解法Ｂを紹介するとき，簡単な数字を使って解法Ｂが導入されることが多いです。しかし，聾学校では，他の解法を紹介しても，「生徒は，すでに理解できた解法から離れづらいようだ」と感じることが多かったです。これは，「既習事項や自分が好きな方法から離れづらい」と言い換えられるかもしれません。例えば，小学校では「真分数」と「仮分数」，「帯分数」が指導されますが，聾学校では，仮分数より帯分数のほうがイメージしやすいからか，中学部以降も帯分数にこだわる例があり，「中学以降は，帯分数に直す必要はない」と指導したことが何回もありました。

　筆者は，新規学習事項を導入する際は，新規学習事項を使わないと解くことが難しい問題を使うほうが，結果的に理解が早く進む場合があると感じています。その例が「互除法」によって最大公約数を求める問題です。詳細は１０章で紹介します。

アドバイスの仕方	聴継型：未来型・注意喚起型のアドバイスでも可
	視同型：過去型・評価型のアドバイスが効果的

　これも筆者の造語ですが，アドバイスには「未来型」と「過去型」があります。「未来型」は，「これからAをせよ」「これからBをしないように」のようなものであり，そこで述べられているAやBはまだ実現されていません。それに対して「過去型」は，「Aをした→◎」「Bをした→×」のように，すでに終わっており，なされた評価を示すようなものです。この「未来型」には，「～すると～になるよ」のような警告型や注意喚起型も含まれます。一方，「過去型」は，すでに終わった事例の結果がどう評価されたかが明示されます。

　筆者は，筑波技術大学で日本語表現法を担当しています。着任当時は，「視同型に有効な方法ばかりにならないようにしよう」と自分に言い聞かせていました。そして，

何かを書かせるとき，「『A。』→×，『A。B。』→○，『A。B。C。』→◎」と書いたものをスクリーンに映し出し，口頭で「Aと書くだけではダメ。Bも書くように。Cも書ければさらに良い」とていねいに説明して取り組ませました。「文字で伝えれば聴覚障害に配慮したことになる」と多くの人が思いがちであり，筆者にもその面があると思います。

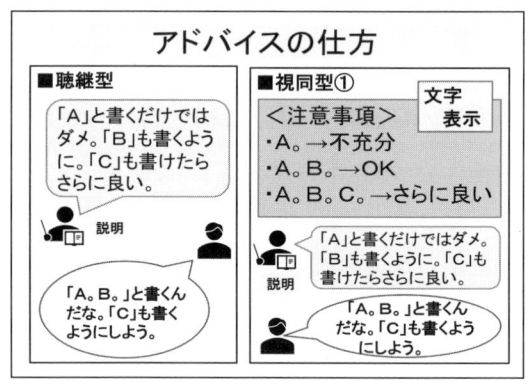

　しかし，あるとき，口頭で説明する時間が足りなかったので，「ここに，過去の学生が書いたものがいくつかあって，私が『これは◎』『これは×』などと赤で書き込んである。参考のために見たい人は，どうぞ」と言って，過年度の学生が書いたものに筆者の評価を書き込んだものを

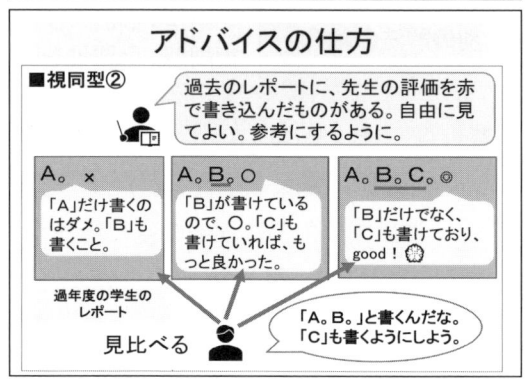

いくつか机の上に置きました。すると，学生たちは入れ替わり立ち替わりやってきて，それに目を通し，自分の席に戻ってパソコンで課題に取り組み始めました。その結果，学生たちが仕上げた内容は，例年と比べると格段に良い内容になっていたことに驚かされました。「私は，視同型向けの方法ばかりにならないように心がけており，昨年までのほうがていねいに時間をかけて文字と口頭で説明したのに，過去のレポー

トを無造作に机の前に置いて自由に見させて説明に時間をあまりかけなかった今年のほうが，結果が目に見えて良くなった。聴覚活用でき，日本語の力も高い学生が多いのに，やはり視同型向きの方法が良いのか。聴継型向けと視同型向けのどちらを取るべきか。視同型向けばかりにしないことにこだわって内容の改善が遅々として進まないことと，視同型向けを多くして良い内容のものが早く書けるようになることと，どちらが良いか。バランスを考えるのが難しい」と考えさせられました。

思　考 （時計の読み方）	聴継型：聴覚的思考，言語的思考 視同型：視覚的思考，直観的思考，運動的手がかりを伴う思考

聴児でも「3:50」のアナログ時計を「4:50」と読む例がみられます。これは，短針が「3」より「4」に近いところにあるからでしょう。

筆者は，聾学校で2名のダウン症候群の生徒を担当した経験があります。Aさんは，幼少時から聾学校に在籍しており，ていねいな日本語指導を受けてきました。

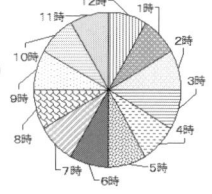

時計の読み方
（「3:50」を「4:50」と誤って読むことに対して）

■聴継型→短針をはさむ数字「3」と「4」のうち，小さいほうの数字を選ぶと考える。（「12」と「1」のみ例外）
■視同型→何回か色塗りすると、「（3時50分は）短針がこの範囲にあるから、3時だ」と読めるようになる。

Bさんは，地域の中学校から聾学校高等部に入学した生徒であり，周囲を見て推測して動く力がすぐれていました。2名とも，「長針が4を指していれば20分，11を指していれば55分」ということは理解できていましたが，「3:50」のアナログ時計を「4:50」と読むような間違いが長く続きました。

それで，筆者は，当初は，視同型向きと考えた方法，すなわち，時計の絵を「ここは1時，ここは2時…」と言いながらいろいろな色で塗るプリントを作成し，AさんとBさんに取り組ませたところ，Bさんは，「3:50」の問題では，「ここからここまでは1時，ここからここまでは2時…」と言いながら指さし，「ここは3時だ。だから，3:50だ」と正答できるようになりました。しかし，Aさんは，何回繰り返して指導しても難しかったです。

このAさんは，他の単一障害生徒でも読み間違えることがある「2日」の読み方を「ふつか」と正しく読み，先生たちを驚かせたこと，筆者も「Aさんは，日本語を覚える力が他のと比べて高い」と感じたことから，聴継型向きと考えた方法をAさんに試みました。すなわち「短針は，何と何の間にあるか」と尋ね，「3と4」と答えたら，次に「3と4とでは，どちらが小さいか」と尋ね，「3」と答えたら，「それを使って，

3:50と書こう」のように指導したところ，正答する頻度が高まりました。

　この結果から，自分が分かりやすいと感じる方法（視同型向けの方法）で生徒全員に教えるのではなく，聴継型向けと思われる方法が効果的な生徒の存在に留意する必要性をあらためて認識させられました。

解決方法 （「多い」「〜倍」文）	聴継型：言語的な意味をふまえた解決方法
	視同型：図式の力を借りた解決方法

　聾学校では，高校の範囲の計算問題ができるのに，小学校高学年の文章題が難しい例が多くみられます。特に，「AはBより5多い」という文で，「A」と「B」のどちらが大きいかを瞬時に判断できず，線分図がかけない生徒が多いことに驚かされてきました。「妹は兄より5kg重い。兄は20kg。では，妹は何kgか」という問題では，「は」や「より」の位置関係に注意を払わず，「通常，兄は妹より重い」という知識を利用して，兄の線を妹の線より長く引いて線分図をかく生徒が多いです。それで，「A」「B」というイメージがわかない記号を用いた文章題になると，戸惑う生徒が多いです。「助詞を見て，AとBのどちらが大きいかを考えて」と言うと，「『B』のほうが『大きい』という語に近いところにあるから，Bが大きい」と言った例もありました。また，「ゾウは犬より（？）」と尋ねると，「大きい」と正答したので，「ゾウは犬より大きい」と「AはBより5多い」を板書し，「だから，AとBのどちらが多いかな」と尋ねましたが，それでも答えられなかった例も経験しました。

　そこで，AとBのどちらが大きいか分からなくても解ける「立式法」（筆者の造語）を授けました。つまり，「は」は「＝」，「より3多い」は「＋3」，「より3少ない」は「－3」，「の」は「×」と覚え，例えば「AはBより3多い。Aは6。Bは？」では，「6＝（　）＋3」という式を作り，答えは「3」と分かる方法です。また，「A

「多い」「〜倍」文の解法
（この文章題が苦手な聴覚障害児が多い）

・「**作図法**」→AとBの線分図を書く
・「**立式法**」→

「は→＝」「より3多い→＋3」
「より3少ない→-3」「の→×」

AはBより3多い。Aは6個。Bは（　）個。
　6　＝（　）＋3　　　　答え　3個
AはBの3倍。Aは6個。Bは（　）個。
　6　＝（　）× 3　　　　答え　2個

■聴継型→「**作図法**」もできる。
■視同型→「**立式法**」を好む。

はBの3倍。Aは6。Bは？」では，「6＝（　）×3」という式を作り，答えは「2」と分かる方法です。

　文章題が苦手であり，文章題を出すと机に突っ伏したり教室を飛び出したりしていた生徒に，「今まで教わった方法では，AとBのどちらが大きいかが分からなかったから，線分図がかきにくかったんだね。でも，この立式法だと，どちらが大きいか分

からなくても，式が作れたら，答えが分かるよ」と言って，「立式法」を紹介すると，生徒は「この方法なら解ける！」と喜んでいました。

　筆者は，「作図法」もできるほうがよいと思い，同じ問題を「作図法」と「立式法」の両方で解けという問題を出しましたが，「作図法も使う必要があるの？　立式法だけではダメ？」と言ってきた生徒や，先に立式法で解いてどちらが大きいかをつかんでから，作図法の線分図をかいた生徒がいました。筆者は，高等部生徒に対

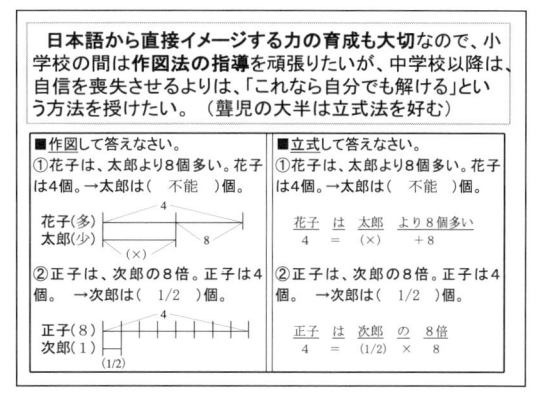

しては，どんな方法でもよいので，「この方法なら解ける」と自信をもって卒業してほしいと思います。

　「立式法」の良いところは，答えが出ない問題や小数・分数になる問題でも，正答率が高まることです。例えば，「花子は太郎より8個多い。花子は4個。太郎は何個か」という文章題では，最初から「これはおかしい」と指摘できる生徒は，聾学校では少ないです。筆者が手話をつけて読み，「おかしくない？」と聞いても，いぶかしそうな顔をします。そこで，立式法で解かせると，「4 = （　）＋8」を作り，「この問題，おかしい！　答えがない！」と言います。筆者が「そうだよ。だから，さっき『おかしくない？』って聞いたでしょ」と言うと，「今，初めて意味が分かった」と言います。「最初から文章題を読んで，これはおかしいかどうか分かる？」と尋ねると，「難しい。でも，式を作ったら，すぐ分かる」と言います。答えが小数や分数になる問題についても同様でした。

解決方法 （やりもらい文を使った文章題）	聴継型：「逆戻り」による解決方法が可能 視同型：「俯瞰」の力を借りた解決方法

　「あげる」「もらう」を使った文章題も，聾学校では苦手とする生徒が多いです。

　物や行為の方向について，聾学校高等部では，「あげる」と「もらう」はほぼ全員が理解できますが，「くれる」はまだ理解していない生徒が多いので，筆者は，文章題では，「くれる」は扱わず，「あげる」と「もらう」だけを使うようにしてきました。

　「Aは初め6個持っていたが，Bから（　）個もらったので，8個になった」という文章題の答えは「8 − 6 = 2」ですが，直観で「2個」と答えられるものの，式がスムーズに作れない例があります。「もらうのだけど，これは初めの状態を尋ねてい

るから，あとの状態の８個から最初の状態の６個を引く必要がある。だから，答えは，８－６＝２」（これを，筆者は「ビデオイメージ法」と称しています）と言うと，「さっきの『もらう』を使った問題では，足し算だった」と言う生徒がみられます。

> #### やりもらい文の解法
> （この文章題が苦手な聴覚障害児が多い）
> 「Aははじめ8個持っていたが、Bから（　）個もらったので、6個になった」
> ・**「ビデオイメージ法」**→日本語で考える。
> （「もらったのに減るのはおかしい」と指摘できる）
> ・**「鳥瞰図法」**→「初め＋もらう数＝あと」を公式として覚え、「8＋（　）＝6」と立式して、それから「あれ、おかしい」と言う。
> ■**聴継型**→「ビデオイメージ法」ができる。
> ■**視同型**→「鳥瞰図法」を好む。

さらに，「Aは初め８個持っていたが，Bから（　）個もらったので，６個になった」という文章題は，不自然な問題ですが，これに気づくことができず，「８－６＝２。違うの？　じゃ，８＋６＝14」と答える例が多いです。筆者が手話をつけて読み，「おかしくない？」と尋ねても，まだおかしさに気づけない生徒が多いです。

　そこで，筆者は，「初めの数－あげた数＝あとの数」と「初めの数＋もらった数＝あとの数」という公式を授け，「この文章題では，初めの数はいくつ？　8個だね。次，もらった数はいくつ？　いくつか分からないから『（　）』と書こうね。次に，あとの数はいくつ？　6個だね」と言って，「8＋（　）＝6」という式を導き，答えを考えさせると，生徒は「これ，答えがない！」と言います。「そうだよ。だから，この問題はおかしいんだよ。もらったら増えるはずなのに，減っているから，おかしいんだよ」と言うと，生徒は「今，初めて意味が分かった」と言います。筆者は，この方法を「鳥瞰図法」と名付けています。この方法だと，「あげる」では全ての式で「マイナス」を使い，「もらう」では全ての式で「プラス」を使うことになりますが，求める数の位置によって２つの既知数をプラスとマイナスのどちらでつなげばよいかが決まることが理解されやすいようです。

複数の公式の扱い① （公式を絞れる場合）	聴継型：公式が複数でも対応が可能 視同型：公式は絞るほうがよい

■算数・数学の文章題の解き方

　x を使った式の問題は中学校の範囲であり，小学校では，「答え＝与えられた２つの既知数と ｛＋－×÷｝ を組み合わせた式」によって求めさせることが多いです。しかし，この方法だと，例えば，「もらう」を使った文章題で，求める数があとの個数であれば，２つの既知数と「＋」を組み合わせた式を作り，求める数が最初の個数であれば，２つの既知数と「－」を組み合わせた式を作ることになり，このような使い

分けが苦手な聴覚障害児が多いです。

「問題にある2つの数字を使って式を作るとき，＋と－のどちらを使えばよいか分からない」と言う生徒に対して，一次方程式を学習済みの場合，筆者は，「一つの公式を覚え，そこに問題にある2つの数字を入れ，求める数をxとしてxについて解く」方法を勧めています。

算数・数学の文章題の解き方
■聴継型→「答え＝2つの既知数と{＋－×÷}を組み合わせる式」がすぐに作れる。日本語で説明され，「納得」できる。「速度＝‥」「時間＝‥」「距離＝‥」の公式の3つが使い分けられる。速度概念の理解が濃度概念の理解に先行する。
■視同型→文章題に対する嫌悪感が強い。1つの公式を覚え、求める解をχとおいて解く方法を好む。日本語で説明されるより、数字を代入して式が成立するのを確かめるほうが「納得」できる。「距離＝速度×時間」の公式だけを覚え、χを使って解く方法を好む。濃度概念の方が理解が容易。

■「距離，時間，速さ」の問題の指導

聾学校では，「速さ＝距離（道のり）÷時間」，「時間＝距離÷速さ」，「距離＝速さ×時間」の3つの公式が正確に覚えられず，中には，「速さ＝時間÷距離」のように公式自体を間違って書く例もみられました。右に示した形で公式が使える人もいますが，この円のどこに「距離，時間，速さ」のどれが位置するかが覚えにくいと言う人もいます。

筆者は，「あれもこれも覚える」ことが苦手な子どもや，「この場合はこれを，あの場合はあれを使う」のような使い分けが難しい子どもに対しては，同じ原理から導かれる公式を1つに絞って示すほうが効果的と考えます。そこで，「速さ×時間＝距離」という公式だけを覚え，文章題を読んで，それぞれの数値が何を意味するかを考えて代入し，求めるものを「x」と置いて式を作り，それを解く方法を勧めています。「速さ×時間＝距離」という公式を勧めるのは，「$10 = 30 ÷ x$」のような式だと，「x」を求める計算の手間が大きいためです。具体的には，「30kmを時速10kmで走ったときにかかる時間は？」では，「30」は距離を，「10」は速さを意味するので，「速さ×時間＝距離」に代入して，「$10 × x = 30$」という式を作り，それを解けばよいです。

■公式を絞ることができる理由の説明

距離を a，速さを b，時間を c とおくと，「$a = b × c$」であり，これは「距離＝速さ×時間」の公式になります。これを変形した式「$b = a ÷ c$」と「$c = a ÷ b$」は，それぞれ「速さ＝距離÷時間」と「時間＝距離÷速さ」の公式になります。聾学校では，「既知情報がbとcで，aを求める」

公式「$a = b × c$」		
問①	問②	問③
・既知数　b＝12 　　　　　c＝4 ・未知数　a＝？	・既知数　a＝20 　　　　　c＝5 ・未知数　b＝？	・既知数　a＝18 　　　　　b＝6 ・未知数　c＝？
代入して、a＝12×4 これを解いて、 　　　答）a＝48	代入して、20＝b×5 これを解いて、 　　　答）b＝4	代入して、18＝6×c これを解いて、 　　　答）c＝3

→　この考え方から、「$a = b × c / d$」という式で、4文字のうち3文字の数値がわかれば、残りの1文字の数値はわかることになる。

問題の時は、「a＝b×c」を使えばよいとすぐに分かりますが、「既知情報がaとcで、bを求める」問題の時、この公式を使って計算するとbが求められることに気づくのが難しいようです。

　そこで、前ページの表に示した問①、問②、問③を解かせて、一つの式でいろいろな文字の数値が求められることを理解させます。ここで、視同型の場合は、

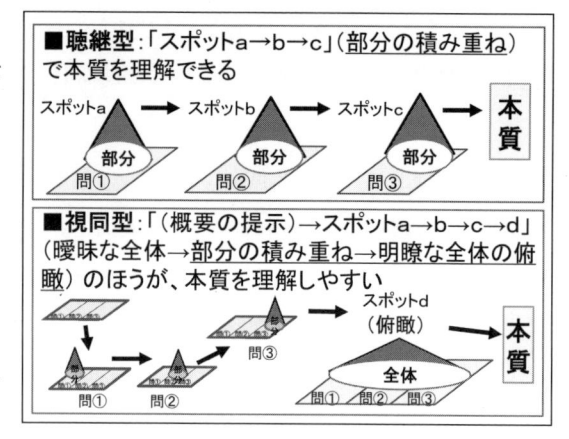

最初から表という「曖昧な全体」を示し、問①、問②、問③を順に解かせて、最後に全体を俯瞰して何が言えるかをまとめさせる方法のほうが効果的なようです。

■単位あたり量の指導

　単位あたり量の問題について、「4畳のA部屋に12人いる。9畳のB部屋に18人いる。どちらが混んでいるか」、「容器Aでは、コップ4杯分の水に角砂糖を12個溶かした。容器Bでは、コップ9杯分の水に角砂糖を18個溶かした。どちらが甘いか」、「Aは4時間で12km走る。Bは9時間で18km走る。どちらが速いか」の問題は、いずれも「A：12÷4＝3、B：18÷9＝2だから、答えはA」です。

　筆者は、聾学校では、混み具合や濃度の問題は直観で解けるが、速度の問題が難しい例が多いと感じ、単位あたり量の問題は、目に見えやすい混み具合や直観で解きやすい濃度の問題から入るようにしてきました。

　藤村（1990）は、聴児を対象に調査を行い、速度概念は濃度概念より先に理解されると述べていますが、筆者は、聾学校では逆だと感じてきたので、藤村（1990）と同じ問題を実施し、聾学校では、濃度概念のほうが正答率が高かったことを見出しました（脇中、2003a）。ただし、日本語の力があると、濃度問題と速度問題の差は縮まると感じています。

複数の公式の扱い② （公式を絞れない場合）	聴継型：少数例から「公式と本質」のつながりが分かる 視同型：「脳内ボード」での「つながり」の形成→「公式」の記憶→「公式と本質」のつながりの取り込み

　これは、公式を絞りにくい場合の話です。

　聴継型は、少ない事例を取り上げて説明されたとき、その本質をつかみやすいです。それで、公式Aを紹介され、例題aを解く中で、公式Aはどういう場面で用いるかと

いう本質 a を理解します。次に，公式Bを紹介され，例題 b を解く中で，公式Bはどういう場面で用いるかという本質 b を理解します。同様にして，公式Cと本質 c を理解します。これらは，本人の頭（脳内ボード）に収まっています。そして，どの公式を使えばよいか分からない形で問題1が出されたとき，公式Bを使えばよいと見抜き，問題1を解くことで，公式Bと本質 b のつながりをさらに堅牢なものにしていきます。

それに対して，視同型は，全体が見えないと部分が積み上がりにくいので，公式Aを示され，例題 a を使って説明されても，本質 a との間にぼんやりしたつながりが形成されるだけです。その次に，公式Bが紹介され，例題 b を

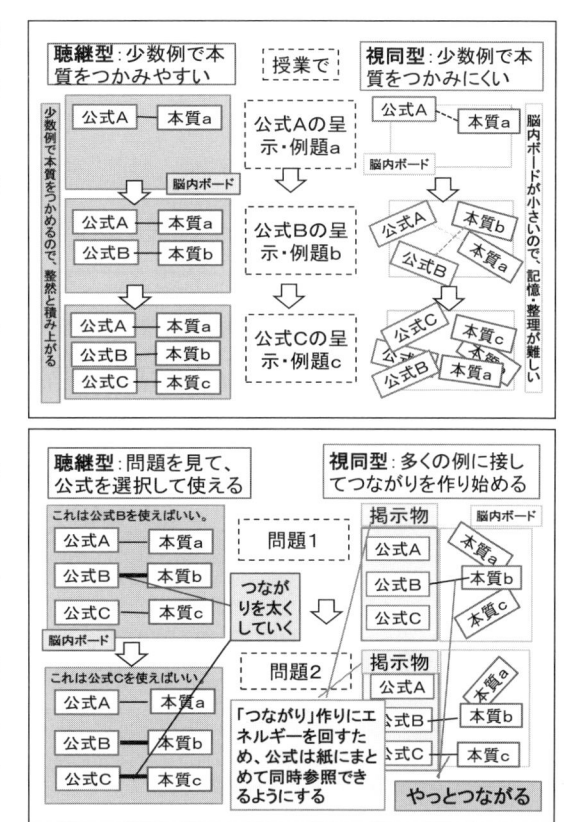

使っての説明を聞きますが，公式Aと公式Bが似ている場合（例えば，公式Aも公式Bも $\sin\theta$ を式に含めている場合），違いがはっきり認識できず，公式Aと本質 a の間のつながりは細くなります。そこへ公式Cが加わり，「公式A～C，本質 a～c」は混沌としたものとなります。次に，問題1（公式Bを使う必要性が分からない形の問題）を解くことで，公式Bに接するのは2回目となり，あらためて公式Bと本質 b の間につながりが形成されます。同様にして，問題を解く経験を積み重ねるなかで，各公式と各本質のつながりが少しずつ整理され確立していきます。

このとき，視同型は，脳内ボードが小さく，事柄と事柄の間のつながりを作るのに多大なエネルギーを要するので，「どの公式を使えばよいか？」「本質 b は何？」などの思考に少しでもエネルギーを回すために，公式A～Cは全て紙に記して同時に目に入るようにしておくとよいです。そして，問題1と各公式を見ながら，どの公式を使えばよいかを考え，公式Bと本質 b の間のつながりを

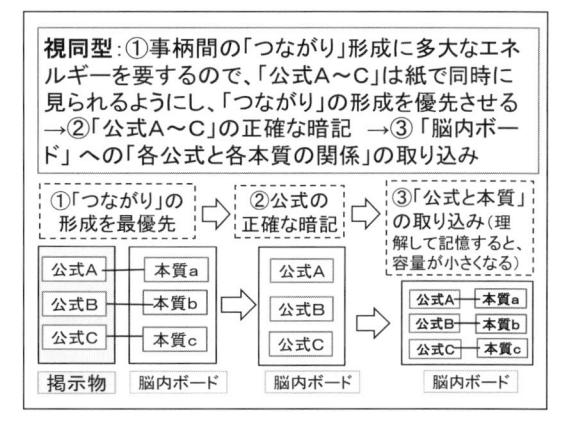

作らせていきます。このようにして，各公式と各本質の間のつながりがだいたい形成されたら，今度は，公式A～Cの正確な暗記をあらためて指示します。このようにして，各公式と各本質が整理された形で生徒の「脳内ボード」に取り込まれるように仕向ける必要があります。

　筆者は，この方法で生徒が三角比の正弦定理，余弦定理など主要な公式を使い分けられるように指導してきました。いくつかの公式を同時参照できない状態で問題1を示して解かせると，どの公式を使うかを見分けるポイントを理解するのが難しいと感じたからです。並行して，毎回の授業の始めに全ての公式を書かせることで記憶を促しました。このような指導を積み重ねるなかで，聴覚障害生徒は「使い方が分からない状態では，公式の記憶が難しい。逆に言うと，中身を理解して使えるようになると，公式が頭に入りやすくなる」と感じました。

公式の届け方	聴継型：「文章」の形で届ける 視同型：「図式や絵」の形で届ける

　聴継型には文章の形で，視同型には図式や絵の形で届けて，記憶させるのがよいのではないかと筆者が思うようになったきっかけを紹介します。

■三角比

　視同型の生徒は，考えるとき視線が右上を向くことが多く，文章で考えるというより「脳内ボード」にある絵や文章を見ながら思考していると感じてきました。筆者自身も，難しいことを考えるときは，脳裏に現れた文字を見ながら思考したり，脳裏をよぎったものの正体を見極めようとしたりすることが多いようです。

　数学Ⅰの三角比の拡張や数学Ⅱの三角関数の範囲まで進むためには，「sin30°」「cos45°」「tan60°」などの値をすらすら言えるようになる必要がありますが，筆者は，右や次ページに示したような三角形（∠A＝30°，45°，60°の直角三角形）の絵を用意し，その絵を隠して，「sin30°」「cos45°」「tan60°」などの値を言わせ，生徒がつっ

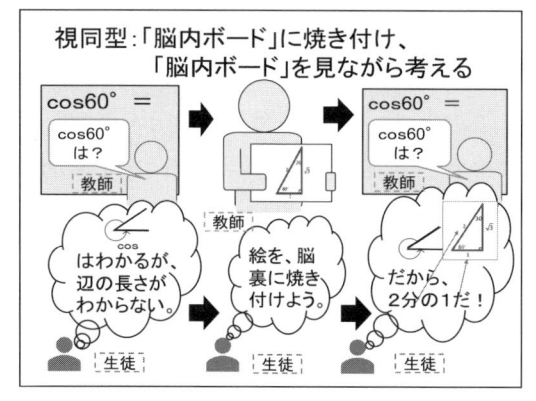

かえたら絵を見せてまた隠す，ということを繰り返して指導してきました。ほとんどの生徒はこの方法ですらすら言えるようになることから，筆者は，大切なポイントは図式や絵，表の形にまとめ，それを生徒の脳裏に焼き付けさせる，すなわち脳内ボー

ドに収めることを大切に考えて指導してきました。

　あるとき，Aさんは，上記のような方法で指導しても，「sin30°」などの値がなかな

か言えませんでした。その状態が長く続き，筆者は「なぜ覚えられないの!?」と言いそうになりましたが，それを生徒に言ってはいけないと思ったので，自分の苛立ちをごまかすために，変な節をつけて「sin は，斜辺，分の，対辺♪　∠Aが30°なら，斜辺は2で，対辺は1♪　だから，sin30°は，2分の1♪」と説明し，気を取り直して，「では，sin60°は？」と

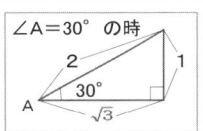

辺の長さを覚えて sin30°などを言う

■聴継型→「2」がどの辺か覚えられない。→「長〜い辺が2〜♪」と節をつけて言うと、すぐに覚えた。

　「sinA=対辺／斜辺で、対辺=1、斜辺=2だから、sinA=1/2」のように、「〜だから〜となる‥」の形の文で説明されることを好む。

■視同型→図（∠Aが30、45、60°の三角形）を何回かぱっと見せると（脳裏に焼き付ける方法で？）覚えられる。

尋ねると，Aさんは，下を向いてぶつぶつと文章をつぶやき，顔を上げて「2分のルート3」と答えました。それで，「えっ，今までできなかったことが今できた！　視覚優位型・同時処理型と思われる他の子は視線が右上を向いており，脳裏の絵を見て考えているようなのに，Aさんは下を向いて文章を言っていた！　もしかして，Aさんは聴覚優位型・継次処理型？」と思い，あらためて考えると，Aさんは，指文字を覚えるのに時間がかかった生徒でした。「今まで私は，聾学校の生徒はみんな私と同じタイプと思い込んで，『ここ』『あれ』と指さすだけですませてきた。Aさんは単語をきちんと扱った文章のほうが分かりやすいとしたら，今まで申し訳ないことをした」と反省させられました。

　それ以降，Aさんのような生徒には「文章の形」で届け，視同型と思われる生徒には「絵や図式の形」で届けることを大切に考えるようになりました。このAさんとの出会いは，筆者が認知特性を考慮に入れた指導をさらにていねいに考えるきっかけとなりました。

■三角比の拡張

　聴継型は，複数の公式を指導されても使い分けられる生徒が多いようです。

　三角比の拡張について，教科書では，単位円を使った公式「$\sin A = y/r, \cos A = x/r, \tan A = y/x$」を通して指導されますが，聾学校では，「$\sin A$ の公式に必要なのは x と y のどちら？」「$\tan A$ の公式で，x と y のどちらが上？」と迷う例，単位円上の座標をグラフで考えるとき，x と y を取り違えたり「マイナス」の記号をつけ忘れたりする例が多いです。

　そこで，筆者は，三角関数のグラフの形（波線）を覚えさせ，そのグラフを頭の中で描いて「$\sin 210°$ は，短い棒で下にあるから，マイナスをつけて，$-1/2$」のように

考えさせてきました。このような方法で答えられるようになると，「sin（−θ）＝ − sin θ」や「cos（−θ）＝ cos θ」「sin（180°−θ）＝ sin θ」「sin（90°−θ）＝ cos θ」などの公式を覚える必要性はほとんどなくなります。実際に指導すると，生徒は，右上に視線を向けながら，「真ん中の棒で下にあるから，マイナスルート2分の1」などと答えられるようになりました。

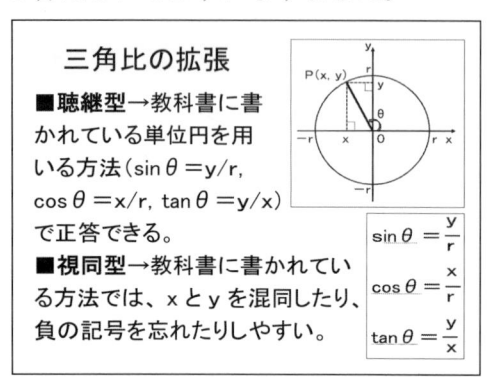

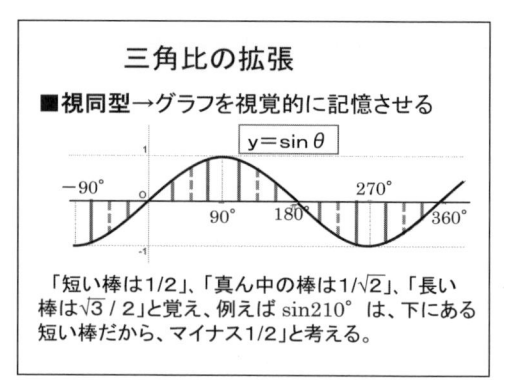

なお，10章でも，三角比の単元の指導の他の例を記しました。

資料の作り方	聴継型：文章（読み上げて伝わる文）による説明 視同型：図式や絵，同時参照や対比を利用した説明

茂木（2021）の『こどもロジカル思考』をひもといたとき，筆者は，「この本では，左側のページで聴継型向きの方法で説明され，右側のページで視同型向きの方法で説明されているところが多い」と感じました。

例を挙げると，「ＳＭＡＲＴの法則」のところで，左側のページでは，文章で「Ｓ」

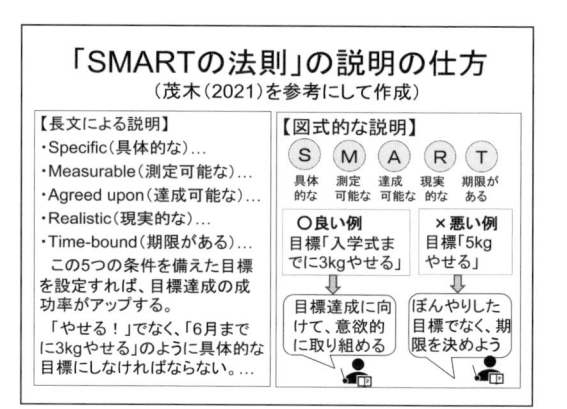

「Ｍ」「Ａ」「Ｒ」「Ｔ」の意味が記され，そのあと明確な目標設定と曖昧な目標設定の比較がなされていました。読み上げの形で聞いても，かなり意味が正確に伝わる文と言えるでしょう。一方，右側のページでは，絵のような感覚で，左ページの説明がコンパクトにまとめられていました。また，ことばで「良い」「悪い」と言うだけでなく，そばに「〇」や「×」が添えられているので，視同型の子どもは，読む前に「これは良い（悪い）のだな」と構えてから文章を読むことができ，頭に入れやすいだろうと思います。

どちらのやり方が良いということはなく，子どもに合わせて選ぶことが大切でしょう。

7章 指導の順序や「全体と部分」に関わって

		継次処理型	同時処理型
藤田ら（1998）などの「5原則」	1	段階的な教え方	全体をふまえた教え方
	2	部分から全体へ	全体から部分へ

　ある学習内容「A」が「a1, a2, a3…」から構成されるとき，「A」が「全体」，「a1, a2, a3…」が「部分」となります。一方，「a1」の内容が「①，②，③…」から構成されるとき，「a1」が「全体」で，「①，②，③…」が「部分」となります。

　教科学習では，最終的に「部分と結びついた全体」がそれぞれの学習者に学習されるように計画されています。一般的には，「スモールステップ」の考え方にたち，「部分」を積み上げて「全体」に到達できるように計画されています。

　例えば，自然数，負の数を除いた整数，小数，分数，負の数，無理数，虚数の順に指導されますが，小学校一年生の段階で最初から無理数などを含めて指導することなど不可能なため，「全体から部分へ」というときの「全体」は，そのときに習得させたい学習内容と思ってよいです。この「全体」は，「単元」の場合が多いです。

　藤田ら（1998）などは，「5原則」のところで，「1. 継次処理型は『段階的な教え方』が，同時処理型は『全体を踏まえた教え方』が効果的」，「2. 継次処理型には『部分から全体へ』が，同時処理型には『全体から部分へ』が効果的」と述べています。これらは，いろいろな内容や単元をどのような順序で教えるかという問題と関連します。

　上記の2つの「原則」を，筆者のことばで言い換えると，一般の学校でよく行われる教え方は，部分から全体へ積み上げる教え方であり，「直線状・階段状の教え方」となります。しかし，視同型は，この教え方では十分に理解できないままに終わることが多いです。視同型には，完成物を見せてから作り方を説明したり，結論を先に伝えてから経過や理由を説明したりするというように，部分の説明のとき全体との関連

も同時に垣間見えるように示すといった工夫が効果的です。「全体から部分へ」は,「部分とのつながりが不明瞭な全体→部分→部分とのつながりが明瞭な全体」のような意味でしょう。そこで,「らせん状の教え方」が効果的に作用します。これは,一巡目で全体にどんなものがあるかを駆け足でつかませ,二巡目で部分の詳細を説明して,部分の内容と同時に,部分と全体の関連を把握させる教え方です。

　また,この「全体」は,「絶対的な一つの枠組み」と言えるとも思われます。聴継型は,いくつかの枠組みを与えられ,場面に応じてそれぞれの枠組みの中で思考することが可能なのに対し,視同型は,「絶対的な一つの枠組み」の中で考える方法が効果的です。

　7章では,「(1)認知特性と指導の順序(全体／部分との関連)」で,認知特性と指導の順序や「全体／部分」との関連について述べます。次に,「(2)指導の順序(全体／部分との関連)に配慮した指導例」で,指導の順序や「全体／部分」との関連に配慮した指導例を紹介します。

(1) 認知特性と指導の順序(全体／部分との関連)

「部分」と「全体」の関連	聴継型:「部分」から「全体」へ 視同型:「部分と曖昧な全体の往還」から「明瞭な全体」へ

　聴継型に効果的と言われる「部分から全体へ」の方法と,視同型に効果的と言われる「全体から部分へ」の方法を比べると,後者がイメージしにくい人が多いと思われます。ときには,「まだ学習していないのに,いきなり『全体』をどうやって示すのか」という疑問も出されるでしょう。

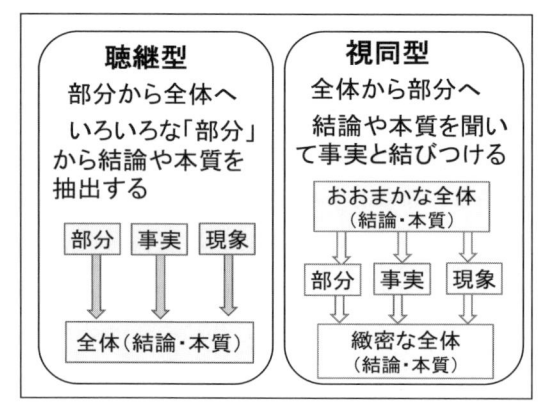

　筆者は,この「全体」は,その単元における「結論」「本質」「概要」と考えればよい場合が多いと考えます。また,どちらかと言うと,聴継型の場合は「部分→部分→全体」の流れが多く,視同型の場合は「おおまかな全体→部分→部分→緻密な全体」の流れが多いと考えます。すなわち,「全体から部分へ」というのは,「部分とのつながりが不明瞭な全体から部分へ,それから部分とのつながりが明瞭な全体へ」や「全体を示しながらの部分の説明から,部分との関係が明瞭な全体の理解へ」となります。部分を説明するときに,最初から全体との関係を意識して説明する意味であり,「完成物を見せてから手順を説明する」,「結

論を先に述べてから，その結論が導かれる理由を説明して，再度結論をまとめる」というようなやり方です。

「全体」をその単元において習得させたい内容と考えるとき，筆者も「この単元で，『全体から部分へ』の教え方はどうすればいいか」と悩むことが多々あります。「全体」を最初から示すのが難しい場合は，一巡目でどんなものがあるかを駆け足で見て回って，二巡目でそれぞれの説明をていねいに行うという「らせん状の教え方」をとることが多いです。ただし，「部分との関係が不明瞭な全体」を「部分との関係が明瞭な全体」へ変容させようとあれこれ工夫したものの，生徒はまだ「不明瞭な全体」にとどまっていると感じることもあります。

この「明瞭な全体」にはさまざまなレベルがあります。これは，テストで『1/2 = 0.5 = 50% = 半分』と書けていたのに，手を使った表現で「『半分』は『1/2』と同じだ！」と叫んだ例（6章を参照）からもうかがえるでしょう。他の例を以下に紹介します。

視同型は漢字が得意な人が多いと述べましたが，それは「けいけんした→（　　　）した」「かもつ列車→（　　　）列車」のような書き取りの問題や，「向上の読み方：（　　　）」のような読みを書く問題に対してであり，問題の出し方によっては，漢字の間違いを見過ごすことが多いです（聴継型にもみられますが）。筑波技術大学で，コロナ感染拡大防止のためオンライン試

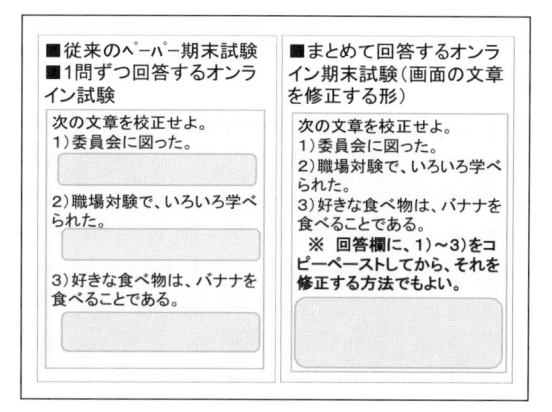

験を余儀なくされたとき，漢字の書き取りの問題をどうするか悩みました。パソコンだとひらがなで入力し，変換キーを押すと漢語が自動的に出てくるので，漢字の間違いが少ないです。例えば，ペーパーに書き込む方法だと，「貨物」を「貸物」と書き間違える例がありますが，パソコンで「かもつ」を打つと自動的に「貨物」と変換されるので，「貸物」となる間違いは生じません。パソコンでの回答における漢字の間違いは，「校正，構成」のような同音異義語の選択の間違いがほとんどです。

それで，筆者は，文章の校正問題について，「『委員会に図った。』を校正せよ。→（　　　）」のように，答えを一から打ち込んで回答する方法ではなく，「次の文を校正せよ。1. ……。2. ……。3. ……。4. ……。5. ……。回答するときは，問題文の1.～5. をコピーして回答欄に貼り付け，それを（挿入モードで）修正する方法でもよい。」という方法としました。

オンライン期末試験では，例えば，「職場対験でいろいろ学べられた」を校正させ

る問題を出しました。筆者は、今まで「体験」を「対験」と書き間違えた例を見た記憶がなかったので、ほぼ全員が正しく書き換えるだろうと予想しましたが、実際は45％の学生が「対験」のままとしていました。「講議（正しくは講義）」では66％、「（場所を）異動する（正しくは移動）」では21％がそのままとしており、それまでの毎年のペーパー形式の問題と比べて格段に多いと感じました。

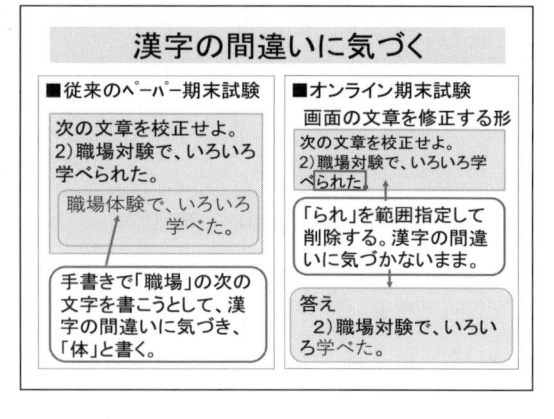

　従来の記述式では、一から手で書く必要があり、「対験」と書こうとして、「あれ、漢字が違う。『体験』だ」と気づく人が多かったのではないでしょうか。とすると、「対験」のままとした学生にとっては、その「全体」は、細部を意識しない「全体」だったと思われます。

　したがって、「職場たいけん」を見て「体験」と正しく書けたからといって、その他の場面でも正しく使えるとは限りません。筆者は、視同型の「全体から部分へ」における「全体」は、指導を重ねても、「部分の詳細に注意を払わない全体」や「部分が不鮮明な全体」にとどまりがちな例があると、あらためて感じさせられました。

紙芝居やマンガにおける登場人物の位置関係	聴継型：「せりふ」などを通して意味的につなげて理解するので、位置関係の変化はさほど気にならない 視同型：「絶対的な一つの枠組み」の中で登場人物を固定して考えるので、途中での位置関係の変化が気になることがある

　先述したように、一つの公式を全ての場面に適用させる方法が効果的な視同型の場合、到達する「全体」は「絶対的な一つの枠組み」であると言えるでしょう。この枠組みの例として、「上が北で、下が南となる地図」などがあることは、先に述べました。

　以下、「一つのストーリーにおける位置関係」という枠組みについて述べます。

　紙芝居や短いストーリーマンガで、登場人物の位置関係が変わると、筆者は気になり、一瞬その理由を考えてしまいます。長いマンガだと、場面がよく変わること、キャラクターが飲み込めていることから、位置関係の変化はさほど気になりませんが、次ページに示したようなマンガの場合、特に二人の印象が似ていると、位置関係の変化

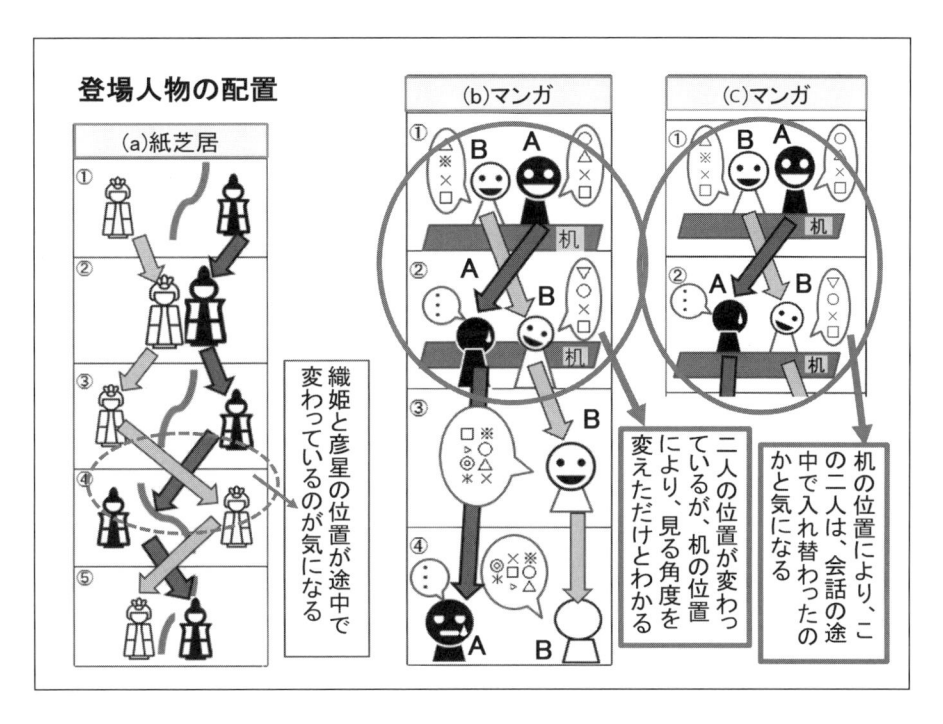

が気になってしまいます。

　(a)「織姫と彦星」に関する紙芝居を例にとります。川をはさんで向こう側に織姫が，手前側に彦星がいる絵が続いていましたが，神様が怒って橋をこわした後，川の向こう側で彦星が，川の手前で織姫が心を入れ替えて働く様子が描かれ，最後の一枚で7月7日に川の向こう側の織姫と手前の彦星が会う様子が描かれていました。そのとき，二人の位置関係を途中で変えた理由が，筆者には理解できませんでした。手話表現では，右側や右手で彦星を，左側や左手で織姫を表すと決めたなら，その設定が続くことが多いので，「手話語りで，その設定を変えずに手話表現を続けるのと，紙芝居の絵に合わせて手話の位置関係を変えるのと，どちらが良いか」と考えたことがあります。

　(b) と (c) の4コマストーリーマンガ（(c) では最初の2コマだけを示した）では，人物AとBの位置関係が変わっていますが，(b) では，机と人物A・Bの位置関係により，カメラアングルが変わっているだけで，AとBが移動したわけではないので，筆者としてはそんなに気になりません。せりふの順番に合わせて登場人物の位置関係を変えたのだろうと理解できるからでもありました。一方，(c) では，机と人物A・Bの位置関係より「あれ，人物の位置関係が変わった」と気になりましたが，すぐに「Bは会話の途中で，何らかの理由でAの右側から左側へ移動したのかな」と考え，「こんなことを一瞬考えてしまうのは私だけだろうか」と思いました。

　この筆者の「絶対的な一つの枠組み」の中で考える習性について考えさせられたきっ

かけは，他にもあります。

　1つ目に，筆者は相手と会話する中で，相手が「大阪では…」「図書室へ行って…」と言いながらある方向を指さしたとき，「大阪（図書室）は，そっちの方向じゃないのに」と気になることが多いですが，相手は，自分の頭の中にできた位置関係に合わせて手話や指さしを使ってくれていると分かるので，相手には言わないようにしてきました。

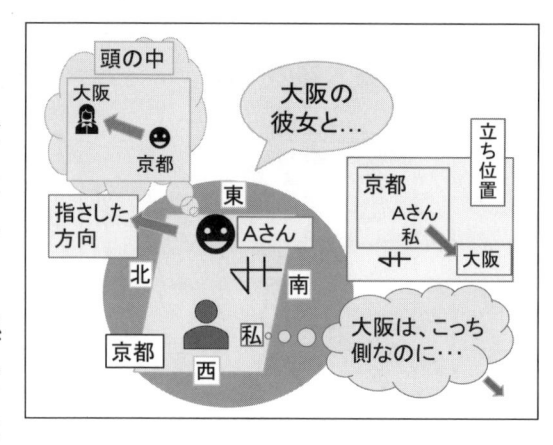

　2つ目に，車の「ヘディングアップ」のカーナビを初めて見たとき，戸惑いを感じました。筆者の頭には，北が上にある1つの「絶対的な枠組み」があり，その中で情報をとらえて整理して記憶・思考しているようです。

　このように，筆者の長期記憶は，北を上とした枠組みにあてはめることが多いようですが，短期記憶の場合は，「筆者の右側，左側」といった身体と結びついた位置関係による記憶が多いかもしれません。ある日，複数の教員による発表会があり，ノートパソコンが数台机に置かれていて，筆者は，左側のノートパソコンに自分のUSBを差し込んでファイルをデスクトップに保存しました。発表者が変わったときのファイルの切り替えに要する時間を短くするためです。そして，自分の順番が来たとき，「左側のパソコン」を開いて，自分が保存したはずのファイルが見当たらず，焦ったことがあります。そのとき，「（あなたが保存したのは）青いパソコンだよ」と言われ，青いパソコンを開くと自分のファイルがあって安堵しましたが，そのとき，「青いパソコンにファイルを置いた」のような記憶ではなく，「自分の左側のパソコンにファイルを置いた」と記憶していたことに気づき，他の人は，どちらの方法での記憶が多いのかと考えさせられました。どちらの方法で記憶するかは，聴継型や視同型と無関係かもしれませんが，筆者は「聾学校での再テストのとき，選択肢の順番を変えたのに，『右から2番目』のように元の正答の位置を記憶して答えを選び，再テストを返却したとき，選択肢の順番が変わったことを知って怒った生徒がいたこと」を思い出し，「自分はその生徒と同じで，自分の身体との位置関係で記憶していた」と思いました。

（2）指導の順序（全体／部分との関連）に配慮した指導例

　各単元やその学年で習得させたい内容を「全体」とすると，「全体」と「部分」の関連をどのように考えて進めるかという問題が重要になってきます。

授業づくりにおいて，①「本時（45〜50分）」の中での授業づくり，②「家庭学習」も射程に入れた授業づくり，③前時の授業と次時の授業のつなげ方，④「単元」の中での授業づくり，⑤「一年間」の中での授業づくり，⑥学校全体の中での授業づくりの問題を考える必要があります。

> **長期的視点からの授業づくりも必要**
>
> ①「本時(45〜50分)」の中での授業づくり
> ②「家庭学習」も射程に入れた授業づくり
> ③「前時の授業」と「次時の授業」のつなげ方
> ④「単元」の中での授業づくり
> ⑤「一年間」の中での授業づくり
> 　進度の問題も考えてほしい。
> ⑥学校全体の中での授業づくり
> 例：「生徒に理由を尋ねても、答えを言うだけ」
> →幼少時から「なぜ？」を大事にしたやりとりを。

> **1時間の授業づくり：「山場」の越え方**
> 聴継型：「山場」を越えるのは，授業終了間際になっても可
> 視同型：「山場」は早めに越え，全体を振り返ることが大切

①「本時（45〜50分）」の中での授業づくりについて述べます。

多くの人は，パソコンなどで，「あれ？　うまくいかない。こうしたらどうかな？またうまくいかない。こうしたらどうかな？」などと試行錯誤したら，たまたまうまくいきましたが，その後他の人から方法を尋ねられ，「どんな方法で解決したか覚えていない」と答えた経験があるでしょう。

聴覚障害児は，「下手な鉄砲も数撃てば当たる」という行動が多いです。「正答にたどり着けば理解できたと，先生は思ってくれる」と思い，教師の顔色をうかがいながらいろいろな答えを言うことが多いです。それで，自分の来し方を理解させたりそのような方法になる理由を考えさせたりするために，授業後半の「振り返り・まとめ」が大切になってきます。

①「本時（45〜50分）」の中での授業づくりに関して，筆者は，いろいろな学校で授業を見せていただきましたが，導入のところをていねいに進め過ぎて，山場を越える前に終わってしまった授業を多く見てきました。導入や展開のところで時間をとられて，最後のまとめや振り返りに十分な時間が取れていない授業がありますが，授業の最後に（あるいは一年間の終わりに）「生徒の頭に残されたもの」をリアルに見極める力のある先生は，おのずと適切な時間配分を考えるようになると考えます。「自分がていねいに長時間話したこと」や「いろいろな資料を駆使して説

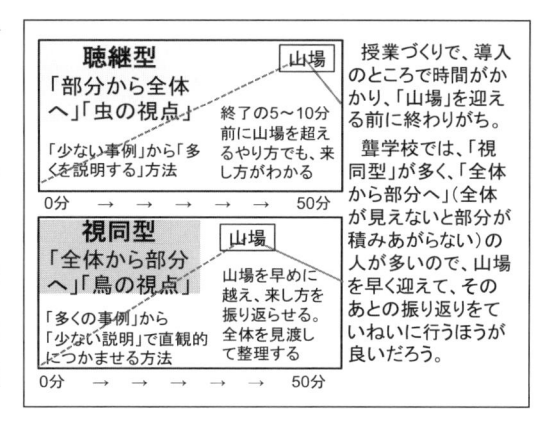

聴継型
「部分から全体へ」「虫の視点」
「少ない事例」から「多くを説明する」方法
終了の5〜10分前に山場を超えるやり方でも、来し方がわかる
0分　→　→　→　→　50分

視同型
「全体から部分へ」「鳥の視点」
「多くの事例」から「少ない説明」で直観的につかませる方法
山場を早めに越え、来し方を振り返らせる。全体を見渡して整理する
0分　→　→　→　→　50分

授業づくりで、導入のところで時間がかかり、「山場」を迎える前に終わりがち。聾学校では、「視同型」が多く、「全体から部分へ」（全体が見えないと部分が積みあがらない）の人が多いので、山場を早く迎えて、そのあとの振り返りをていねいに行うほうが良いだろう。

明したこと」は，自分にとっては良いことに見えますが，その結果生徒の頭にどれぐらい残ったかを見極められているでしょうか。言い換えると，「自分の労力の大きさ」より「生徒の中にできあがった産物の量や質」が見えているでしょうか。

　（言い切ることにためらいがありますが）授業時間に制約がある以上，「コスパ」が大切ではないでしょうか。筆者も，聾学校にいたとき，「バナナを与えるのではなく，バナナを取る力を与えよ」を心がけたいと思う一方で，「バナナの取り方」すなわち「考える力」を伸ばすのは容易ではないと感じてきました。「考えさせたいと願うあまりに，自分や生徒は這いまわっているだけ」と感じることもありました。そこで，「バナナの取り方（考える力）を理解させること」を優先させるときと「バナナを与えること」を優先させるときを組み合わせてよいと考え，「知識を授けることを優先し，あとは場数をふませて背景にあるものを感じさせよう」と考えて授業を進めたこともありました。この方法は，重複障害児のクラスで多かったように思います。

　なお，念のために申し添えると，筆者は，「山場は早めに越えておき，その後来し方を振り返り，ポイントをまとめることが大切」と考えていますが，「山場は，何が何でも前半に越えておくべき。考えることをさせずに，早く結論を教えるべき」という意味ではありません。また，全て結論先行で行くべきとは考えていません。

　終了時刻の5分ぐらい前に山場を越える授業も多いですが，教師の手引きでなんとかゴールしても自力でゴールするのは難しいままという例が，聴覚障害児は聴児と比べて多いように思うので，教師の手引きによるゴールの後，自力で再度ゴールさせること（数学では練習問題を解く，など），その過程のポイントや手順の一つひとつの意味と背景を日本語化させることなどをていねいに行うほうがよいという意味です。

　山場を越えたあと何をするかについて，例を挙げます。

・類似問題を自力で解かせることで，生徒が自力でゴールできるかを確認します。時間が足りないときは，宿題にすることが大切です。

・教師による板書の内容を利用して，作業（計算）の一つひとつの意味や注意事項を日本語化させます。例えば，「x^2の係数が負の数のときは，計算がややこしくなるから，正の数に変えると，その後の計算が楽になる」など。

・過去の学習事項との混乱が生じる可能性があるときは，整理します。

　例：「この問題を，今日やった解き方で解いてみて。次，昨日まで習った解き方で解いてみて。どっちが早かった？　このような特徴があったら，こっちのほうがいいね」

・いろいろな解法があるときは，どのようなときにどの解法が良いかを整理します。

　例：「表を書いて解く方法だと，表が長くなって書くのが大変になる。だから，数

値が大きくて複雑なときは，計算による解法のほうが早くて楽」

・上位概念でまとめます。上位概念を再確認します。

　例：「具体物 a1 と a2 で調べたら，この特徴があると分かったね。つまり，A（a1 と a2 の上位概念）にはこの特徴がある。では，Aには他にどんなものがあるか。a3 や a4（Aの事例）にもこの特徴があるか。b1（Aの事例ではないが，a1 や a2 と似ている物）はどうか」

・いろいろな日本語で言い直せるかを確認します。

　例：（絵具は展色剤と顔料でできていることを学習したあと）「絵具の原料は何か？」のように，それまでの授業で使わなかった「原料」という語を使って質問する。

　例：「展色剤がないと，絵具が剥がれる」と言ったあと，「展色剤は，何のために使うか？」と尋ねて，「絵具が剥がれないため」のように適切な形で答えられるかを確認する。

・聴覚障害児に多い誤りの傾向を念頭に置いて質問します。

　例：「赤道について学習したね。では，ここ（黒板に描かれた地球の赤道の一部分）へ行くと，そこに赤い道があるか？」と尋ねる。

　例：「体循環と肺循環について学習したね。では，ここ（黒板に描かれた青い色の血管）を流れる血は青いか？」と尋ねる。

　例：「細胞のつくり（ミトコンドリアなど）を学習したね。では，人間の体の中に細胞はいくつあるか？」と尋ねる（聾学校では，染色体と混同したのか「46」「23」と答えた例がみられました）。

　例：「3倍すると，もとの量より増える。では，0.6倍すると，どうなるかな？」と尋ねる（聾学校では，「倍」とあれば全て増えると思っていた例がありました）。

授業と授業の接続 （宿題の意味）	聴継型：宿題がなくても，次に進める 視同型：「理解の深化・確認・定着」のために，宿題の意味は大きい

　②「家庭学習」も射程に入れた授業づくりと，③「前時の授業」と「次時の授業」のつなげ方に関して，「宿題」の意味と効果を考える必要があります。

　ある発達障害の人が「自分は，その方法の意図が分からないと，手順が覚えられない」と言ったのを聞いたとき，筆者は，「これは視同型の人に多いのではないか」と思いました。「意図や意味がよく分からないながらも取り込みながら理解していく」人は聴継型に多く，「かなりの程度まで分からなければ取り込めない」人は視同型に多い

かもしれません。言い換えると，聴継型は「理解しながら取り込む」ことが多く，「直線状の教え方」に対応できますが，視同型は「理解したのちに取り込む」ことが多く，「直線状の教え方」では，理解が不十分なままに終わりがちです。

　それで，新規学習事項の説明の段階で，視同型には「繰り返して説明する」ことが多くなりがちです。授業では教師の手助けで答えにたどり着いたにすぎず，自力ではたどり着けないままというのは，視同型に多いです。そのため，本当に自力で解けるかを確認する必要があり，さらに時間がかかります。視同型の人が聴継型と同じ事柄を同じレベルまで理解するのに必要な時間を短くするため，文字と宿題の活用を考える必要があります。

　教員は，生徒が見れば分かることを全て口頭で説明する必要はありません。視同型の人の文字をぱっと吸い上げる能力の高さを利用して，説明の時間を縮めるとよいでしょう。ただし，「見る」と「理解する」は異なることに留意する必要があります。

　並行して，視同型における宿題の意味は大きいため，宿題を大切にとらえる必要があります。授業では，先生の説明を手がかりに正答にたどり着いても，宿題の問題を自力で解こうとしたとき，途中で「あれ，次にどうするんだったかな」と分からなくなり，教科書やノートを見て，「ああそうか，これにはそういう意味があったのか」とあらためて認識することがよくあります。自力で解くことで新しい発見や理解の深化があり，この度合いは，視同型は聴継型と比べて大きい場合が多いようです。

　また，視同型は，自分で活動するほうが「分かった」という感想や自信をもちやすいため，同じ内容のまとめであっても，教師が言ってまとめて終わるのではなく，生徒から引き出してまとめるほうが，生徒の頭のなかに定着しやすいです。

　筆者は，いろいろな聾学校で公開授業を見て，授業の最後に宿題を指示することが少ないと感じてきました。宿題は，「授業のおまけ・単なる確認」ではなく，「次の授業につなげるための大切な要素」と考えてほしいです。宿題を効果的に出すと，次の授業の「導入」や「事前確認」のための時間を短くし，「本番・展開」の時間を長くすることができます。ある公開授業の指導案で，「導入」の5〜10分間は前時に取り組んだ問題が解けることを確認する時間となっていましたが，生徒が理解できていないことが分かり，説明が再度なされたため，「展開」に費やす時間が大幅に縮小されたことがあります。これは，前時に取り組んだ問題を宿題として出しておけば，本時の「導入」の5〜10分間は，その答え合わせをしたり大切なポイントを生徒に語らせたりするのに使えたと思われます。

各単元への時間の配分	聴継型：直線状の教え方（「部分から全体へ」）
	視同型：らせん状の教え方（「全体から部分へ」）

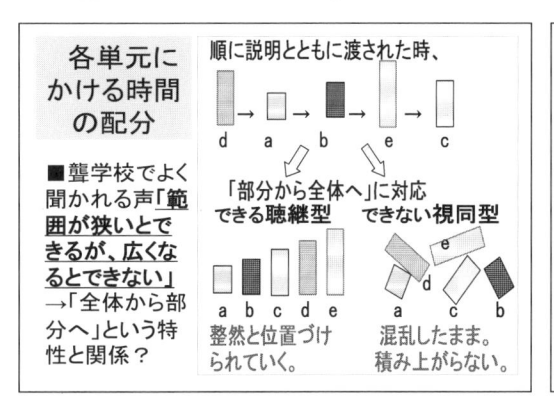

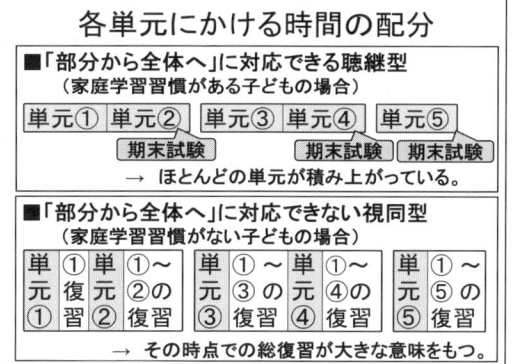

　次に，先述した④「単元」の中での授業づくりについて述べます。

　1学期の中間試験は「展開と因数分解」を，期末試験は「2次関数」を，というように，定期試験で1つの単元だけを扱う場合が多いです。

　しかし，聾学校では，2次関数の頂点の座標を求めるときに，平方完成の方法ではなく，その式を因数分解しようとしたりするなど，各問題の解法や答え方を混同する例がよくみられます。つまり，範囲が狭いと解けるが，広くなると解けなくなる例が多いです。

　そこで，筆者は，単元①が終わったらテストを行い，次に単元②に取り組んだら，その中で単元①の復習問題を少し混ぜて取り組ませ，テストでは主に単元②の問題とするが，単元①の問題も少し混ぜて出題するという方法を取りました。その次のテストでは，単元③に関する問題だけでなく，単元①〜②の問題も混ぜて出すようにしてきました。すると，実力テストや模試に出るような問題に太刀打ちできる力がかなりつくと感じました。

　また，「展開」「因数分解」「2次方程式」「2次関数の頂点」「2次関数とx軸の交点」などの問題で求められる答え方を整理して見せると，解法の使い分けがかなりスムーズになったと感じました。つまり，例えば「2次方程式を解け」の問題で，口頭で「因数分解するだけではダメ。解を求める必要がある」と言うだけでは，生徒は何が求められているのかが分かりづらいです。そこで，右に示したような

視同型：対比・同時参照が大切
いろいろな単元や解き方が混乱しやすい
→「問題」と「答え」の一覧表を示す

問題	途中の計算	答え
次の式を展開せよ。 x(x＋2)－8		x²＋2x－8
次の式を因数分解せよ。 x(x＋2)－8		(x＋4)(x－2)
次の2次方程式を解け。 x²＋2x－8＝0	(x＋4)(x－2)＝0	x＝－4, 2
y＝x²＋2x－8の頂点と 軸の方程式を求めよ。	y＝(x＋1)²－9	頂点(－1, －9) 軸 x＝－1
放物線y＝x²＋2x－8と x軸の交点の①x座標、 ②座標を求めよ。	(x＋4)(x－2)＝0	①x＝－4, 2 ②(－4, 0),(2, 0)

表を見せると，答えの例を視覚的に記憶するためか，格段に答え方の間違いが減った
と感じました。口頭で「因数分解の式で終わってはダメ。x＝…まで書く必要がある」
と言うだけより，このような表を作って見せるほうが，生徒はゴールに到達しやすく
なるようでした。

学年対応の教科学習	聴継型：「直線状の教え方」で大丈夫なことが多いため，年間指導計画にそって一年間の単元を全て進めることができる 視同型：「直線状の教え方」では理解が不十分に終わることが多いため，一年間の単元を全て進めることが難しい

　⑤「一年間」の中での授業づくりと，⑥学校全体の中での授業づくりの問題について，
これは授業の進度や学年対応の学習の進め方と関わってきます。

　筆者は，1月に開かれた公開授業で世界史の授業を参観したとき，テーマが「ローマ帝国」と知り，「え，今3学期なのに，まだローマ帝国？」と思ったことがありますが，「ていねいにいろいろな資料を駆使して説明できていて良かった」のような感想を述べた参観者が多く，自分が思ったことを口にするのがはばかられたことがありました。

　また，国語では，聴覚障害以外の障害はないとされている生徒の学習集団に対して1学期に1～2つの単元しか扱わないケースがあり，「一年間で教科書の5分の1しか扱っていないが，国語科教員は，『国語は全ての単元を扱う必要がない。また，あの子たちには難しい単元が多い』と言う。確かに，全ての単元を扱おうとして，どれも中途半端・未消化に終わる危険性は理解できる」と考えさせられたことがありました。筆者としては，各教科の特性や各教員の考えがあるでしょうが，聴覚障害のない生徒が全ての単元を終了することが多いのであれば，聴覚障害生徒もほとんどの単元を終了するようであってほしいと思います。

　単一聴覚障害児に対しては「準ずる教育」を行うことになっているため，⑤「一年間」の中での授業づくり，すなわち進度の問題を考える必要があります。

　小学校高学年以降に学年対応の教科書の使用が難しくなるケースが増えますが，その原因を分析して学校全体で指導にあたる必要があります。例えば，「なぜ」と尋ねても答えることが難しい生徒が多ければ，幼児期から「なぜ」という問いかけを増やす必要があります。友達の意見を深く受け止められない例が多ければ，友達の意見を聞いて自分の意見を述べる機会を意図的に増やす必要があります。家庭学習習慣がない生徒が多いのであれば，小学校低学年のときから家庭学習習慣の形成を図る必要があります。

　さらに，学習指導要領で各学年の指導内容が定められていますが，聴覚障害児の多くが苦手とする単元や内容がある場合，その単元の進め方に関して学部を超えた話し合いが必要かもしれません。このことについて，算数・数学の例を紹介します。

　算数・数学では，小学校高学年の文章題を苦手とする聴覚障害児が多いです。筆者は，中学部の数学を担当したことがありますが，中1のあるグループの生徒たちは，小5〜小6の算数教科書を未使用のまま入学してきました。小学部の先生によると，「小4の算数文章題がなかなか解けず，それを繰り返すことが多かった」とのことでした。そこで，筆者は，「文章題を解くとき，小学校で指導される日本語で考えることが多い解き方と中学校で指導される文字を使った解き方があり，前者の方法で解けなくても後者の方法で解けるようになる聴覚障害児が多いので，小学部では，文章題が難しい場合，そこにずっととどまって繰り返すのではなく，学年相応の計算だけは確実にできるように進めてほしい。中学校に入って文字式や方程式の計算ができるようになったら，それを使って小学校の算数文章題が解けるようになる例が多いから」とお願いしたことがあります。

新出語や結論を出す　タイミング	聴継型：新出語や結論はあとになっても可 視同型：新出語や結論は先行型がよい

■新出語の説明

　新出語の説明について，「説明→新出語の紹介」という順番と「新出語の紹介→説明」という順番があります。「あるテーマについて異なる立場に分かれて議論することを，ディベートという」と「ディベートとは，あるテーマについて異なる立場に分かれて議論すること」のどちらが，「ディベート」という新出語とその意味が子どもの頭に入りやすいでしょうか。

　「(a) 手話も用いての説明」と「(b) 指文字を用いての新出語の紹介」の順番について，文字を使わない場合，筆者の場合は，「(a) → (b)」の順番が「(b) → (a)」の順番より多いかもしれません。中身を知らずに未知語を受け取るのは大変であり，中身がだいたい分かるとそのあとに出る未知語が頭に入りやすいと感じるからです。とは言え，この順番は絶対的ではありません。今「新出語の意味を説明されている」という構えがないと受け損じてしまうことがあるため，「これから未知語の説明が始まる」と構えながら説明を聞き，「次に，その未知語は何か」と構えながら未知語を確実に仕入れることが大切です。

　一方，「(a) 手話も用いての説明」と「(c) 文字を用いての新出語の紹介」の順番に

ついては，筆者の場合は，「（c）→（a）」の順番が「（a）→（c）」の順番より多いかもしれません。視同型は，文字全体を瞬時に読み取ることが得意なため，一瞬で読み取った新出語の文字を念頭に置きながら，手話での説明を聞くことができるからです。

　実際の授業では，文字を用意していない場合，「意味を伝える手話」と「日本語を伝える手話」，「指文字」のどれを選択するか，順番をどうするか迷うことがあります。このとき，音声つきの手話を用いても日本語原文が届いていない可能性を考慮に入れる必要があります。聴覚障害学生を対象とした調査（脇中，2023b）によると，「圧政に耐えかねて農民は立ち上がった」という文では，音声と意味を伝える手話を併用して表しても，「圧政」という日本語は約3割，「立ち上がった」という日本語は約1割の学生にしか届いていませんでした。また，「頭が切れる」という音声と「頭を指す／賢い」という手話を併用しても，「頭が切れる」という日本語は，相当数の学生に届いていませんでした。このように，口話と手話を併用しても日本語の原語や原文が届いているとは限らないため，例えば「死角」という単語について，文字を用意しておらず，板書する時間を節約したいとき，意味を表す手話「見えない／場所」と音声「死角」の併用，日本語の額面を表す手話「死ぬ／角（かど）」と音声「死角」の併用，「シカク」という指文字のどれを使うか，どんな順番で表すか迷うことがありますが，どんな表現であっても，意味が伝わっても難しい日本語が正確に届いていないという事態は避けたいと思います。

■理由や経過の説明と結論の導き方

　「今このような状況で大変なので，このシステムの導入を提案したい」のように，①「経過や理由の説明→結論」の順番で話すのと，「このシステムの導入を提案したい。理由は，このような状況にあって大変だからである」のように，②「結論→経過や理由の説明」の順番のどちらが良いでしょうか。①の結論をあとにする方法は，テレビなどで用いると，「だから，どうしようと考えているのか。何が提案されるのか」などと視聴者の関心を引きつけやすいです。一方，②の結論が先行する方法は，小論文や会社のプレゼンテーション向けであるとよく言われます。

　聾学校では，②の結論先行型のほうが伝わりやすいと感じているので，筆者は，②「結論→経過や理由の説明」の順で話すことが多いかもしれません。ただし，結論にいたるまでの思考過程を大切にしたいときは，結論先行型は良くないでしょう。最近「探求的な活動」の重要性が指摘されていますが，あれこれと思考をめぐらすことができる生徒には，結論をすぐに示さずにいろいろ考えさせるほうが良いと思います。

指導順序	聴継型：「部分から全体へ」の教え方 視同型：「全体から部分へ」の教え方，結論先行型

■2次関数のグラフをかく

ここでは，「全体」は，2次関数の式を見てグラフがかけるようになることと考えます。

高校の数学Ⅰの教科書では，「① $y = a x^2$」のグラフの説明から始まり，次に「② $y = a x^2 + q$」は「$y = a x^2$」を上下にqだけ移動させたものという説明がな

> **2次関数のグラフをかく**
> ■**聴継型**：教科書の方法（「**部分から全体へ**」）
> 「① $y = a\chi^2$」→「② $y = a\chi^2 + q$」→「③ $y = a(\chi - p)^2$」
> （上下に動く）（右左に動く）
> →「④ $y = a(\chi - p)^2 + q$」（平行移動）
> ⇒視同型は「沢山覚える必要がある。しんどい」と思う。
> ■**視同型**：筆者の方法（「**全体から部分へ**」）
> 「④ $y = a(\chi - p)^2 + q$」
> →①～③は、「**p＝0，q＝0**」の特殊な例である。
> ⇒視同型は「④を理解すればよい。よっしゃ」と思う。

され，それから，「③ $y = a(x - p)^2$」は「$y = a x^2$」を右左にpだけ移動させたものという説明がなされます。そして，最後に，「④ $y = a(x - p)^2 + q$」は「$y = a x^2$」を右左にp，上下にq移動させたものという説明がなされます。

聴継型は，教科書にあるような流れで大丈夫な生徒が多いようです。ところが，聾学校では，教科書通りに進めると，その後の練習問題のところで，「これは，上下と右左のどちらに動かすの？」「これは，②と③のどっち？」という質問が出たり，「4つのどれを使うかの判断がしんどい」と言われたりしました。筆者が「これらは，バラバラのものではなく，最後の『$y = a(x - p)^2 + q$』がその前の3つを含めている」と言うと，けげんそうな顔をされました。

それで，筆者は，思い切って，その次の年から，教科書の順番通りの「①→②→③→④」ではなく，「④→③→②→①」（あるいは「④→②→③→①」）で進めるようにしました。④のところで，「$y = a(x - p)^2 + q$のグラフは，$y = a x^2$のグラフをx軸方向にp，y軸方向にq動かしたもの」と説明したあと，「q＝0の場合，$y = a(x - p)^2 + 0 = a(x - p)^2$」であり，「y軸方向に0動かすというのは，y軸方向に動かさないこと」を説明して，③に取り組ませます。また，「p＝0の場合，② $y = a(x - 0)^2 + q = a x^2 + q$」であり，「x軸方向に0動かすというのは，x軸方向に動かさないこと」を説明して，②に取り組ませます。最後に「p＝q＝0の場合，$y = a(x - 0)^2 + 0 = a x^2$」であることを説明し，①に取り組ませます。そうすると，生徒は，「要するに，④をしっかり理解すればいい」と分かり，全ての問題に迷うことなく取り組めるようになります。

このことについて，10章でも詳しく述べます。

■砂漠の指導

　「砂漠」の学習のときに，「岩石砂漠は砂漠と違う」「鳥取砂丘も砂漠」と言った例を先述しましたが，この生徒は，「砂漠では，雨が少ない。非常に乾燥している」などと説明されたにもかかわらず，画像を見て「岩ばかりだから砂漠ではない」「鳥取砂丘も，砂が多いから砂漠」と考えたと思われます。

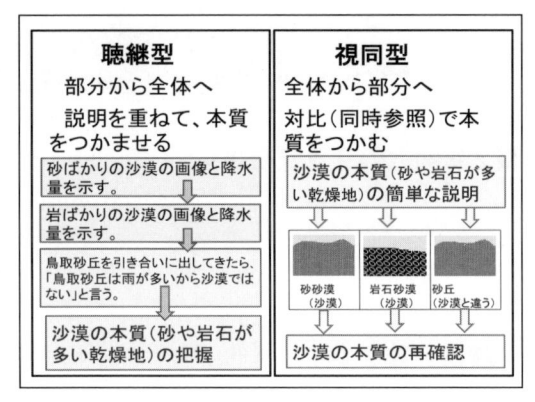

　聴継型は，砂砂漠や岩石砂漠の写真を見せられ「これらは砂漠」と聞いて，「砂漠は雨が少ない。乾燥している」のように本質をつかんでいきます。しかし，視同型は，見た目（砂ばかりの写真，「砂」という漢字）のインパクトが大きいです。そこで，最初に「砂漠は，雨が非常に少ない地域のこと」と紹介してから，画像を見せ，「この岩石砂漠は岩ばかりだが，雨が非常に少ないから，砂漠である」「鳥取砂丘は，日本にある。日本で雨が少ないところはあるが，砂漠と比べると降水量が多い。鳥取砂丘の降水量を見ると，砂漠とは言えない」と紹介する中で，「砂漠」の本質を対比形式（同時参照）で理解させる方法が良いでしょう。その後，あらためて，岩石砂漠の画像を見せて「砂がないのに砂漠と言ってよいかな？」，鳥取砂丘の画像を見せて「砂がたくさんあるから砂漠だよね？」と尋ねて，生徒に「砂が多いかではなく，降水量が非常に少ないところを砂漠と言うから，これも砂漠」「鳥取砂丘は降水量が多いから，砂が多いけど，砂漠ではない」と言わせるとよいです。教師の発言でまとめるよりは，生徒に言わせてまとめるほうが，定着に結びつきやすいです。

　「図（知覚されるもの）」と「地（図の背景に退くもの）」のことばを使って言い換えると，聴継型は「図（ここでは「砂漠」）」に着目した説明の積み重ねで「図」の本質を理解できますが，視同型は，「対比」の手法により「図」と「地（ここでは「砂漠」ではないもの）」を見比べて「図」の本質を理解するのがよいと言えるかもしれません。

■理科の実験と化学式

　理科の実験において，「全体」は，現象（実験の経過）を化学式とともに理解することと考えられます。

　筆者は，一般中学・高校で授業を受けましたが，全ての教科で予習を済ませているわけではありませんでした。理科の実験で，予習せずに実験の場面をむかえると，それぞれの物体の名称すら分からないままということがあり，実験が終わったあとあわてて教科書を開いて，「あれは○○という物体だったのか。あの操作にはこういう意味があったのか」と理解した経験があります。先生は、実験中から口頭でその後の学習に役立つ

よう声かけや説明をしていたでしょうが，聴覚障害のある筆者には届きませんでした。それに対して，実験の前に予習しておくと，「この物体は○○だ。そして，この操作にはこんな意味がある」というように，重要語や公式と目の前の物体や操作と結びつけることができました。

　教科書では，「実験をしてから，その意味を化学反応式で説明する」という流れになっています。例えば，銅やスチールウールを燃やしてできた物質の重量と最初の重量を比較させ，「$2Cu + O_2 \rightarrow 2CuO$」や「$Fe + O_2 \rightarrow FeO_2$」などを導いています。

　しかし，聾学校では，実験を先にしても，「ふーん」「おもしろかった」で終わりがちであり，化学反応式と実験があまり結びついていないと感じることが多いです。

　聴継型は，継次参照が自らできるので，実験のあとに化学反応式を説明されても，実験のいろいろな事柄との継次参照を行い，意味を理解できます。

　しかし，視同型は，継次参照が苦手なので，最初の状態と最後の状態が異なるとはっきり分かる化学反応式を示し，それから実験を行うのがよいかもしれません。実験の際，銅粉を示して「この化学式は？」と確認し，「化学反応式の O_2 はどこにあるのか？」と尋ねて，「空気の中にある」を導き，燃焼後にできた物

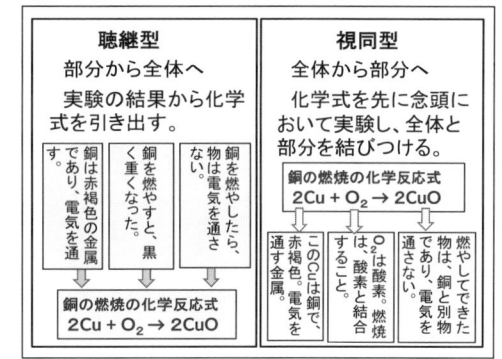

① 「実験→化学反応式」と
② 「化学反応式→実験」
■聴継型：「実験→化学反応式」でも，継次参照できるので，実験の意味が理解できる。
■視同型：「化学反応式→実験」のほうが，実験と意味を深く結びつけて考察しやすい。
　実験を先にしても，「ふーん」「いろいろな器具を使っておもしろかった」で終わりがちであり，その背景にあるものを本当に考えられていないと感じることが多い。

聴継型	視同型
部分から全体へ 実験の結果から化学式を引き出す。	全体から部分へ 化学式を先に念頭において実験し，全体と部分を結びつける。

質を指さして，「この物質の化学式は？」と尋ねます。そして，「最初の銅と，あとの酸化銅を比べると，どちらが重い？」と尋ね，結果を確認します。このような方法のほうが，結果的に実験と公式をしっかり結びつけられるかもしれません。ただし，重量が増えた理由を推測できる力を伸ばしたい場合は，教科書の方法で良いでしょう。

指導の仕方	聴継型：言語を媒介として考えられる 視同型：「絶対的な一つの枠組み」の中で考えるほうが早い

■やりもらい文の文章題

　85 〜 86 ページで，やりもらい文の文章題の解法として「鳥瞰図法」があると述べましたが，日本語の力をさらに伸ばすために，文章題を読んで立式して解いたあと，

その文章題を隠して式と答えから作問するという「問題文づくり」をお勧めします。

　「もらう事象」と「あげる事象」のそれぞれで「開始量」「変化量」「結果量」があり，一般的に，開始量あるいは変化量を求める問題は難しいです。

　「虫の視点」をもつ聴継型は，「ビデオメイージ法」により「もらったけど，開始量を求めるから，二つの既知数を『−』でつなぐ」などと考えて解くことができます。

　筆者は，全体が見えないと部分を確立しづらい視同型のために，以下の方法をとったことがあります。まず「①5＋2＝（　）」「②5＋（　）＝7」「③（　）＋2＝7」のような問題を練習させたあと，「もらう事象」（開始量5，変化量2，結果量7）で「5＋2＝7」を導きます。そして，問題文と式の「結果量7」を問う問題文，「変化量2」を問う問題文，「開始量5」を問う問題文を作らせます。それから，3つの式を隠して先ほど作った3つの問題文を解かせます。ここで，ア）二つの既知数を組み合わせて立式する解法と，イ）未知数を（　）あるいはｘと置いて立式する解法のどちらでよいです。最後に，全体を俯瞰してわかったことを言語

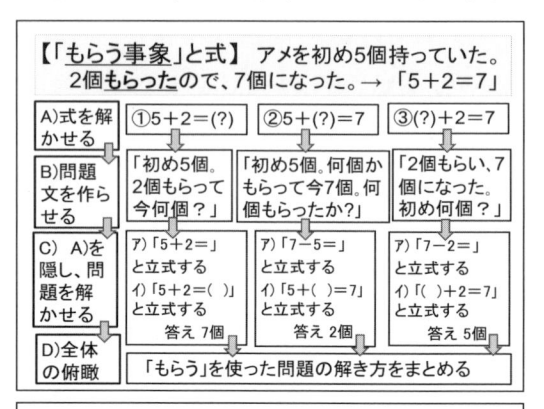

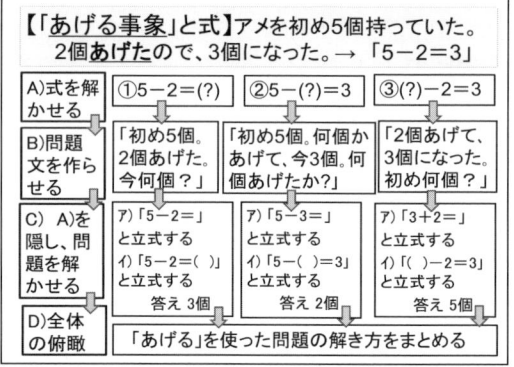

化させます。「あげる事象」についても，同様に指導します。

　「虫の視点」をもつ聴継型は，「もらう事象」と「あげる事象」の違いを理解し，問題文を読んでどちらの事象かをつかんで解けますが，「虫の視点」をもたない視同型は，物の移動があることはわかるものの，どちらの事象かが分からず，目に見える単語（「もらう」「あげる」）と「＋／−」を結びつけて解こうとし，問題によって正解となったり不正解となったりするため，ますます混乱するのでしょう。そこで，「もらう事象」の「全体」となる日本語と式を示してから，未知数が結果量，変化量，開始量のそれぞれで「部分」となる日本語と式を示し，最後に「全体」を俯瞰してまとめさせる方法がよいように思います。

■不等式と連立不等式

　小学校2年生で，「8□5」の「□」に不等号を記入するような問題が出ます。これは，聴覚障害児にとってはそんなに難しくないようですが，中学校で，「ｘ＜7」「ｘ＞9」

のような形になると，とたんに意味をつかみにくくなるようです。「3は7より小さい」などとすらすら言えても，「x＞2」は「xは2より大きい」「xは2より小さい」「2はxより大きい」「2はxより小さい」のどの意味かが分からない例が多いです。

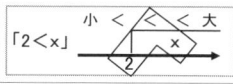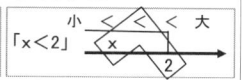

> 不等式　①不等式の意味の理解と図示
> 　　　　②数直線上のxの範囲を不等式で示す
>
> ■聴継型：①「2＞x、x＞2、2＜x、x＜2」のどれでも、日本語を介して意味がすぐに分かり、数直線上に図示できる。②数直線上のxの範囲を見て、すぐに不等式で表せる。
>
> ■視同型：不等式の意味がつかみづらいため、不等号は「＜」に統一させ、数直線上（常に右側の数字が大きい）で考えさせる。①「x＞2」は「2＜x」に変換し、左側に「2」、右側に「x」を置いて図示する。②xの範囲に「x」を置き、数字と「＜」を組み合わせて不等式を作る。

そこで，「『大＞小』『小＜大』と照らし合わせて考えてみて」と言ったことがありますが，それでも難しかったので，「数直線では常に右側の数字は左側の数字より大きい」という「絶対的な枠組み」を利用すること，すなわち「x＞2」は「2＜x」に直して数直線の上に載せると，「xは2の右側にあるから2より大きい」などとすぐに判断できるようになりました。また，数直線に示されたxの範囲を見て，xの範囲を不等式で書きやすくなりました。そして，高校で扱われる連立不等式の解が求めやすくなると感じました。それを以下に説明します。

日本語の力がある生徒は，「x＞3」と「x＜7」を同時に満たすxは「3＜x＜7」，「x＜3」と「x＜7」を同時に満たすxは「x＜3」，「x＜3」と「x＞7」を同時に満たすxは「ない」と考えられますが，計算力に比して日本語の力が弱い生徒は，それが難しいです。そこで，「x＞3」と「x＜7」を同時に満たすxに

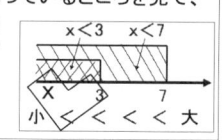

> 連立不等式を解く　{ x＜3
> 　　　　　　　　　{ 7＞x
>
> ■聴継型：　不等号の向きが揃わなくても、日本語を介して考えられる。
>
> ■視同型：　文章で考えることが苦手。
> 　不等号を「＜」に統一させて、「x＜3、x＜7」とし、数直線上に図示する。重なっているところを見て、答えを「x＜3」と書く（xが3の左側にあり、数直線上では不等号は常に「＜」なので、それを使う）。

ついて，「xは3より大きくて，同時に，7より小さい」のように日本語の文章に直して考えさせましたが，それでも難しい例が多かったです。つまり，日本語を介した思考が難しいようです。

そこで，例えば「x＜3，7＞x」という連立不等式では，不等号を「＜」に揃えて「x＜3，x＜7」とし，それぞれのxの範囲を数直線上に図示させ，重なるところが答えであることを指導しました。このように，「数直線」という「絶対的な一つの枠組み」の中で図式的に考えるほうが，答えやすい生徒が多いようでした。

■十分条件と必要条件

「5≦xは，7≦xであるための（　）条件」のような問題も，聴覚障害児にとっては難しいです。「5以上であるxは，7以上であるxであるための（　）条件」と

書き換えてもまだ難しいです。

　ある教科書では，「p→qが真ならば，pはqであるための十分条件。qはpであるための必要条件」とまとめられていましたが，それを見ても，どう考えてよいか分からない聴覚障害児が多いです。この考え方の場合，「5≦xであるならば，7≦xである」と「7≦xであるならば，5≦xである」の真偽判断が必要ですが，これが難しいのです。

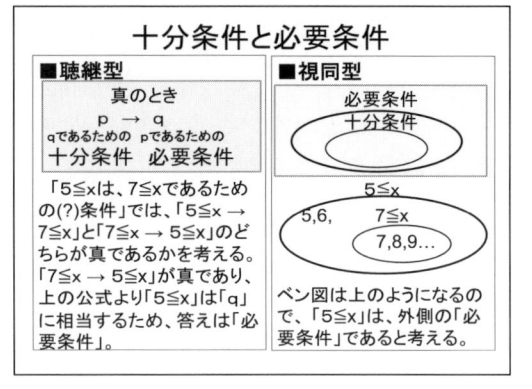

　そこで，ベン図で考える解法を紹介しました。まず，「ゾウは動物である」などを使って，「ゾウ」のベン図が「動物」のベン図の中に入り，「ゾウ」のベン図の中に「アフリカゾウ・インドゾウ」などが，「ゾウ」のベン図の外で「動物」のベン図の中に「キリン」「ライオン」などが入り，「動物」のベン図の外に「机」「花」などが入ることを理解させます。それから，「P＝｛2の倍数｝，Q＝｛6の倍数｝」などを使って，ベン図が描けることを確認します。そして，「5≦x」の「x」の例として「5，6，7，8…」があり，「7≦x」の「x」の例として「7，8…」があることを導いたあとに，「A＝｛5，6，7，8…｝，B＝｛7，8，9…｝」のベン図を描かせ，「7≦x」は「5≦x」のベン図の中にあることを理解させます。その後，外側にあるのが「必要条件」，内側にあるのが「十分条件」と覚えさせると，「5≦xは，7≦xであるための（　）条件」の問題の答えは「必要条件」であると分かります。

　不思議なことに，「左側のpが十分条件で，右側のqが必要条件」と覚えるよりは，「外側が必要条件で，内側が十分条件」と覚えることのほうが，聴覚障害児にとっては容易なようです。これは「横一列の式のそれぞれの要素の意味」より「筆算の形の式のそれぞれの要素の意味」のほうが理解しやすいことと関連するかもしれません。

■判断推理の問題

　公務員試験などで「判断推理」の問題がよく出てきます。「散歩をする人は健康である。太郎は散歩をしない。それでは，太郎は健康か」という問題で，通常であれば「散歩をする人全員が健康とは限らない」「人々を単純に『健康な人』と『不健康な人』に分けることはできない」ことから，これはナンセンスな問題ですが，判断推理の問

題では「散歩する人は全員が健康であると仮定するとき，散歩をしない太郎は健康であると言えるか」という意味にとらえて解く必要があります。この問題は，聴者の大人でも難しいです。

ある本に，「ある命題が真であるならば，その対偶命題は常に真である。しかし，逆命題や裏命題は必ずしも真とは限らない」という文がみられました。つまり，「命題を『p→q』とし，これが真であるとする。『pでない』は『〜p』（『$\overline{p}$』でもよい）で表す。対偶命題は『〜q→〜p』であり，常に真。逆命題は『q→p』，裏命題は『〜p→〜q』であり，真とも偽とも決まらない」を覚える必要があり，これは聴覚障害児にとっては難しいと感じています。

そこで，「ゾウは動物である」を「xがゾウであるならば，xは動物である」と言い換え，真であることを感じさせます。それから，「AはBである」は，Aのベン図がBのベン図の中にあることを理解させてから，「散歩をする人」のベン図と「健康である人」のベン図をかかせ，その中に人のマークを書き込ませます。意味を意識させるため，「外側のベン図の外部にいるAさんは健康ではなく，散歩をしない」「健康な人のベン図の中にあり，散歩する人のベン図の外側にいるBさんは，健康だが，散歩をしない」「散歩する人の中にいるCさんは，健康で，散歩をする」ことを確認します。その上で，「散歩をしない太郎」はA〜Cさんのどれに該当するかを考えさせ，AさんとBさんのどちらか分からないことを導きます。それで，「散歩をしない太郎」は健康か不健康か分からないことになります。

「知覚的判断」から「論理的・言語的思考」への移行	聴継型：容易 視同型：困難

視同型は，見た目や外見，具体的な特性に引きずられた判断が多いことは，6章を含めていたるところで述べましたが，別の例を以下に示します。

■「×」と「÷」のどちらを使うかの判断

「① 10の2倍は（　）」と「②（　）の2倍は10」に正答できても，「③ 10は（　）の2倍」「④（　）は10の2倍」に正答できるとは限りません。

筆者は，聾学校に着任した当初は，①と②の式だけを扱って説明しましたが，ある日，何の気なしに③の式を出すと，「②と③は反対。②は 10÷2＝5 だから，③は反対の×を使って 10×2＝20」と言う例がかなり多く，「私は，①と②で本質を教えたつもりになっていたが，実はそうではなかった」と気づかされました（脇中, 1998）。聴児は，

「②と③は，右辺と左辺が入れ替わっているだけで，式の意味としては同じ。だから，どちらも答えは5」と正答する例が多いようです。

そこで，「②（　）の2倍は10」に，生徒が答えた「5」を入れると，「②（5）の2倍は10」になって「10は10（10=10）」となることを導き，合っていることを確認させます。次に，「③10は（　）の2倍」に，生徒が答えた「20」を入れると，「③10は（20）の2倍」になって「10は40（10=40）」となり，おかしいことに気づかせます。このように「矛盾に突き当たらせる」指導が，筆者には多いように思います。

ここで，①～④に正答できるようになったら，指導をそこで打ち切るのではなく，再度②と③を見せて，教師が「②は÷を使って，答えは5。でも，③は，②と反対だから×を使って，答えは20だよね？」と尋ね，生徒が「確かに反対だけど，反対じゃない」と言ったら，「何が『確かに反対』？　そう。左辺と右辺が『反対』に置かれている意味だね。次の『反対じゃない』は，『A＝B』は『B＝A』という式と同じ意味だから，×と÷のどちらを使うかは同じという意味だね」のようなやりとりを通して，安易な「反対」の語の使用を減らしたいと思います。

なお，①～④のそれぞれで，84ページで述べた方法（「の」→「×」，「は」→「＝」）で立式した式を添えて比較させると，「＝」の右側と左側が入れ替わっても同じ意味の式になることが理解されやすいようです。

■（中2理科）電流と磁界

「磁界の中を電流が流れると，導線はある方向に動く。この導線を反対側に動かすには，どうすればよいか」という問題を扱った公開授業で，生徒たちは，電源の＋極と－極を指さして「ここを反対にする」（右図の①を参照），磁石のNとSを指さして「ここを反対にする」（②を参照），次に磁石全

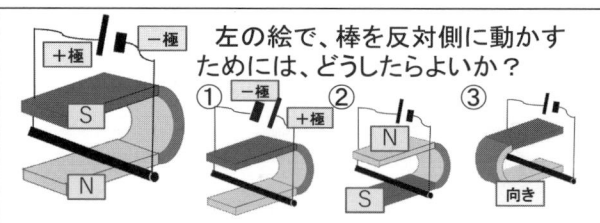

左の絵で、棒を反対側に動かすためには、どうしたらよいか？

「反対にすればよい」だけでなく、「何と何を反対にすれば、何が反対になるのか」まで言わせる。
　①では「電極を反対にすれば、電流が流れる方向が反対になる」、②では「磁石のNとSを反対にすれば、磁力線の向きが反対になる」と言わせる。すると、③では、「磁石の向きを反対にすれば、磁力線の向きが・・・、あれ、変わらない」と気づきやすくなるのではないか。

体を指さして「ここを反対にする」（③を参照。つまり磁石のNとSの上下関係はそのままで磁石の向きを変えるのみ）と答えており，ここでも安易な「反対」の使用があると感じましたが，そのまま確かめの実験に入っていました。

生徒が「ここを反対にする」と言ったとき，「何と何を反対にすると何が変わるのか」と尋ね，①では「電源の＋極と－極を反対にすると，電流が流れる方向が変わる」，②では「磁石のNとSを反対にすると，磁力線の向きが変わる」と言わせたいです。

そうすると，③のところで，「磁石（U字形）の向きを反対にすると，…あれ，磁力線の向きは変わらない」のように気づくことができたのではないでしょうか。

演繹法と帰納法	聴継型：言語を媒介として考えられるので，演繹法が可能 視同型：帰納法のほうが納得しやすい，多数例を通して考えさせる

演繹法は，ある前提からある結論を導き出す方法で，帰納法は，いろいろな事例から結論を導き出す方法であると，筆者は解釈しています。

■「三角形の内角の和は180°」の定理の説明

「三角形の内角の和は180°」という定理について，演繹的な方法として以下の (1) と (2) が，帰納的な方法として以下の (3) と (4) が考えられます。

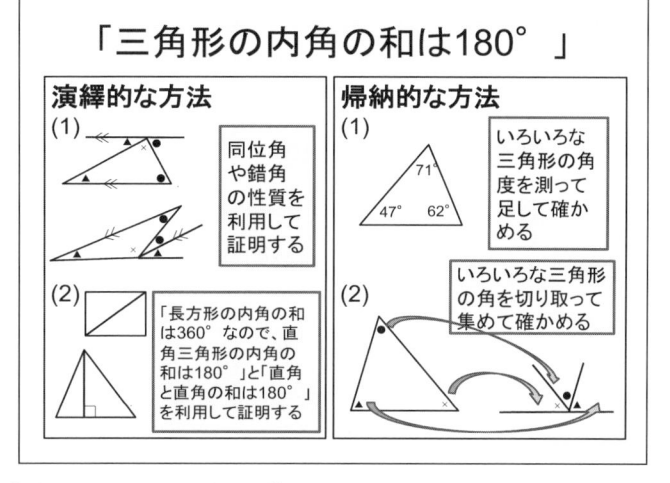

(1)「平行線の同位角や錯角は等しい」ことを利用して，この定理を導きます。

(2)「長方形の内角の和は，4つの角が全て直角なので360°」から「直角三角形の内角の和は180°」を導きます。それから，いろいろな形の三角形の底辺に垂線を下ろして直角三角形を2つ作り，「直角が2つあれば180°」であることから180°を引いて，この定理を導きます。

(3) 紙にいろいろな三角形をかき，3つの角度を分度器で測って足して，この定理を確かめます。

(4) 紙でいろいろな三角形を作り，その3つの角の頂点を一点に集めて並べると，一直線になることから，この定理を確かめます。

(1) と (2) は，「同位角や錯角は等しい」などの前提条件をもとに推論して定理を導くという演繹的な方法です。ただし，前提条件が真であるかの吟味が不可欠です。

(3) と (4) は，いろいろな三角形を通して定理を確認するものであり，帰納的な方法です。ただし，この方法では，全ての三角形について確かめることはできません。

算数・数学では，多角形の内角の和の公式などいろいろあります。小学校低学年では帰納的な方法で指導されることもありますが，学年が上がるにつれて演繹的な方法

による説明が増えます。聾学校での経験から言うと，演繹的な方法は，言語を仲立ちとするため，生徒は「納得！」という顔を見せてくれることが少なかったです。帰納的な方法で確認させるほうが，納得した表情を見せてくれることが多かったです。

　他に，演繹法と帰納法の違いと関連すると思われる例を挙げます。

　・数学で，「x＜3」という解が導かれたとします。論理的にその解になる理由を説明しても，反応が薄かったですが，「x＜3」であるxの例として「1」や「－2」を問題の式に代入させると，「合っている！」と反応が良かったです。

　・選択肢から適切なものを選ぶ問題において，問題文から論理的に結論（正答）を導いてからその結論に合致する選択肢を選ぶ方法と，選択肢を一つひとつ取り上げて調べて，消去法により正しい答えを選ぶ方法が考えられます。筆者は，聴覚障害児・学生の解き方を見ていて，後者の消去法による解き方が多いと感じたことがあります。

■多数例を通して直観的につかませる指導法

　一般校では，「少数例を取り上げての深い説明」が多いですが，聾学校では，「多数例から直観的につかませる方法」のほうが効果的な場合が多いです。「抽象的な説明」より「具体例を通しての把握・確認」のほうが納得されやすいです。この「具体例を通しての把握・確認」は，帰納的な方法と言えるでしょう。

　そこで，筆者は，説明や正答にたどり着かせるための誘導質問に行き詰まったら，多数例を見せたり答えをあっさり見せたりして，生徒が「あっ，そういうことか」と言ったら，「その分かったことを言ってみて」と言語化を促し，肉付けしていくという手法をとることがあります。

　例えば，「雨が ｜降っても・降ってでも｜ 行く（複数回答可）」という問題で，正答の「降っても」を選んだ聴覚障害学生は62％であり，誤答の「降ってでも」を選んだ学生は67％でした。この「でも」は，辞典で調べても意味がよく分からないと言う人が多いでしょう。そこで，「お金を払ってでも見たい広告」「長時間並んででもそれを購入したい」などの例文を見せ，「～してでも」には，「自分がそれをしてもよいから～したい」というニュアンスがあることをつかませたことがあります。

　少数例を通して「本質」を説明する方法では分かりづらいようだと感じたときは，例を増やし，それらの例の共通点と相違点を考えさせる中で「本質」を直観的につかませるとよい場合が多いように感じます。ただし，その直観でつかんだ内容を日本語で押さえることが大切です。また，その日本語で押さえることは，教師が行うより生徒に行わせるほうが，生徒の中で定着しやすいようです。

8章 生徒指導に関わって

「9歳の壁」について，「あの人は，学力の面では『9歳の壁』を越えているが，社会性の面では『9歳の壁』をまだ越えていない」のような言い方を聞いたことがありますが，筆者は，社会性の問題と「9歳の壁」は切り離して考えるほうがよいと思う一方で，年齢相応の言語が身についておらず，小学校高学年以降の教科学習が難しい生徒は，道徳や倫理に関する深い話が入らない例が多いと感じています。

熊谷・熊上・小林（藤田監修）（2016）は，「逸脱行動のある子どもをどう理解し，どう指導するか」の中で5事例を取り上げていますが，このうち3事例は同時処理が優位な生徒（同時尺度の数値が継次尺度の数値を13以上上回っていた）であり，1事例は継次処理が優位な生徒（同時尺度の数値が継次尺度の数値を22下回っていた），残りの1事例は差が大きくなかった生徒（両者の尺度の数値が4しか違わなかった）であったことから，筆者は，社会生活上の問題を感じさせる生徒は同時処理型が多いのかと思いました。その一方で，現在の学校教育は聴継型向きであることが多く，学習不適応は視同型に多く生じる可能性が高いことから，自信や自尊感情がもてず，問題行動や逸脱行動につながる例が視同型に多い可能性も考えられるでしょう。

筆者は，聾学校で，生徒指導上の問題が発生して生徒と話したときに，話しこんでも生徒に入らないと感じたことがあります。ここでは，聴継型や視同型の違いよりは，「脳内ボード」や視野の広さの違いのほうと関連するかもしれません。

「自分の思い」と「相手の思い」の対等化	聴継型：対等化は比較的容易。時間は短い 視同型：対等化が難しい。長時間を要する

　「脳内ボード」が小さい生徒には，それまでに話した内容を一つひとつていねいに確認しながら板書して目に見える形でまとめる方法（「同時参照」）が有効でしょう。

　例えば，A児がB児とトラブルになったとき，教師が指導しますが，自分の思いが大きいままの子どもは，相手の思いを伝えても，「自分はこうしたかったの！」と言い続けることがあります。相手の思いを聞いて，自分の思いの大きさを相手の思いの大きさと同じ程度に調節することが難しいのです。

　その場合は，A児の思いとB児の思いを板書し，「この2人は同じ学年だね。B児（相手）の思いだけを認めるのは良い

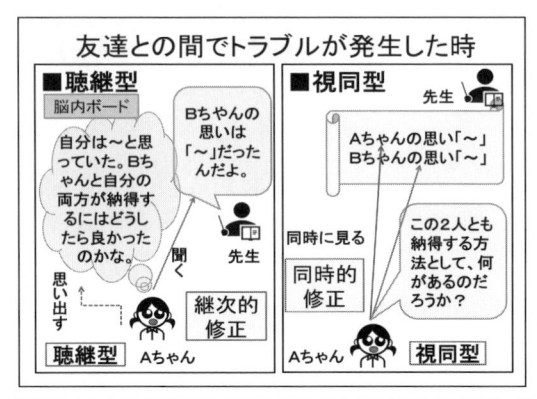

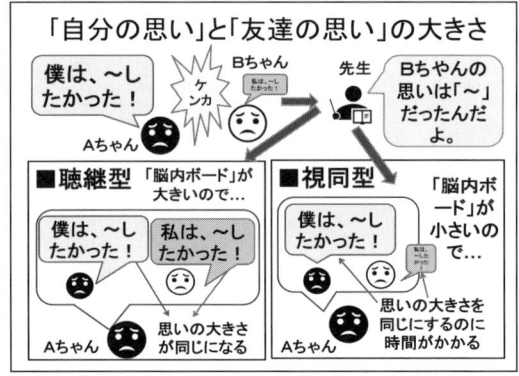

こと？」と尋ねると，A児は，大きくかぶりを振って否定します。次に，「では，A児（本人）の思いだけを認めるのが良いのかな？」と尋ねると，それまで「私（A児）はこうしたかったのー！」と叫び続けていたのが，トーンダウンします。「同じ学年だから，A児とB児は対等」というのは、言わなくても誰でも分かっていると思いがちですが，自分の思いが肥大化したままの児童・生徒に対しては，自分の思いを縮小化してB児（相手）の思いと対等な大きさになるように上手に仕向ける必要があります。

　「自分の思い」が肥大化したままで，「相手の思い」と対等視できない場合，自分の労力の量や価値が大きく見え，他人の労力の量や価値が小さく見える傾向や，自分の貢献を過大視し，責任を過小視する傾向につながるかもしれません。

「人の振り見て我が振り直せ」	聴継型：比較的容易 視同型：比較的困難

　「脳内ボード」が小さい人は，大きい人と比べて，「人の振り見て我が振り直せ」が難しい人が多いように感じています。

　ある職場で，Ａさんは，「自分の病休をなぜ他の人に言うのか」と怒ったことがありました。その一方で，同僚のＢさんが病休を取ったとき，ＡさんはＢさんの病休を職場で話題にしており，それを見

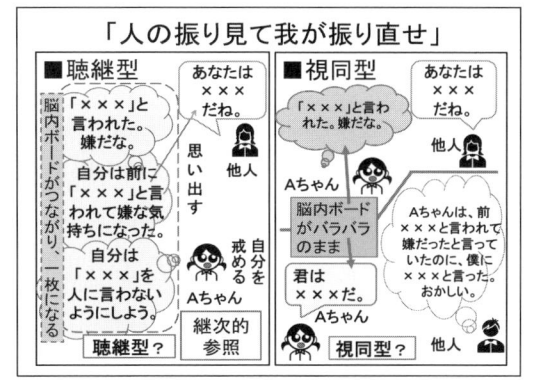

た人は，「Ａさんは，自分の病休が話題になるのを嫌がるのに，他の人の病休をなぜ自ら話題にするのか」と思ったといいます。Ａさんにとっては，自分が「×××」と言われて嫌な思いをしたことと自分が他人の「×××」を話題にしたことが別々のものとして存在するのでしょうか。これは，言い換えると，それぞれの思いが別個の「脳内ボード」に存在することになります。

　誰でも「脳内ボード」は「連続した一枚」ではないでしょうが，他人から「そう言うあなたはどうなの？」「自分は〜しているくせに」のようなことを言われて，「行動の一貫性」のようなものを次第に確立させる行動は，2枚の脳内ボードをつないで1枚の脳内ボードにする作業と言えるでしょう。人に批判されたり突っ込まれたりするという経験が少ない子どもは，多い子どもに比べて，いろいろな記憶が断片的なまま（いろいろな脳内ボードがつながらないまま）に終わる場合が多いでしょう。

　日本人（聴者）は，ストレートな指摘や批判を控える傾向があり，「今日，Ａさんは［①］と言ったのよ」「えー，Ａさんは前［②］と言っていたのに。矛盾しているね」のような陰口に終わることが多いです。聴継型の人は，その陰口を聞いて，「自分は日頃［②］と言っている」ことと「今回［①］と言った」ことを「継次参照」し，自分の言動の一貫性のなさを反省したり，誤解を招いたと思った場合はそれ以降言い方を変えたりすることができます。しかし，視同型の人は，上述の陰口を聞いても，自力で［①］と［②］を対比させて考えることができず，対比させたとしても自分の思いが肥大化したままの状態が続き，「だって，こういう事情があったんだもん」などと言い訳に終始する場合があります。それで，一度は，そこで，「あなたは，今回［①］と言ったが，それは，前から［②］と言っていることと矛盾するね」のように，「同

時参照」を大切にした指摘や注意を行うことによって，２枚の脳内ボードをつないで１枚にする作業を進めさせたいと思います。

自己客観視	聴継型：比較的容易 視同型：比較的困難

　「平均以上効果」は，「自分は平均以上」と感じる人が多い現象をさし，「レイク・ウォビゴン効果」とも言います。ある調査で，何かの能力に関して「自分は，他者と比べて平均以上である」と回答した者が85％にものぼり，しかも到底平均以上とは思えない人に多かったといいます。これは，自己評価と他者評価の間のずれを示すものであり，自己客観視の難しさを意味します。

　この「平均以上効果」は，聴覚障害児・者にもみられます。生和（1978）は，聴覚障害児は，聴児と比べると，自分の否定的属性が他者の眼に映ることを受容する程度が低いことや，甘い自己認知をする傾向が強いことを指摘しました。京都府立聾学校高等部（2000）は，生和（1978）の追試を行い，生和（1978）の聴覚障害児と聴児の中間に位置する結果を示したことを報告しました。

　「目に見えるものにこだわる度合い」が高く，「脳内ボード」が小さい傾向や，日常会話でいろいろな文を物理的な目に見える現象と結びつけるだけで終わる傾向がある視同型は，いろいろな評価や視点があることに対する意識が薄い人が多いように思います。そこで，自己認知が甘い生徒に対して，自己客観視をうながす働きかけが必要となります。「ほめて伸ばす」行為が推奨されることがありますが，他者の賞賛を額面通りに受け止める例が聾学校高等部でみられたことから，そのメリットとデメリットを考える必要があります。

　自己客観視のためには，息の長い取り組みが必要です。他者や自分の良いところを探す取り組みだけでなく，自分の短所も意識化させる取り組みは，通常学級でも行われることが多いです。ある年齢に達したならば，「自己評価と他者評価の間のずれ」を考えさせる取り組みも有効でしょうが，筆者は，聾学校でこの取り組みが大きな効果をあげることは難しいと感じます。というのは，数学テストを返却する前に「何点だったと思う？」と尋ねたとき，学力が高い生徒は「この問題はできなかったが，あの問題はできたと思う」と答え，実際そのとおりのことが多かったのに対し，学力的に厳しい生徒は「できたと思う！」と答えたり「零点！」と答えたりすることが多かったからです。「自己評価と他者評価のずれ」の理解自体が抽象的思考を要する事柄で

あり，他者の視点の取り込みが必要なため，自己客観視云々と言う前に，毎回のテストで何点ぐらい取れたかを適切に推測できる力を培わせる取り組みを先に進めるほうがよいのではと思ったことがあります。

　なお，「自己客観視が難しく，自己認知が甘い例」がある一方で，「自己客観視が難しく，自己認知が必要以上に厳しくなる例」もみられます。すなわち，「必要以上のポジティブ思考」と「必要以上のネガティブ思考」があり，どちらも冷静・正当な自己客観視の難しさを示します。筆者も，幼少時はほめられたら単純に額面通りに受け取る傾向があったと思いますが，成長につれて「甘い自己認知は非難や批判の対象となること」を感じ，他者に対しては厳しめに自己認知してみせるよう心がけていました。そのためか，筆者は，現在も「自分はネガティブ思考が多く，自尊心が低いかもしれないが，今更この思考形式を変えることも難しい」と感じています。

「来し方」と「行く末」	聴継型：「来し方」や「行く末」は比較的よく見える 視同型：「現在」はよく見えるが，「来し方」と「行く末」はよく見えない

　視同型の場合，「脳内ボード」が小さいので，聴継型と比べると，「今」の状況はよく見えますが，「来し方」や「行く末」が不明瞭にしか見えない傾向があるように思います。また，目に見えるものにこだわり，「過去型」や「評価型」のアドバイスは入りやすいが，「未来型」や「注意喚起型」のアドバイスは入りにくいと前述しました。「未来」は目に見えないため，「未来」を見通すことが難しいです。

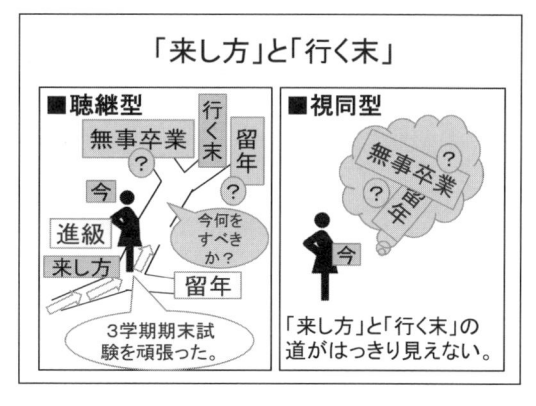

　そこで，筆者は，自分の後ろと前に分かれ道を描き，過去の分岐点やターニングポイントを振り返ったり，今後の選択肢とその選択肢を選んだ場合の向こう側にどんな事態が待っているかを考えさせる手法をとったことがあります。「見ながら考える」ことが効果的な視同型には，分かれ道を紙に描きながら考えさせる手法が有効と考えたからです。

　また，「未来の自分から今の自分へのアドバイス」を考えさせるのもよいと考えます。これは聴継型にも当てはまることですが，悩んで身動きができない人は，「今の自分」にがんじがらめになって「今」しか見えず，どんな選択肢があるかすら整理して考え

られない状態にあるからです。

　分かれ道を描いて考えさせる例を挙げます。

・勉学とスポーツの両立に悩む生徒や学生に対して，分かれ道の一方に「両立させて進級あるいは卒業」，他方に「両立できない」と書きます。さらに，「両立できない」の向こう側にまた分かれ道を描いて，一方に「勉学を選ぶ」を，他方に「スポーツを選ぶ」を書きます。そして，学生には，最初は「両立させる道」を選ぶために必要な事柄を整理させます。両立できない状態が続いたときは，「両立できない」道に来ていることを確認し，その次にどんな分かれ道が考えられるか，それぞれの道を選んだときの向こう側にはどんな状態が待っているかを尋ねます。ここで選択するのはあくまでも学生自身です。

・「今，××で悩んで，何もする気になれない」と言う生徒や学生に対しては，道を描き，「何もする気になれない状態が続く道」と「一念発起して△△をする道」があることを導きます。そして，それぞれの道の向こう側に何が待っているかを尋ねます。

・「□□の試験があるが，点が取れないと思う。逃げたい」と言う学生に対しては，「逃げたい」という気持ちと「勉強するべき」という気持ちの間で葛藤して身動きがとれない状態にあることから，筆者は，リアルに「逃げる（試験を受けない）」道を進んだ自分（未来の自分）を想像させ，今の自分（現在の自分）に何を言いたいかを考えさせます。また，「落ちるだろうと思って受験して落ちる」という道を進んだ自分（未来の自分）を想像させ，今の自分（現在の自分）に何を言いたいかを考えさせます。

・良い意味での「開き直り」も必要なことを考えさせたいです。投げやりになるのではなく，可能な範囲で努力して，肩の力を抜いて試験を受けるほうが，逆に力を出せる場合があります。筆者は，このことを，中学一年の体育の実技テスト（逆立ち）のときに経験しました。家で練習したときは全くできなかったので，実技テストの前に，「あーあ，やっぱりこわがって失敗した」と想像し，「なら，こわがらずにやってみては」と「未来の自分」から「今の自分」にアドバイスしたら，本番で奇跡的に成功しました。この経験は，のちの国立大学の入試のときにも活かされました。

　このまま進むと数年先の自分はどうなっているか，もし今別の道を行こうとしたらその向こうにはどんな自分が待っているか，その道を進んだ場合の「未来の自分」は，「今の自分」に何を言うか，などを考えさせることにより，生徒や学生により良い人生を歩んでほしいと思います。

相手の心情や道義的責任の理解	聴継型：比較的容易 視同型：比較的困難

「複数枚ある脳内ボードをつなげて，一枚のものとする」作業は，継次参照が得意な聴継型であっても，最初から適切に行われるのではありません。

『サンタおじさんのいねむり』（1969 年，ルイーズ・ファチオ作，偕成社）という絵本があります。サンタがクリスマスプレゼントを運ぶ途中で居眠りしてしまい，森の動物たちが代わりに配ってくれたことに気づいたサンタの目に涙が浮かんだという話です。「サンタおじさんはなぜ泣いたの？」と尋ねると，2〜3歳児は「プレゼントがなくなったから」などと答えますが，次第に「動物たちの行為がうれしかったから」と理解していきます。その後のサンタの「ありがとう」というせりふや，その前のきつねの「おじさんを休ませてあげよう」「ぼくたちが代わりに配ってあげる」というせりふとの整合性も考えて，次第にサンタの心情を理解していくのでしょう。このことの理解が自力で行われる場合，前の事柄を思い出し，目の前の事柄と照らし合わせて関連を考えるという「継次参照」がなされていると言えるでしょう。

また，「女王とフィンガーボウル」という有名な話があります。客がフィンガーボウルの水を誤って飲んだのを見た女王が，自らもフィンガーボウルの水を飲んだ話です。この行為は「マナー違反」ですが，女王は客に恥をかかせないためにそうしたのです。寺田・奥代（2018）は，「道徳の授業での発達障害，特に自閉症（ASD）の児童に対する授業は難しさを感じる授業の一つだった。なぜならば，道徳の読み物資料に出てくる登場人物の立場や状況を踏まえ，その心情を理解させることが難しかったためである」，「ASD 傾向の児童は，この一連の話を『相手がしたことをすることはいいことだ』と誤学習をした」と述べています。

この話では，客にとって本当に良かったのかという疑問の声もあります。筆者は，この女王の行為のもつ意味や善し悪しは状況によって変わると考えますが，「この場合は良いが，この場合は良くない」と考えることは，特に「白か黒か」あるいは「絶対的な一つの物差し」で考える思考様式をもつ視同型には難しい場合があります。そもそも，「このようなことがあったが，内心は〜でないか」などと「裏を読む」行為は，目に見えるもののウェイトが大きい視同型には難しいです。

これらのことから，視同型の場合，「法的責任」と「道義的責任」の違いの理解も難しい例がみられることになります。「相手に実害を与えていないから，自分は悪いことをしていない」「私の行為は法的に罰せられないから，私は悪いことをしていな

い」「時効後は罰せられないから，自分の過去のあの行為はなかったのと同じ」などと考えがちになるのでしょう。筆者は，聾学校で生徒に「あなたの両親がこれを知ったら悲しむだろう」と話したら，「なら，先生が両親に言わないでいたらいいでしょ」と言われたことがあります。「悪いことをしたのに，何食わぬ顔でふるまった」と言われる人の中には，「自分が悪いことをした」という意識が本当に薄い人が含まれており，そのような人は，「脳内ボード」が小さく，自分がやった事柄と他の事柄の関連を考える力が弱いのかと思ったことがあります。「道義的責任」や「罪悪感」を感じるためには，自分の行為が他の人の陥った状況とどう関連するか

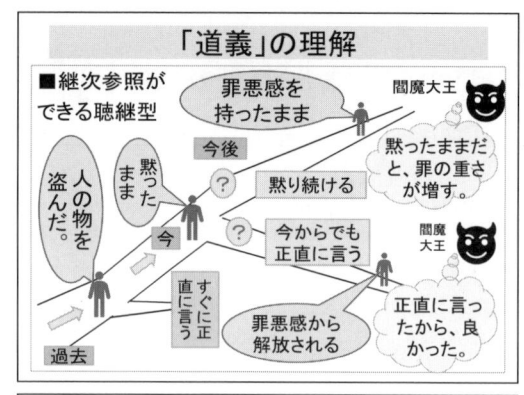

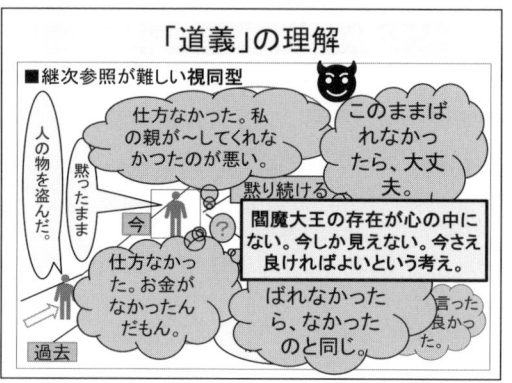

をリアルに想像する力が必要であり，「脳内ボードが小さい人」や「複数枚の脳内ボードをつなげて一枚にする作業が苦手な人」は，そうでない人と比べて，「道義的責任」などの理解が難しいように思います。「あなたのやったことは，未成年のときは注意を受けるだけですむ場合があるが，成人以降は犯罪となる」「成人以降は，障害があるからと言って大目に見られることはないと思ってほしい」「された人にとっては，時効はない。傷は永久に残る」「罪となる行為は，正直に言って謝れば1/2，1/3になるかもしれないが，黙っていれば2倍，3倍と大きくなっていく」などの話が入りにくいと感じます。筆者は，聾学校の職員室で盗難が多発したときにこの話をしたことがありますが，何の反応もありませんでした。「窃盗症」という精神疾患が公務員や

教員にもみられるそうですが，この問題はさておき，いわゆる「良心の呵責」がない人とある人の違いはどこからくるのか，聴継型と視同型とで比率が異なることはあるのだろうかと思い続けています。

　「道義」という概念はかなり抽象的ですが，「継次参照」が難しい視同型には，「目に見える物は分かりやすい」「同時参照の

ほうがいろいろ考えられる」という特徴を活かした指導や話し込みが必要でしょう。

「地獄」が子どもたちの心から薄らいでいったと聞いたことがありますが，「地獄」の存在は，自分の行動を調整するうえで大きい意味をもつと感じています。「地獄に落ちるのがこわいから，悪いことをしない」というのはまだ「他律」的ですが，自分の行動を「他律」的にコントロールする力は，その後「自律」的にコントロールする力につながっていくと考えます。「他律的なコントロール」ができない人に「自律的なコントロール」ができるとは思えないからです。「目に見える今」しか見えにくい視同型には，「ばれたとき，あの人は何と言うか」「何もかもお見通しの神様や閻魔大王があの世にいるとしたら，あの世で何と言われるか」をストレートに考えさせる機会をときどき提供してもよいかもしれません。筆者は，絵本に接した経験が豊富な子どもは，豊かな心情をもつ例が多いと感じていますが，それは，絵本を通していろいろな人物が自分の心の中に住んでいるからと言えるかもしれません。また，ことわざには，世間一般の見方が背景にあるので，「壁に耳あり，障子に目あり」などのいろいろなことわざとその意味も伝えたいです。

抽象的な文と抽象的な文の対照	聴継型：比較的容易 視同型：比較的困難

■「自分の思い」と「自分の思いの否定」のどちらを裏付けているかの判断

筆者は，うつ病治療用「こころアプリ」を知ったとき，音声による会話が難しい聴覚障害者にとってありがたいと思った一方で，抽象的思考が求められるため理解できない聴覚障害者がいるかもしれないと心配になりました。そこで，聴覚障害学生に対して，「自分の思い」を「僕はA君に嫌われている」とするとき，「A君はアメを僕にだけ配らなかった」「今朝A君はにこっとしてくれた」などはそれぞれ「思いを裏付ける事実」「思いを裏付ける推測」「思いの否定を裏付ける事実」「思いの否定を裏付ける推測」「無関係の事実」のどれかを尋ねる問題を授業で簡単に説明したあとに，再度実施しましたが，相当数の聴覚障害学生が正答できなかったことを報告しています（脇中，2023d）。このような抽象的思考ができるかどうかは，自分の思い込みを自分で外す力や人間関係の構築に大きな影響を及ぼすでしょう。

■他の語に置き換えた文との対照を行う力

「Aは差別である」の「A」に，「障害者の大学受験を認めないこと」「女性専用車両を設置すること」など，いろいろな事柄を入れることで，「差別」と「区別」の違

いやその根拠を深く考えることができるようになるでしょう。

　筆者は，聾学校で，生徒から「体育の先生がマラソンの距離を短くしないのは障害者差別だ」と言われたことがあります。その時，「昔と比べると走る距離は短くなった」「心臓に問題がある生徒に対しては，距離を短くしている」などと話しましたが，この生徒は「聾学校は障害児のための学校だから，マラソンの距離を短くするべき」と言い続けており，複数の事柄を比較して「差別」の意味を考えさせようという筆者の試みはうまくいきませんでした。

　「Aは差別である」のような抽象的な文を複数作って対照・比較により考えさせることは，かなり難しいです。「道徳的判断」は，このような抽象的な力が必要であり，その力は一朝一夕には身につかないでしょう。

■他の語に置き換えた文を自分で考え，元の文と比較する力

　筆者は，ある聾者から「聾者としての誇りをもつなら，口話を使うべきではない」と言われたことがありますが，論理的にひっかかりを感じたときは，同じ範疇の別の語に置き換えて考えるとよいでしょう。つまり，「聾者」を「日本人」，「口話」を「英語」に置き換えて，「日本人としての誇りをもつなら，英語を使うべきではない」という文を作り，この文の正否を考えるとよいでしょう。その中で，筋が通っている（正当性があると感じる）ものと筋が通っていない（正当性が感じられない）ものがあり，その違いは何からくるのかを考えることで，「同じ範疇に属すると思っていたが，実は違うこと」「前提条件が異なること」などが考えられるようになるでしょう。

■レトリックに気づく力

　「調査の結果，希望者は7割だった」と聞くと，通常「希望しない」の選択肢も用意された調査の結果と思う人が多いでしょうが，「希望しない」という選択肢がない調査の結果だったと記した新聞記事があり，驚いたことがあります。また，「選挙の結果P氏が再選した」と聞くと，「選挙は民主主義の根幹」とよく聞くので，通常国民の意思によりP氏が選ばれたと思う人が多いでしょうが，実はP氏の対抗馬が全員立候補を認められなかった，あるいは銃を突きつけられる中での投票だったという話もあります。

　このような「レトリック」に気づく力やその可能性を考慮に入れる力の育成も大切でしょう。

第三部

認知特性を考慮に入れた指導の具体例

9章 日本語指導の具体例

　筆者は，聾学校で，障害者手帳を持たない軽度難聴生徒であっても，助詞の使い方が不自然な例を多数みてきました。「〜までする」と「〜までにする」のように助詞1文字で意味が変わる文章について，意味の違いがあるのに手話が同じような表現になる例が多いことに気づき，生徒は意味の違いを理解できているかを調べたり（脇中，2013b），助詞の違いを意識しながら手話表現を工夫できる人が増えてほしいと願って，『助詞の使い分けとその手話表現』1〜2巻（脇中，2012a，2012b，北大路書房）を著したりしました。

　その後，全国の聾学校から優秀な生徒が集まると言われる筑波技術大学における日本語表現法の授業の中で，上記の本に記した問題を出題し，助詞の微妙な使い分けが難しい学生が相当数いることを見出しました。そして，「一般の聴児は理解して当然と思われるのに，このあたりが弱い聴覚障害児・学生が多いのか」と感じさせられた領域が，助詞，敬語，自動詞と他動詞の使い分け，主語と述語のつながりを考えた作文などです（脇中，2017a，2017b，2018a，2018b，2019，2020b，2021，2023a，2023c，2024a，2024b）。

　認知特性との関わりに関して，筆者が考えたことや指導の工夫例をまとめます。

（1）「内在的把握」と「外面的把握」

　川端康成の『雪国』の冒頭文などを通して，多数の研究者が日本語と英語の違いを論じています（池上（2008），長谷部（2014），大塚・岡（2016），佐藤（2021）など）。これは，聴継型の「虫の視点」と視同型の「鳥の視点」と関連するように思ったので，以下詳しく紹介します。

　「国境の長いトンネルを抜けると雪国であった。」の英訳は，「The train came out of the long tunnel into the snow country.」（Seidensticker, E.G. 訳）となっています。

日本人は，汽車の中から見える光景，つまり，窓の外が突然明るくなり，雪が積もっている光景が見えるのをイメージするのに対し，英語話者は，俯瞰的に電車がトンネルから出てくる光景をイメージするようです（https://hypertree.blog.ss-blog.jp/2015-03-07-1 など）。

　池上（2008）は，「主観的把握」や「客観的把握」という語を用いて，日本語と英語の違いを述べています。池上（2008）によると，「主観的把握」は，「話者が問題の事態の中に自らの身を置き，その事態の当事者として体験的に事態把握をする場合。実際には話者が問題の

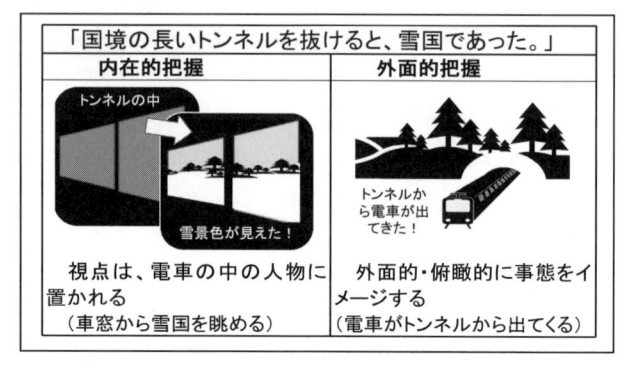

事態の中に身を置いていない場合であっても，話者は自らがその事態に臨場する当事者であるかのように体験的に事態把握をする」ことですが，この「体験的に事態把握をする」は，その場に身を置き，肌で物事を感じることです。一方，「客観的把握」は，「話者が問題の事態の外に自らの身を置き，その事態の傍観者，ないし観察者として客観的に事態把握をする場合。実際には問題の事態の中に身を置いている場合であっても，話者は（自分の分身をその事態の中に残したまま）自らはその事態から抜け出し，事態の外に身を置いて，傍観者，ないし観察者として客観的に（自分の分身を含む）事態を把握する」ことですが，この「事態の外に身を置き，傍観する」は，俯瞰的に見ることと関連します。

　これは，２章の設問３）・９）・10）・11），すなわち「私 or 花子は，人の間をかき分けて彼のところへ行った」を読んだときのイメージ，叱られる場面のイメージ，車にぶつかったときの記憶映像に関する設問を通して，筆者が言いたかったことと関連します。今までは，それを「虫の視点」や「鳥の視点」という語で語ってきました。これらは，「虫の目」や「鳥の目」とも言い換えられます。「虫の目」は，虫のように現場からいろいろな物を身近に見る視点であり，「ミクロの視点」と言えるでしょう。それに対して，「鳥の目」は，空中の鳥のように高いところから全体を俯瞰する視点であり，「マクロの視点」と言えるでしょう。「鳥の目」は「遠くから見る」のに対して，「虫の目」は「近くから見る」ことになりますが，「虫の目」には，地面に這いつくばって物事を肌で感じるイメージがあります。また，どちらかと言えば「虫の視点」は複眼的で，「鳥の視点」は単眼的であると感じます。

　その後，「虫の視点」は「内在的把握」と，「鳥の視点」は「外面的把握」と言い換

えるほうがよいかと考え始めました。「内在的把握」と「外面的把握」は，筆者の造語です。つまり，「鳥の視点」は，視点があることを意味しますが，視同型のそれは，むしろ視点がない事態把握，外面的な事態把握であるように感じたからです。

「内在的把握」は，関連人物の心情や状況に入り込んで事態を把握することであり，「外面的把握」は，うわべや目に映る事態を把握することです。「花子は太郎のところに駆け寄った」という文における「内在的把握」では，「花子」の立場に自分を重ね，太郎が目の前にいて，自分の目に太郎の姿が迫ってくる情景を思い浮かべますが，そのとき例えば「太郎！　無事で良かった！」などの感情を伴っています。一方，「外面的把握」では，視点はどこにあるということはなく，単に「花子が太郎に急いで近づく」情景を思い浮かべます。これを絵にしようとすると，「鳥の視点」から描くことが多くなると思います。

以下，筆者が「聴覚障害児は外面的把握が多い」と感じたきっかけを詳しく説明します。

		内在的把握	外面的把握
視点・立脚点に関わって		視点あり	視点なし
「虫の視点」と「鳥の視点」に関わって		虫の視点	鳥の視点
「単眼」と「複眼」に関わって		複眼的	単眼的
1)「あげる」文	方向ルールの理解	○可能	○可能
2)「くれる」文	視点制約ルールの理解	○可能	×困難
3)「したい」と「したがる」の使い分け		○可能	×困難
4) 動詞と主語のつながりの理解と意識化		○可能	×困難
5) 自動詞と他動詞の使い分け		○可能	×困難

1)「あげる」文の理解

「AがBに本をあげる」では，本の所有権はAからBに渡っています（これを「A→B」で表します）。これを「方向ルールの理解」と称すると，聴覚障害学生は，ほぼ全員が理解できていました。

次に，「私が友達に本をあげる」

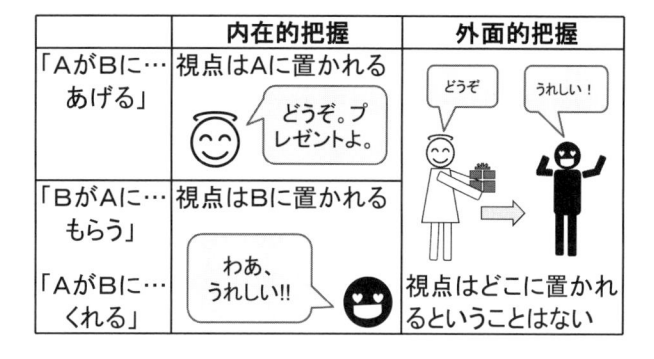

は適切な言い方ですが，「友達が私に本をあげる」は不適切な言い方です。それは，「あげる」では，「ウチがソトに～あげる」とするルールがあるからです。この「ウチ」

は自分に近しい人物であり、「ソト」は「ウチ」ではない人物のことです。これを「視点制約ルールの理解」あるいは「ウチソトの理解」と称すると、これを理解できていた聴覚障害学生は約2割でした。すなわち、約8割の学生は、「友達→私」のとき「友達が私に〜あげる」は方向があっているから言える（不適切な文ではない）と回答しました。英語で「He gives me a book.」と言うことが可能なのは、「視点制約ルール」が英語にないからでしょう。

2）「くれる」文の理解

　「CがDに本をもらう」と「DがCに本をくれる」は、ともに「D→C」の意味ですが、「方向ルールの理解」ができていた聴覚障害学生の比率は、「もらう」は9割以上、「くれる」は2〜3割でした。

　鹿浦・小村（2016）は、「くれる」が難しい理由として、「主観的把握」と「客観的把握」があり、「ある恩恵・利益の授受行為の方向性を話者の視点から主観的に把握する日本語に対して、話者が授受行為を客観的に俯瞰する英語との違いに原因がある」と述べています。この「主観的把握」は筆者の言う「内在的把握」と、「客観的把握」は筆者の言う「外面的把握」と重なっていると言えるでしょう。

3）「したい」と「したがる」の違いの理解

　「自然な文を全て選べ。①私はそばが食べたい。②私はそばを食べたい。③私はそばが食べたがっている。④私はそばを食べたがっている。」という問題の正答は①と②ですが、約8割の学生が誤答の「④私は、そばを食べたがっている」

	内在的把握	外面的把握
「Aは…を食べたい」	視点は「A（私、気持ちを代弁できる身内など）に置かれる	食べた〜い！
「Aは…を食べたがる」	視点は「私」など別の人に置かれ、A（他人）の様子を見る	視点はどこに置かれるということはない

を選んでいました。「『〜たがる』は、『〜たい』を強調したもの」と解釈した例もありました。また、「田中夫人は、家を自慢したいから、敬遠される。」より「田中夫人は、家を自慢したがるから、敬遠される。」が自然な言い方であることを理解しない学生が、相当数みられました。

　「悲しかった」「悲しそうだ」「悲しんでいた」の使い分けが難しい聴覚障害児が多いです。「友達は悲しかった」は、小説などであれば使えますが、通常の会話では、「友達は悲しそうだった」「友達は悲しんでいた」のほうが自然です。聾学校では、「この述語はどのような主語のときに使えるか」に関する洞察の難しさをよく感じました。

4）「主語と結びついた動詞」と「主語不在の動詞」

　筑波技術大学の新入生に対して、「『1年生全員は、班を分けて、授業をした。』とい

う文は，入学式翌日の授業の後のレポートで書いた文であるが，これをより適切な文章に書き換えなさい」という問題を出しました。これは，学生の立場であれば「1年生全員は，班に分かれて，授業を受けた」などとする必要がある文です。助

	内在的把握	外面的把握
「授業を受ける」	視点は「生徒」に置かれる	
「授業をする」	視点は「先生」に置かれる	視点はどこに置かれるということはない

詞の使い方はさておき，「分け」のままとした者は57％であり，「分かれ」「分けられ」のように直せた者は38％でした。次に，「授業をした」のままとした者は81％であり，「授業を受けた」「授業が行われた」のように直せた者は19％でした。したがって，「分ける」と「授業をする」の隠れた主語に注意を払わずに文を作る学生が約5〜8割いることになります。

　他にも，聾学校や筑波技術大学では，「今日，水泳大会を実施したが，雨が降ってきたので，中止した」などと，生徒や学生の立場では不適切な文を書く例がみられます。

5）自動詞と他動詞の使い分け

　聴覚障害児は，他動詞と自動詞の混同が多いことが以前から指摘されており，筑波技術大学でもときどき見られます。

　そこで，いろいろな問題を出したところ，「腰が曲げる・腰を曲がる」，「涙が流す・涙を流れる」，「涙が出す・涙を出る」，「財布が落とす・財布を落ちる」，「事故が起こす・事故を起こる」，「ドアが閉める・ドアを閉まる」，「仕事が見つける・仕事を見つかる」のような間違った選択肢を選んだ者は，どれも8％以下だったの

	内在的把握	外面的把握
「傘がこわれる」	視点は「私」に置かれる　風が傘を飛ばしてこわした　傘を持っていた人の責任ではない	
「傘をこわす」	視点は「私」に置かれる　人為的にこわした　傘を持っていた人に管理責任がある	視点はどこに置かれるということはない

で，自動詞と他動詞の基本は理解できているようでした。

　自動詞と他動詞の使い分けは，「責任」の問題をどう考えるかとも関わります。「困ったなあ。どこかで財布（　）ようだ。｛①が落ちた・②を落とした・③が落とした・④を落ちた｝（複数回答可）」における選択率は，①が28％，②が95％，③が3％，④が0％であり，完全正答率（②のみを選ぶ）は70％でした。ここでは，意図的に落としているのではないものの，財布を自分で管理するのは当たり前という前提があるため，②が正答です。また，「『昨日転んで歯を2本も折ってしまったんですよ』『えっ，

そうなんですか。（　）とは, とんだ災難でしたね』（1つだけ選ぶ）」では, 正答の「①歯が2本も折れた」を選んだ者が73％であり, 正答とは言いづらい「②歯を2本も折った」を選んだ者が20％でした。これらの2問から, 自動詞・他動詞の使い分けと責任の問題の関係を理解する学生は, 約7割であると思われます。

　自動詞と他動詞の使い分けの難しさは, 隠れた主語を配慮に入れることの難しさと重なるようです。例えば, 「地震は建物を倒壊させるのみならず, 火事　①が起きる, ②を起こす, ③④略　おそれもある。（複数回答可）」では, 選択率は①が55％, ②が83％であり, 完全正答率（②のみを選ぶ）は45％でした。また, 「グラウンドで皆泥まみれになって, 試合　①が続いて, ②を続けて, ③④略　いた。（複数回答可）」では, ①が35％, ②が85％であり, 完全正答率（②のみを選ぶ）は63％でした。これは, 「地震は」や「皆」の語から主語はそれぞれ「地震」「皆」であることを見抜く必要がある問題であり, 隠れた主語を考えない例があることがうかがえます。

6）俳句や物語の理解

　「古池や蛙飛び込む水の音」の俳句は有名ですが, 聾学校では, この俳句の状況を説明しても,「それがどうした」という反応がときどきみられます。中島敦の『山月記』についても,「人間が虎になったありえない物語」という受け止めで終わる例があります。

　聾学校では, 登場人物の心情やその場に身を置いて「疑似体験」させることの難しさをよく感じます。そのため, 物語の読解では,「何が起きたか, 誰が何をしたか」というストーリーの理解（事態の外面的把握）にとどまらず, 登場人物の心情を問いかける必要があります。具体例を挙げると, 『山月記』の最後の場面で,「李徴はなぜ自分の虎の姿を袁傪に見せたのか」と問いかけたとき,「ふっきれたから」のように自分のそれまでの体験と重ねて考えさせるだけでなく,「それは『山月記』のどの文から読み取れるか」を尋ね,「帰りにまたここを通って李徴に会おうという気持ちを袁傪に起こさせないため」という趣旨の文に気づかせたいと思います。また, ある語の意味を尋ねるとき, 一般的な辞書的意味を答えたらそれで良しとするのではなく, その文章における意味を尋ねる必要があります。具体例を挙げると, 「食べるために仕事をしなければならない。…だが, 家族がいれば, 自分勝手はできない」のような文で「自分勝手」の意味を尋ねるとき,「わがままを言う」「自分の都合だけを考える」のような一般的な意味の回答ですませるのではなく,「この長文の中では, どのような意味か」を尋ねて,「自分の感情だけで衝動的に仕事をやめること」と言わせたいと思います。

7）ことわざの理解

　ことわざについて，「犬も歩けば棒に当たる」「豚に真珠」「月とすっぽん」は絵に描きやすいですが，「急がば回れ」「百聞は一見にしかず」は絵に描きにくいでしょう。また，「豚に真珠」や「月とすっぽん」は，「豚に真珠をやるようなもの」「月とすっぽんは，同じ丸い物だが，全く違う」のように，隠れた述語や話し手の気持ちを理解しないと，「テレビと薬」「机に消しゴム」のように単に2つの名詞を並べただけのものになりかねません。2つの名詞を助詞でつないだことわざについて，「鬼と金棒」「石の上に三年」のように間に置かれる助詞を間違える例が，例年みられます。

　筑波技術大学で，ことわざを紹介する前に知っていることわざをできるだけたくさん書かせたところ，例年「犬も歩けば棒に当たる」を書く者が飛び抜けて多いですが，その意味を理解する学生はほとんどいませんでした。ある年度で，1学期にことわざの紹介をし，2学期にあらためて知っていることわざをできるだけたくさん書かせたところ，「犬も歩けば棒に当たる」と書いた者は79％であり，次に多かった「猿も木から落ちる」の49％を大きく引き離しました。この2つは，動詞が含まれ，絵に描きやすいことから，視同型の人の記憶に残りやすいのかと感じました。

（2）具体的な指導例

1）助詞の微妙な使い分け方の説明

　以前から，助詞を正しく使えない聴覚障害児が多いことが指摘されています。

　例えば，「ハンカチをデパート ｛で・に｝ 落としたようだ。（1つ選ぶ）」という問題で，聴覚障害学生の正答率は62％であり，38％が誤答の「に」を選んでいました。また，「『ハンカチ落とし』という遊びでは，オニに

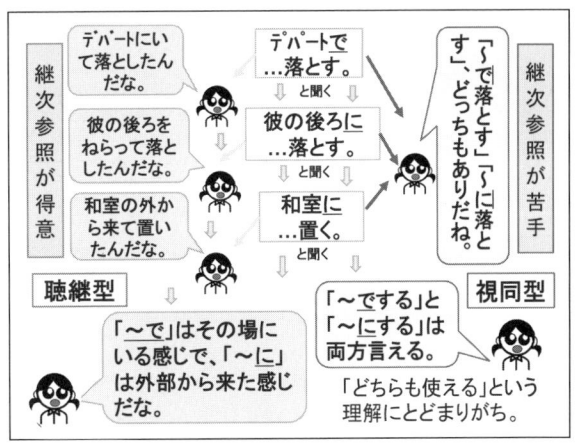

なった人が，誰かの後ろ ｛で・に｝ ハンカチを落とす。（1つ選ぶ）」という問題で，正答率は78％であり，22％が誤答の「で」を選んでいました。さらに，「図書室 ｛で・に｝ 広報委員会がある。（複数回答可）」では，「で（正答）」と「に（誤答）」を選んだ比率は同じ56％であり，完全正答率は50％でした。

　このように，場所に関する助詞「で」と「に」の使い分けは，簡単なようで難しいです。『スイミー』という物語の中に，「スイミーは兄弟たちを岩陰に見つけた」のような文

がありますが，「岩陰で」と「岩陰に」の違いは，自分が岩陰の中にいるか外にいるかでしょう。

　「内在的把握」ができる子どもは，幼少時から「和室で荷物を置く」や「和室に荷物を置く」を聞いたり使ったりして，自然に「和室で荷物を置く」では自らはすでに和室の中にいて荷物を置くことが多く，「和室に荷物を置く」では和室の外部から和室に荷物を持ち込むことが多いと感じていくようです。「内在的把握」は，肌で事態全体を感じることだからです。それに対して，「外面的把握」にとどまる子どもは，同じ「人が和室に荷物をおろす」事態をイメージすることになるでしょう。

　筆者は，小学校1年生の時に日記で「お盆でリンゴを切った」（まな板の代わりにお盆を使った意味）と書き，「お盆の上で」と訂正され，「えー，『で』は場所を意味するのでは？」と思ったことがありますが，この例では「で」は使えないなどと日頃から指導されたことにより，「で」と「に」の違いを考えながら本を読んだりしてさらに正確な使い分けを理解していったと思います。そして，「アメリカへのみやげ」と「アメリカのみやげ」は意味が異なるのに，なぜ「冥土の土産」と言うのか（「冥土へのみやげ」ではないのか）などと，日頃から疑問に思うようになりました。成人したあとも，筆者が息子に「出会い頭注意，だよ」と言い，息子が別の場所で「ここも出会い頭だね」と言ったとき，「あれ，場所だと『出会い頭でぶつかる』と言うと思うけど，実際は『出会い頭にぶつかる』と言う。おかしいな」と思い，ネットで調べたところ，「出会ったとたん」という意味であり，「出会い頭」は時間に関わることばのようだと分かったことがあります。

　筆者は，「言語は，自然にルールを理解して習得するのが良い。ドリル学習やルール学習に頼り過ぎるのは良くない」と考えていますが，どこかで助詞に関する問題に取り組んで自分の理解状況をつかむのは良いと思います。そのため，中等・高等教育段階の聴覚障害児を念頭に置いて，Webで誰でも取り組める助詞問題を作成し，視同型に配慮した図式的な解説をつけました。その例を次ページに示します。また，その助詞のもつ意味や雰囲気を手話で表せるときは，そのようにしたいものです。例えば，「〜に（行く）」はそこに到着することを明示する手話表現を，「〜へ（行く）」は少し曖昧にその目的地のあたりへ向かう手話表現を用いたり，「しかし」「ただし」「ただ」は，この順に「しかし」の手話を弱々しく用いたりするとよいです。このWeb助詞問題作成の経過と使い方については，脇中（2020a）を参照してください。

2）日本語を早く意識的に取り込ませるために

　助詞の微妙な違いは，文章や理屈では説明しづらい場合があります。「出会い頭（　）ぶつかる」の答えは「に」ですが，ほとんどの人はどこかで耳にしたりして理解して

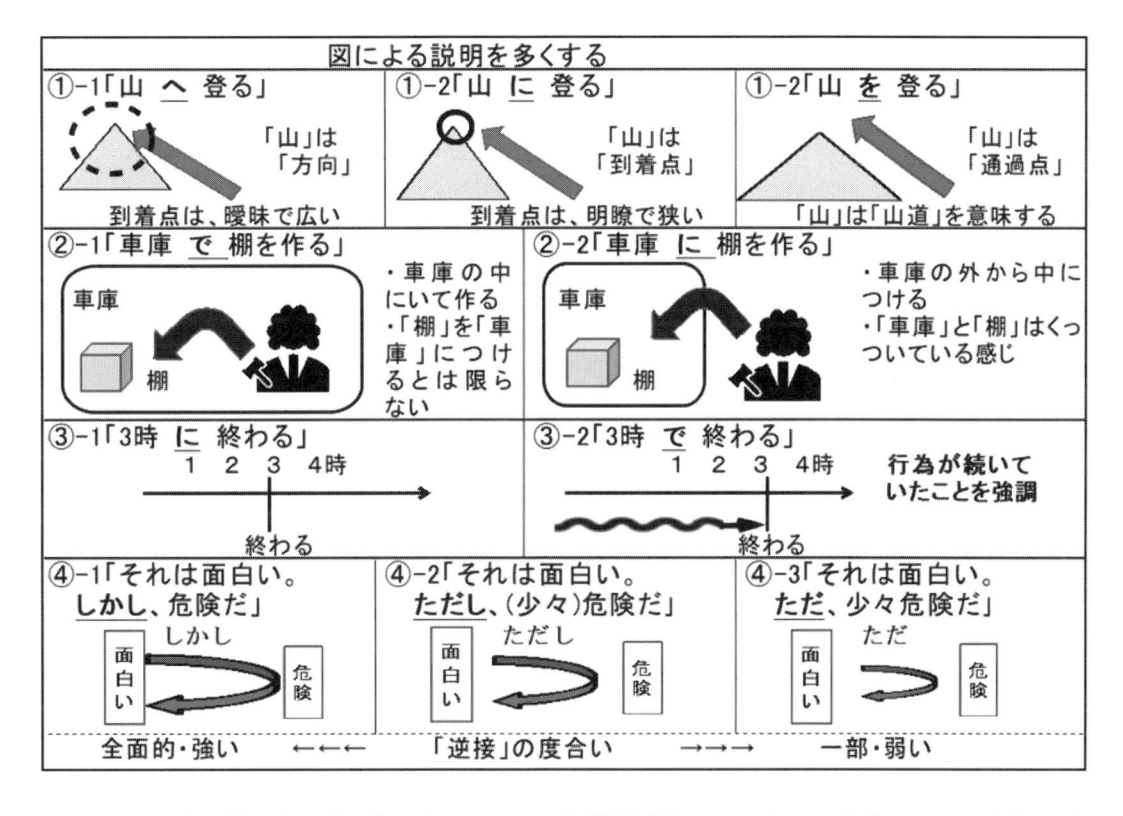

いるでしょう（偶発的学習）。ところが，聴覚障害児は，助詞1文字が日々正確に届いているわけではありません。理解している語は聞き取れるが，理解していない語は聞き取れないことがよくあります。

　教科書の音読の意味は大きいです。筆者は，自分の子ども（聴児）の小学校で音読の宿題が多いことに驚きました。この音読が，最近の聾学校では減ったように感じます。音読を宿題にしたあと，教科書の文章の一部を黒くぬりつぶして，どんな助詞や単語（受身形・使役形・慣用句など）があったかを尋ねる取り組みを勧めたいと思います。例えば，『スイミー』の「スイミーは，岩陰（　）魚たちを見つけた」で，「で」

と答えた子どもに「教科書では『に』となっている」と言って，「で」と「に」の違いを尋ねるとよいでしょう。同様にして「スイミー（　）そっくりな魚たちを見つけた」では，「と」と「のと」の違いを考えさせるとよいでしょう。もし「と」と答えたなら，スイミーの体の色は兄弟たちと同じだったかを尋ねるとよいでしょう。他

教科書文の一部を隠して、尋ねる取り組み

国語の教科書「スイミー」より

> そのとき、岩かげ 【①で? に?】 スイミーは 見つけた、スイミー 【②と? のと?】 そっくりの、小さな 魚の きょうだいたちを。

（文章の一部を黒く塗りつぶして尋ねてもよい）
音読をしっかり進めた子は、自然に答えられるだろう。

■①は、スイミーは、海を泳いでいて、岩陰に固まっている魚たちを岩陰の外から見つけたのだから、「に」。
■②は、「岩陰にいた魚たち」と何がそっくりか？　スイミーは、自分の兄弟たちと異なり、体が真っ黒だった。「スイミーの兄弟と似ている魚たち」の意味だから、答えは「のと」。

に，「帰らせる」などの使役形や「目の色を変える」などの慣用句を隠して尋ねると
よいでしょう。これを一度経験すると，その後日本語にさらに意識的になるでしょう。

　他に，授業の最後に板書内容をノートに写させるとき，重要語をマグネットシート
で隠すとよいでしょう。生徒が「待って！　まだ覚えていない」と言ったので，筆者
は「授業中100回ぐらい言ったよ！」と言って，マグネットシートをはずしてしばら
く見せ，また隠しました。すると，生徒は，その次の授業から，「先生はまた隠すだろう」
と思って，授業中から重要語を取り込もうとするようになりました。

3）漢字のメリットとデメリットを配慮に入れた説明

　筑波技術大学でも，「かちかちとなる／かちかちになる」「のびのびする／のびのび
とする／のびのびになる」の使い分けを理解しない聴覚障害学生がみられます。

　「おもちがかちかち ｛と・に｝ なる」（複数回答可）では，正答「に」を96％が，誤答「と」
を2％が選んでおり，ほぼ全員が理解していましたが，「寒さに震えて，歯がかちかち
｛と・に｝ なった」では，正答「と」を59％が，誤答「に」を46％が選んでいました。
また，「水がかちかち ｛と・に｝ 凍る」では，正答「に」を91％が，誤答「と」を22
％が選んでいました。「返済を ｛のびのび・のびのびと・のびのびに｝ するのはよくない」
で，正答「のびのびに」を選んだのは63％，「子どもを ｛のびのび・のびのびと・の
びのびに｝ 育てたい」で，正答「のびのび」「のびのびと」を選んだのは，それぞれ
46％，74％でした。

　これらの問題を解説したとき，「〜と鳴る（リーンと鳴る）」「〜に成る（医者に成る）」
のように漢字を使って説明すると，「寒さで歯がかちかちに成った（誤答）」を見て「歯
が凍るのはおかしい」と言って笑った学生が増えました。「のびのび」のところでは，
「伸び伸びする，伸び伸びとする，延び延びになる」という漢字を使って説明しました。
そして，期末試験で再度出題すると，正答率が約30ポイント上昇しており，「漢字を
使って説明すると上昇率が高い」と感じさせられました。

　その一方で，漢字の使用が逆に正確な日本語の定着を妨げる可能性も考えられます。
受け身や使役の難しさは，従来から聾学校で指摘されていますが，聴覚障害学生はこ
れぐらいできるだろうと思って出題した問題の結果に驚かされたことがあります。

　筑波技術大学で「帰る」の使役形を「かえれる・かえられる・かえらせる・かえせる・
かえさせる」から選ぶ問題を出したところ，正答「かえらせる」を選んだのは67％で
した（が，他の選択肢も選んだ学生がおり，完全正答率は57％でした）。ここで「帰れる・
帰られる・帰らせる・帰せる・帰させる」のように漢字を使った選択肢だと，見慣れ
ている「帰らせる」を選ぶ比率が高まった可能性があります。

　この問題について授業で説明し，「期末試験でこれらの問題から選んで出す」と予

告したうえで，期末試験では「ひらがなで書け」という記述形式に変えて出しました。筆者としては「予告した問題の一つだから，正答率は少しは上昇するだろう」と予想しましたが，「かえらせる」（ペーパーで出題したため，「帰らせる」のように漢字で書いた回答を含む）と書けた者は逆に47％に下がったことに驚かされました。

> 「読む→読ませる」のように例示したが、ひらがなで選択肢を示すと正答率が低い。 →ふだんは、漢字と「(さ)せる」を見て使役と判断しているだけで、動詞の使役形の正確な記憶・定着ができていない可能性がある。
>
> ①は最初に取り組んだとき（選択式）の結果
> ②は期末試験（記述式）の結果

次の動詞の使役形は？　　　　例）「よ(読)む」→答え「よ(読)ませる」

かえ(帰)る	①	②	か(変)わる	①	②
かえらせる	○67%	記	かわらせる	○67%	記
かえさせる	17%	述	かわさせる	28%	述
かえせる	0%	式	かわせる	0%	式
かえされる	4%		かわされる	2%	
かえられる	22%	47	かわられる	13%	49
かえれる	9%	%	かわれる	4%	%
完全正答率	◎57%		完全正答率	◎63%	

「変わる」の使役形を問う問題も同様でした。そこで，学生に尋ねたら，「ひらがなばかりだと，分からなくなる」などと言われました。

　別の年度で，最初から「『帰る』に『させる』や『せる』をつけた使役形をひらがなで書け」という問題を出したところ，正答が書けたのは3％だけでした。誤答で多かったのは「かえさせる（72％）」，「かえれさせる（6％）」であり，聴覚活用できるように見える学生であっても，「かえらせる」や「かえさせる」という日本語が日頃から正確に届いているのかと，あらためて疑問に思いました。

　以上の結果から，日常生活では，聴覚障害者は，漢字（「帰」）と「(さ)せる」を見て，「これは使役だ」と判断するにとどまり，「『帰る』の使役形は，『かえさせる』ではなく，『かえらせる』だ」と正確に覚えることをしてこなかった可能性を考えました。聴者は「かえられる」「かえらせる」「かえさせる」などを聞いて，瞬時に「帰られる，変えられる」「帰らせる」「変えさせる，返させる」などと意味を判断する力を培いますが，視覚情報を中心とする聴覚障害者の場合，「帰らせる」のように文字で示されてばかりだと，「『帰』という漢字と『せる』というひらがながあるから使役形だ」と判断するのみということが続き，「帰る」の使役は「かえせる／かえらせる／かえさせる」のどれかが正確に定着しないままになっていたのでしょうか。

　使役形の正確な定着のためには，その単語を直接使う回数が一定必要です。筆者の場合は，幼少時からキューサイン（手指と口形で五十音を表すサイン）を通して大人の話を聞いたこと，絵本や本をよく読み，自らも発声やキューサインでその日本語を使ったことに意味があったと思います。自ら使役形を用いるとき，五段活用の場合はどうなるかというようなルールに基づいて使役形を考えるのではなく，自然に「帰らせる」「返させる」「変えさせる」「変わらせる」などが口をついて出てくる感じです。それで，文字を通してのインプット（同時処理）だけでなく，聴覚活用・読話による

インプット（継次処理）や発声・筆記というアウトプット（継次処理）を大切にする必要があると考えます。

4）いろいろな事柄との関連（語彙ネットワーク）を考える力の必要性

■「降水確率」の理解

「降水確率」は，大雨か小雨かに関係なく，雨が降るという事態が起きる可能性の程度を示しますが，「雨の強さ」と結びつけて解釈する聴覚障害児が多いです。すなわち，「降水確率10％」は小雨で，「降水確率90％」は激しい雨だと考えるのです。「数学で『確率』を勉強したでしょう。その『確率』の意味は？」と問いかけたりして，「降水確率の『確率』と数学で学習した『確率』が，今初めて結びついたようだ」と感じた例もありました。

■台風の予報円の意味の理解

台風の予報円について，右に行くほど大きくなるのは，「台風が強くなるから」と解釈する聴覚障害児・学生が多いです。「東北地方のあたりで非常に強い台風になって，その後ぱったり消えるの？」「テレビで『勢力を弱めながら，本州に上陸した』などと言っているのに，なぜ東北地方で最も大きい円になるの？」と尋ねると，そ

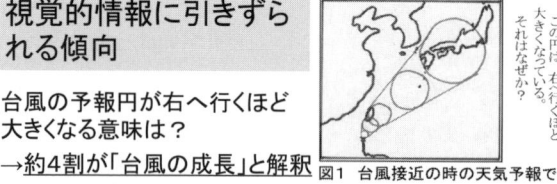

視覚的情報に引きずられる傾向

台風の予報円が右へ行くほど大きくなる意味は？
→約4割が「台風の成長」と解釈

図1　台風接近の時の天気予報で

台風の予報円が右に行くほど大きくなる理由	本学
［正答］　進路の予測	42%
台風（雲・風域・雨の範囲）が大きく（強く）なる（成長する）。台風の成長を予想している。	31%
その他（「台風が近づく」「移動先」「風が弱まる」「周りの空気をまきこむ」「風が分散する」「高気圧が大きくなる」など）	18%
白紙回答	9%

こで初めて「そう言われるとおかしい」と気づく学生がいました。

■何かを見聞して疑問に思う力

韓国で「親日人名辞典」が作られたことが新聞に載ったとき，「韓国は日本との関係を改善するために作った」と思った人がいました。筆者は，疑問を感じて調べ，「『親日派』は，通常は『日本に好意をもつ人』を意味するが，韓国ではいわゆる『売国奴』を意味する」と知り，腑に落ちたことがあります。学生にこの記事を見せると，

記事

ソウル市のすべての中・高校に
『親日人名辞典』配布

2014年12月21日（日）掲載
……ソウル市議会は19日に本会議を開き、民族問題研究所が出版した『親日人名辞典』（3巻）をソウル地域の中・高等学校585校に配布する事業を含む「2015年度ソウル市教育費特別会計歳入・歳出予算案を通過させた。……

この記事を読んだ生徒が、「韓国では反日感情をもっている人々が多いと聞いていたが、韓国の教育庁は、わざわざ多額のお金を出して、『親日派』が誰かを国民に知らせようとしているんだね」と言った。それに対して、あなたはどう答えるか？

「親日派は日本に好意を持つ人々」ととらえていたので，「韓国の反日感情を知っているか」と尋ねたら，知っているとのことでした。そこで，「なぜ多額のお金を出して親日人名辞典を作ったのか」と尋ねたら，「知らない。僕は政治に関心ないし」と言われました。

「月極駐車場」の「月極」を正確に読めない学生が多いです。「月極（げっきょく）会社は，全国でいっぱい土地を持っているんだね」と言って，「『つきぎめ』と読む。会社ではなく個人が持っている土地を，月いくらと決めて貸しているもの」と説明された子どもがいると聞いたとき，「月極駐車場」という看板を見て，他のところでも多数見たことを思い出して（継次参照），「月極会社は土地をいっぱい持っている」と考えたこと自体がすばらしいと思いました。聾学校や筑波技術大学では，何かを見ても，感想や疑念をもたない例が多いからです。

継次参照の力，すなわち何かを聞いて自ら「じゃ，あれはどういう意味なんだろう？」「前に聞いたあれと矛盾するな」などと考える力が大切ですが，これは一朝一夕に身につくものではありません。幼少時から「じゃ，あれはどうなるの」という疑問を出してきたらそれをほめて，やりとりをするといった積み重ねが必要でしょう。

筆者は，小学校2年生の日記でインフルエンザ予防接種を取り上げたとき，「あの薬は，今頃おなかの中で活躍しているだろうな」と書き，「おなかでなくて，血のくだの中」と教えられ，血管が身体中にはりめぐらされていることを意識しました。また，最後に，「注射をする前に汁を少し出すのはなぜか」と尋ね，「空気を血管に入れないため」と知りました。このように，思ったことを口にすることは，誤った理解の訂正につながりやすく，また，質問は，新たな知識の獲得につながるでしょう。

■整合性を考える力を培わせるための「突っ込み」の大切さ

聴児の幼児が「パパはサッカーをしてくれるから好き。おばあちゃんは遊んでくれるから好き」と言ったとき，（一番好きな）ママが好きな理由を尋ねたら，「えーとね，家に帰ったとき手洗い場に連れていってくれるから」と答えたので，家族は「今のコロナ感染拡大の状況では，そのほうが大事なことかも」と言って笑ったことがあります。この幼児は，日頃から「ママが一番好き」と言っているため，パパや祖母が好きな理由を上回る強い理由が期待されたのでしょう。そのとき，パパや祖母が「自分も手洗い場へ連れていってあげているよ」と突っ込みましが，幼児はまだ幼かったため，それに対する反応はありませんでした。しかし，成長につれて，突っ込まれて一番好きな物に対しては一番強い理由が期待されることに気づいていくのでしょう。上記の突っ込みは，言外に「それは，あなたがママを一番好きな理由になっていない」を含んでいますが，継次参照ができる子どもは，自分が言ったことのおかしさに気づきや

すいです。しかし，継次参照が苦手な視同型に対しては，「パパも祖母もあなたを手洗い場へ連れていってあげているから，ママが連れていってあげていることは，ママが一番好きな理由にならないと思うよ」のように，はっきり指摘するほうがよい場合もあるだろうと思います。

■「ことば」から「概念」へ引き上げる必要性

　幼児は，りんごは果物の仲間であることやハトは魚の仲間ではないことを理解すると，「りんごは果物だ」「ハトは魚ではない」のような文章を話すことができます。そして，「りんごや果物を買った」という文章のおかしさに気づいていきます。

　「正方形」と「長方形」の関係について，数学的には「長方形は，4つの角が直角である四角形」とされているので，正方形は長方形に含まれます。それで，「正方形は長方形ではない」という言い方はおかしいことになりますが，このことを理解しない例が聴児・者にもみられます。

　「正方形は長方形ではない」と言う子どもにとっての「正方形」は，単なる「ことば」ですが，「正方形は長方形とも言える」ことを理解する人にとっての「正方形」は，「包含関係が確立した概念」となっています。そして，「ことば」から「概念」に引き上げるためには，「定義から出発した思考」などが必要であり，いろいろな人の意見や文章と照ら

「ことば」を知っていても、「（包含関係が確立した）概念」になっていない。	
本学の学生：「正方形」は「長方形」とも言えることなどを理解していない。（定義を示しても理解できない例もある）	

図形認知の文章題の正答率の変化

（典型的な図形）を示す	定義の非呈示→呈示
「これ（菱形）は台形か」	9%→63%
「これ（長方形）は台形か」	12%→67%
「これ（正方形）は台形か」	12%→65%
「これ（平行四辺形）は台形か」	14%→74%
「これ（正方形）は長方形か」	26%→70%
「これ（正方形）は菱形か」	37%→79%
6問の平均	18%→70%

し合わせて，矛盾に気づき，整合性を求めて考えを修正する作業が必要です。具体的に言うと，「君がそのように思うなら，これはこういうことになる」のように，自分が同意できない事柄でもいったん前提として受け入れて，そこからどんな結論が導かれるかを考える必要があります。これも，継次処理に長けた人のほうが行いやすいと思われます。

5）授受構文の理解

　「AがBに…あげる（もらう・くれる）」で「A→B」と「B→A」のどちらかという「方向ルール」を理解する聴覚障害学生は，例年，「あげる」と「もらう」は9割以上，「くれる」は2～3割です。これは，記号「A，B」を使った問題の結果であり，「妹」「友達」のような具体的な名称を用いた問題では，正答率は少し変わるようです。

　脇中（2024b）は，「母」「娘」「田中さん」などの具体的な語を用いた問題を，聴覚

障害学生に出しました。方向ルールの理解を調べる方向問題と視点制約ルールの理解（ウチソトの理解）を調べる視点問題に分けると，図に示したように，方向問題の正答率は，「あげる≧もらう＞くれる」であったのに対し，視点問題の正答率は「あげる＜もらう＜くれる」であったこと，「あげる」と「もらう」では，方向問題が視点問題より良かったのに対し，「くれる」で

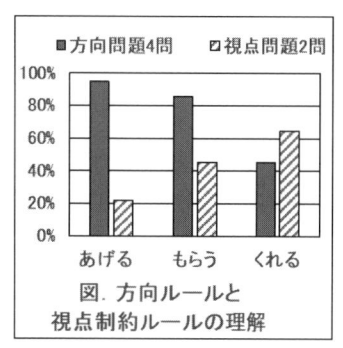

図. 方向ルールと
視点制約ルールの理解

はそうではなかったことを見出しました。したがって，「くれる」文を通して視点制約ルールや「ウチソト」を考える必要性を意識し始める可能性が考えられます。

　さらに，上記の問題では，「母」「娘」など身内の名称を「ウチ」の人物に用いましたが，これを「私」に変えた問題と比較したところ，「私≒身内≠第三者」であった者と「私≠身内≒第三者」であった者がいるようでした。前者は，「ウチ（私，身内）」と「ソト（第三者）」の間に違いがあり，後者は，目に映らない人物（私）と目に映る人物（身内，第三者）の間に違いがあります。そして，前者が「虫の視点」や「主観的把握」「内在的把握」と，後者が「鳥の視点」や「客観的把握」「外面的把握」と関連すると思われます。

　そこで，「私」と他者の間，あるいは他者どうしの物の受け渡しを通して，方向ルールを理解させる必要があります。それから，「私」と他者の間の受け渡しを通して視点制約ルールの理解を促すのと同時に，身内の人に自分を重ねて考える（身内の心情などを考える）習慣の形成を図り，身内の人と他者の違い（ウチソト）による文の使い分けの理解も促すことが必要でしょう。したがって，日頃から，事実やストーリーを理解できているかを確認するだけでなく，登場人物に自分を重ねる思考を積み重ねさせることが大切でしょう。

　方向問題における「くれる」の正答率が低かったことから，「私は彼に本をもらう」と「彼は私に本をくれる」は同じ現象ですが，聴覚障害児は「もらう」と助詞「が」「に」を正しく組み合わせて使えるようになると，その後も「もらう」を使いがちなのかと思いました。

　そこで，視同型が多い聾学校では，幼児期から，「アメをもらったね」「アメをくれたね」のように主語や目的語を省略した言い方をしたあと，続けて「AちゃんはBちゃんにアメをもらったね」「BちゃんがAちゃんにアメをくれたね」のように主語や目的語を省略しない文章を紹介するという積み重ねが必要でしょう。

　さらに，「私は彼に本をもらう」と「彼は私に本をくれる」は同じ意味と述べましたが，実際は，「頼んでいないのに，送ってくれた」は自然な文であるのに対し，「頼んでい

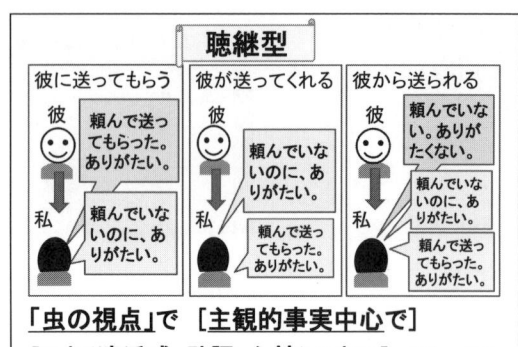
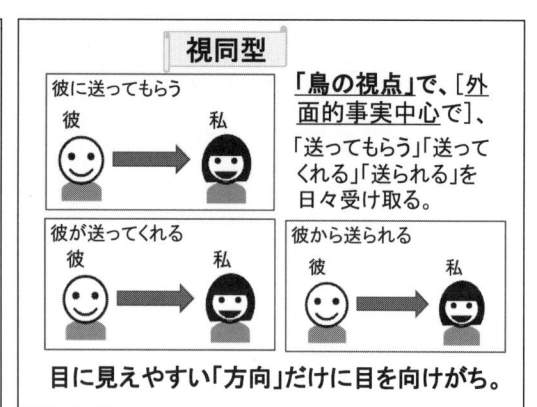

ないのに，送ってもらった」は違和感を感じる文であることからも分かるように，使われる場面は微妙に異なります。このことを理解しない学生がみられたことから，聴継型は，「虫の視点」で，また「遠近感や助詞，心情」とセットで日々「あげる」「もらう」「くれる」を含む文を受け取るのに対し，視同型は，「鳥の視点」で，目に見える物や行為の方向性のみに目を向けがちであるように感じます。

　そこで，聾学校の幼稚部では，「先生がＡちゃんに頼んで，本を持ってきてもらったよ」「先生はＡちゃんに頼んでいないのに，Ａちゃんが本を持ってきてくれたよ」のように，使われる場面の違いにふれる文章を添えながら子どもに話しかけるという積み重ねが大切でしょう。このとき，「先生はＡちゃんに本を持ってくるよう頼んでいないから，『先生はＡちゃんに本を持ってきてもらった』はおかしいね」のように添えると，同時参照の説明となり，そこで「もらう」と「くれる」の違いを意識する子どもが増えるかもしれません。

6）「〜たい」「〜たがる」の理解

　「したい」と「したがる」の違いを理解しない例が多いことを，先に述べました。

　親しい人に「コーヒー，飲みたい？」と尋ねることはよくあるため，目上の人（客など）に対して「コーヒーをお飲みになりたいですか？」のように敬語を使いさえすれば問題ないと考える学生が多いです。そこで，授業で，目上の人の願望を直接尋ねるのは良くないとされているため，「コーヒーはいかがですか」のように変えるほうがよいと伝えましたが，期末試験では，「コーヒーはいかがですか」のように書き直せたものの，別の問題で，「お客様はご覧になりたいですか？」のように敬語と「〜たい」を組み合わせた書き方を続けた学生がみられました。

　そのため，日頃から，生徒が「お客様はお茶を飲みたいですか？」と言ったとき，「目上の人の願望を直接尋ねるのは良くないから，『お茶はいかがですか？』のように言い換えよう」などと伝える必要があります。「わざわざ説明しなくても，次第に自然

に理解していくだろう」と思うのではなく，文章の形であらためて説明することの積み重ねが必要でしょう。

7）「隠された主語」を考えた文章づくり

日本語は主語や目的語を省くことが多いですが，「隠された主語」や「隠された目的語」の読み取りが難しい聴覚障害児が多いです。例えば「老女が倒れていた。…てっきり死んでいると思ったテレサは…」という文章で，「死んでいる人は誰か」と尋ねると，「死んでいる」という語に最も近い人名を探して「テレサが死んでいる」と答える例があります。

聴継型は，「授業を行った」や「授業を受けた」という文を，「先生が授業を行った」「生徒が授業を受けた」のように隠された主語を考えながら受け取ります。それに対して，視同型は，目に見える光景と文章を結びつけるだけで終わりがちなようです。いわば，視同型にとっての動詞は，「主語不在の動詞」ということになります。

「彼は方法を変わった」のように，他動詞と自動詞が混乱する例が多いですが，これも，目に見える事実にしか目を向けない傾向と関連するかもしれません。

さらに，視同型は，1つの文章の中で視点（主語）を一貫させて適切な述語を選ぶことが難しいと感じます。例えば，身振りを見てそれが何を表しているかを当てるゲームが行われたとき，聴継型であれば「チームの一人が身振りだけで表し，それをチームの他の人が当てるゲームをした」「身振りを見て何を表しているのかを当てるゲームをした」とでも書くところを，聾学校や筑波技術大学では，「身振りだけで表し，何かを当てるゲームをした」と書く例がみられます。「短文では，主語が同じになる場合が多いから，これだと，『身振りで表した人』と『当てる人』が同じになるかもしれない」と言っても，ふだんから「隠された主語」を意識していないことや，途中で主語が変わっても間違いではない文章も多いことから，相手がより読みやすい文章に直せない例がみられます。

このような例に対しても，日頃からの訂正や説明が大切です。子どもが「今日はテストをした」と書いたとき，「テストをしたのは誰？　『先生がテストをした』だね。それでは，『生徒がテストを（　）』の（　）には何が入るかな？　『受けた』だね。隠された主語を考えて動詞を選ぼうね」「『今日はテストがあった』という文なら，生徒の立場で書いてもおかしくないよ」のような説明が，日頃から求められます。聾学校では，日記指導が大きな意味をもつゆえんです。

8）複数の意味にとれる文章の書き換え

筑波技術大学の授業で，「『3日に店を閉めると決定された』という文は，2通りの意味にとれる。それぞれの意味とはっきり分かるように書き換えよ」という問題にお

いて，①読点の位置を変える方法，②語順を変える方法，③他の語を使う方法があることを紹介しましたが，①の読点を使う方法は万能ではありません。

「３日に店を閉めると決定された」という文の場合，「３日に店を閉める，と決定された」や「３日に店を閉めると，決定された」とすると，この読点の打ち方に違和感を感じる人がいますが，「閉店日が３日」の意味にとる人が多いでしょう。また，「３日に，店を閉めると決定された」では，「決定日は３日」の意味にとる人が多いでしょう。

複数の意味にとれる文章の書き換え		
	「３日に店を閉めると決定された。」	
	「３日」は閉店日	「３日」は決定日
①**読点の位置を変える**	「３日に店を閉める，と決定された」	「３日に、店を閉めると決定された」
②**語順を変える**	「店を３日に閉めると決定された」	「店を閉めると３日に決定された」
③**他の語を補う**	「３日で店を閉めると決定された」	「３日の会議で店を閉めると決定された」

■**聴継型**：「①読点の位置の変更」は全ての場合に使えるわけではないことを理解し，①～③の方法を適宜使える。
■**視同型**：「①読点の位置の変更」を選ぶ人が多い。読点で、意味の塊を分けられると思っている。

しかし，「彼は不安そうに電話で話す娘を見ている」という文では，「彼は不安そうに，電話で話す娘を見ている」とすると，「不安そうなのは彼」と読めますが，「彼は，不安そうに電話で話す娘を見ている」とすると，これはどちらが不安そうかまだ曖昧です。この文で，読点が「彼」と「不安」の間にあることから，「不安そうなの

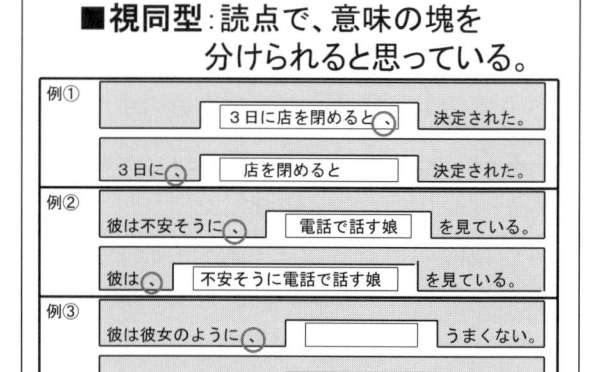

は彼ではないとはっきり分かる」と考える聴覚障害学生が例年多く，ある年度では７割を超えていました。「読点の打ち方には，はっきりしたルールがない。例えば，『彼は，うれしそうに娘を呼んだ』では，『彼は』と『うれしそうに』の間に読点があるから『うれしそう』なのは娘，とは言えないね」と説明しました。そのあと，期末試験でも出題しましたが，読点を打つだけで意味をはっきり伝えられると考えた者がまだ相当数みられました。すなわち，例えば「彼は彼女のように，うまくない」とすると，「彼」と「彼女」の間に読点がないため「彼は，彼女と同じで，うまくない」意味であり，「彼は，彼女のようにうまくない」とすると，「彼」と「彼女」の間に読点があるため「彼は，彼女と違って，うまくない」意味であると解釈した例が多くみられました。

これも，見た目に引きずられるという視同型に多い特性と関連するように思われます。「見た目で判断してはいけない」ことを日頃から指導する必要があります。

9）「名詞中心文」と「動詞中心文」

「彼の失敗はみんなを落胆させた」と「彼が失敗したので，みんなは落胆した」を比べると，日本語では，後者のような文章が多く使われています。野内（2010）は，前者を「名詞中心文」，後者を「動詞中心文」と名付けています。

筆者は，筑波技術大学で，両方の言い方を自在に作れる力を培わせたいと思い，野内（2010）の問題に取り組ませましたが，これが相当難しいこと，特に，自動詞と他動詞の違いの理解の不十分や使役形を作ることの難しさと関わることを感じさせられました。

また，「名詞中心文」と「動詞中心文」のネーミングが学生には分かりづらいようだと感じたので，「述語が1つの文」と「述語が2つ（複数）の文」に変更しました。これも「目に見えるものでないと分かりづらい」という視同型の特徴と関連すると思われます。

授業中説明し，期末試験で問題を出すと，「彼のその経験は，まじめな性格に変わった。」「彼は，その経験をしたので，まじめな性格に変えた。」のような文を書く例がまだ多くみられます。高等部以降の生徒・学生に自動詞や他動詞を適切に使い分ける力をつけさせるために，どんな指導方法が有効なのか悩んでいるところです。

自動詞と他動詞については，文末の形を見てもどちらか分かりません。「集まる／集める」や「残る／残す」などについて，「〜が集まる／〜を集める」「〜が残る／〜を残す」のように，「〜が」や「〜を」とセットで覚えるしかないでしょう。単語を他の語から切り離して目に見える状況と結びつけるだけで終わりがちな視同型は，「〜が〜を集まる」を見ても違和感を感じない例がみられるようです。「人が集まる」と「（彼が）人を集める」を聞いて，複数の人が一カ所にやって来るという目に見える状況と結びつけるだけで終わり，前者では複数の人が自分の意思でやって来るが，後者では「彼」が複数の人に働きかけて集まってもらうという違いがあることを理解しないと思われます。

自動詞と他動詞に関しても，聴継型と指導型のどちらであっても，豊富な読書体験や言語活動が大切でしょう。そして，視同型の子どもが「私は葉っぱを落ちた」と言ったら，「私は葉っぱを落とした。葉っぱがひらりと落ちた」のように同時参照を大事にした訂正や説明を積み重ねることが大事でしょう。

10）「〜と思う」の意味

「行くと思う」「行くかもしれない」などの言い方があります。「絶対に行く」ときの可能性を100％，「絶対に行かない」ときの可能性を0％とするとき，「行くと思います」における「行く可能性」を何％と考えるかを調べてみました。すると，聴覚障

害学生 43 名の平均は 63％，聴者 31 名の平均は 83％でした。聴覚障害学生の中には，50％，つまり行く可能性と行かない可能性が同じ時も「行くと思う」が使えると考えている人がみられました。

　筆者は，聾学校で生徒から「先週先生に『来週提出できるか』と尋ねられたとき，どうなるか分からなかったから，『来週提出できる』に『と思う』をつけて答えた」と言われたことがあります。それで，筆者は，生徒が「来週提出できると思う」と言ったとき，「『提出します』と言ってほしいな」と言ったことがあります。

　他に，「（彼の成績は）ましになった」は，「ほめことば」になっていると思う例，「（彼の成績は）問題ない」は，問題点がないのだから非常にすばらしい成績だと受け止める例があり，意味の解釈にずれがある例に注意する必要があるでしょう。

11）「汎用力」や「前提条件を配慮に入れる力」

　「汎用力」は認知特性とどこまで関連するか分かりませんが，聾学校では「範囲が広がるとできなくなる」「応用力がない」と嘆く先生の話をよく聞きます。

　脇中（2021）は，筑波技術大学の期末試験で，同じ題材（客に対して自分の上司を「田中課長」ではなく「田中」「課長の田中」と表現する必要があること）であっても，選択問題で正答したのに記述問題でそれを使えなかった例が 5 割みられたことを報告しています。これは，「知識と運用力の乖離」を示す例でしょう。

　脇中（2023a）は，小論文で，問題文に示した前提条件を考慮に入れなかった例を報告しています。また，筆者の授業でレポートを「字数は問わない」と言って出しましたが，200 字程度で提出した人がおり，筆者は，「この人は，『レポート』という前提条件を失念して，額面通り『字数は少しでも可』と思ったのか」と思いました。

　他に，2 枚の「脳内ボード」を 1 枚にすることも，「汎用力」と関わるでしょう。「日本語を十分に獲得できれば，（高いレベルの）英語を獲得できるか」と尋ねると，「そうとは限らない。日本語の力はＯＫでも，英語を獲得できない人が多い」と否定するのに，「手話を十分に獲得できれば，（高いレベルの書記）日本語を獲得できる。聾者がそう言ったから」などと言った例があり，「汎用力」や「適用の可否を考える力」「共通点と相違点を同時に考える力」の大切さを感じます。このような「汎用力」の育成に効果的な方法を具体的に示すことは難しいですが，高いレベルの日本語力を獲得することは，そのための「必要条件」である部分が大きいように感じています。

12）説明文や解説の作成に際して，筆者の留意事項

　敬語も難しいです。「先生がお花をいただいた」「いつでも（私に）伺ってください」のように間違える例がよくみられます。

　筆者が敬語に関する教材を作成したときの留意事項を，以下にまとめます。

・単語を首尾一貫して用いる

　いろいろな文献をひもとくと，「彼は先生に本をさしあげた」における「彼」は「行為者」「主語」「主体」などの語で，「先生」は「行為の向かう先」「動作の対象」「受け手」「客体」などの語で説明されていますが，語が異なると別の意味かと戸惑う人がいるので，筆者は，一貫して同じ語（「主体」「客体」）を用いるようにしました。

・意味がつかみやすい説明文を心がける

　筆者は，文章で説明するときは，意味がつかみやすい短文を心がけています。

　例えば，①「AはBより高い」，②「Aは（Bより）高い」，③「Aは高い」の中では，③が最も瞬間的に意味がつかみやすいと考え，最初のところで主語の「A」と比較対象語の「B」を使って説明すると，それ以降は，③「Aは高い」のように「B」を使わない表現を使うことが多いです。具体例を挙げると，「謙譲語」のところで，最初は「動作の主体を低めることで，客体を高める」のような説明を行い，それ以降は「謙譲語は客体を高める」のような短文を多く用いるようにしました。

・結果を評価する説明文を多く用いる

　6章で，「聴継型には，未来型・注意喚起型のアドバイスでも可。視同型には，過去型・評価型のアドバイスが効果的」と述べましたが，説明文においても「未来型・注意喚起型」と「過去型・評価型」が考えられます。前者は「目に見えない必要性やあるべき姿を使った文」（ルールを説明する文）であり，後者は「目に見える結果とその評価を使った文」と言えるでしょう。その例を紹介します。

　例えば，「お渡しする」は「客体を高める謙譲語」であり，「私，（私の）母，先生」の中で「先生」を敬うことを説明したあと，「先生は（私の）母に紙をお渡しした」が不適切になる理由を説明する文として，①「主体の『先生』を高める必要があるので，不適切」，②「客体の『母』を高めているので，不適切」のどちらが分かりやすいでしょうか。①は，「目に見えない必要性（先生を高める必要がある）」や「あるべき姿（先生を高めるべき）」を説くのに対して，②は，「目に見える結果（母が高められている）」を「不適切」と評価しています。「客体の『母』が高められているが，これはダメ。先生を最も高める必要がある」のように，結果を評価してから必要性を述べる文が分かりやすいと考えます。現実には，表の中の文字数や相手が大学生であることを考えて，簡略化し過ぎないようにすることも多いです。

・用いるルールはシンプルにする

　二重敬語か否か，この言い方は許容されるか否かなどについて，大学教員であってもいろいろな意見がみられます。筆者は，「適否について意見が分かれる表現は使わないのが無難」というルールに基づいて，教材（解説，問題）を作成しました。

・「図」と「地」を対置させた説明を心がける

　「図」の例の説明だけでなく，「地」の例も取り上げることによって，「図」の意味をより深く意識化させることができます。

　例えば，「尊敬語は主体を高める」という説明だけでは，「主体を高める」が大事なポイントであることを深く意識できない場合があります。聴者の場合は，「娘がいらっしゃった」「ネコがいらっしゃった」などに違和感を抱くので，特に説明しなくても，「主体となる人はいろいろいるが，その人を高めるときに尊敬語を使う」と理解できるでしょうが，聴覚障害児は，説明を聞いても語や文に対する意識が薄いことが多いです。そこで，「お客様がおそろいになった」と「子どもがおそろいになった」，「品物がおそろいになった」の３つを同時に見せると，「主体を高める必要があるときに尊敬語を使い，主体を高める必要がないときは尊敬語は使わない」とあらためて深く意識することができます。この場合の「図」は「主体の人間を高めるときに尊敬語を使う」であり，「地」は「高める必要がない人間や物体が主体のときには尊敬語は使わない」になります。

・結論先行型の説明を心がける

　例えば，「〇お客様がおそろいになった」と「×子どもがおそろいになった」，「×品物がおそろいになった」のように，適切な文の前に「〇」，不適切な文の前に「×」をつけると，最初から「これはＯＫだな」「これはダメなのだな」と念頭に置きながら文を読むことができます。

・図表や絵を多用する

　「尊敬語・謙譲語・丁寧語」の説明に際して，次ページの①〜⑥のようにいろいろな方法が考えられます。筆者は，④〜⑥のように，図表や絵の多用を心がけています。①〜⑥のようにいろいろと作ってみて，最も良いと思うものを選ぶようにしています。

　どれが最も分かりやすいかは，その人の認知特性だけでなく理解度によっても変わるでしょう。例えば，最初は簡単な説明が最も分かりやすいでしょうが，理解が進むと，多様なケースを一度に俯瞰できる説明が分かりやすいと感じる場合があるでしょう。また，同じ図でも，横から見た図と立体的な図とで分かりやすさが異なる場合もあるでしょう。「じゃ，あれはどうなるの？」という思いが次から次へと出てくる子どもの場合は，「全てを説明できる俯瞰的な説明」がよいでしょうが，そうでない場合は，字数の少ない簡単な図から出発するほうが圧迫感を減らすでしょう。状況に応じていろいろな方法を選択できるようでありたいものです。

①文章（口頭）による説明

　　口頭で「主体を高めるときは、尊敬語を使います。例として『お尋ねになる、おっしゃる』があります。次に、主体を低め、行為が向かう先の客体を高めるときは、謙譲語を使います。例として『お尋ねする、申し上げる』があります。最後に、聞き手を高めるときは、丁寧語つまり敬体を使います。例として『尋ねます、言います』があります」と説明する。

②口頭で言う文章を文字にしたもの

「尊敬語・謙譲語・丁寧語」の説明

　　主体を高めるときは、尊敬語を使う。例えば、「お尋ねになる、おっしゃる」がある。
　　次に、主体を低めて、客体（行為が向かう先）を高めるときは、謙譲語を使う。例えば、「お尋ねする、申し上げる」がある。
　　最後に、聞き手を高めるときは、丁寧語、つまり敬体を使う。例えば、「尋ねます、言います」がある。

③まとめた文章（文字）による説明
　色や字体を使い分ける。

「尊敬語・謙譲語・丁寧語」の説明

■主体を高めるときは、「尊敬語」を使う。
　　　　（例：お尋ねになる・おっしゃる）
■私を低めて、客体（行為が向かう先）を高めるときは、「謙譲語」を使う。
　　　　（例：お尋ねする・申し上げる）
■聞き手を高めるときは、「丁寧語」（敬体）を使う。
　　　　（例：尋ねます・言います）

④簡単な図による説明

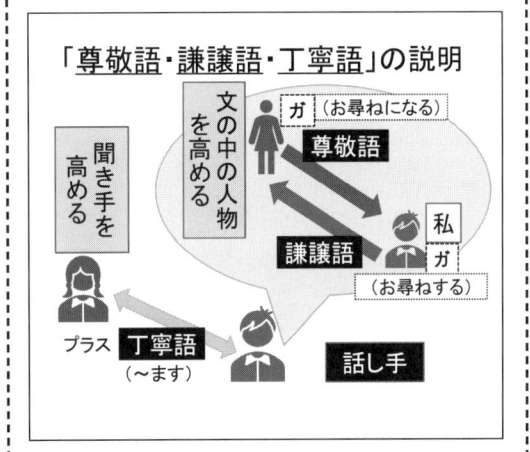

⑤平板な図による説明
　横から見た図を使う

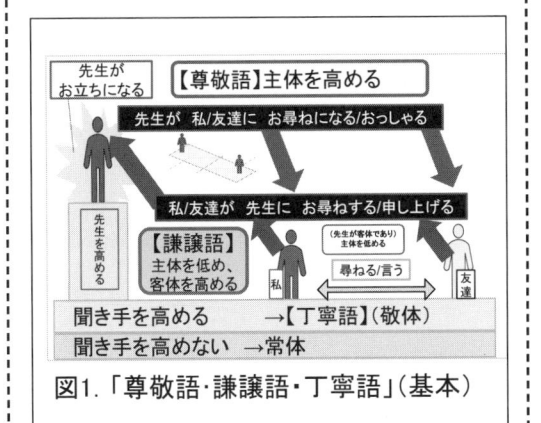

図1.「尊敬語・謙譲語・丁寧語」（基本）

⑥立体的な図による説明
　立体的な図を使う

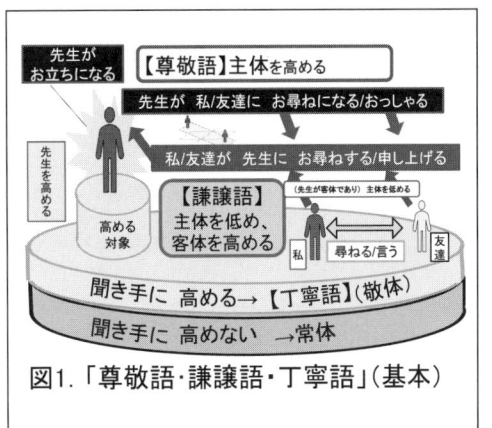

図1.「尊敬語・謙譲語・丁寧語」（基本）

（3）能動的学習（アクティブラーニング）の大切さ

　筆者が筑波技術大学で日本語表現法を担当したとき，最初は，授業で時間をかけて助詞や敬語のルールをわかりやすく説明することに腐心しました。その後 Web 学習システムを導入し，コロナ感染拡大に伴って授業がオンラインになったこともあり，授業で概略を説明してから Web 問題（正誤と解説が自動的に出る）に合格するまで取り組ませる方法に変えました。

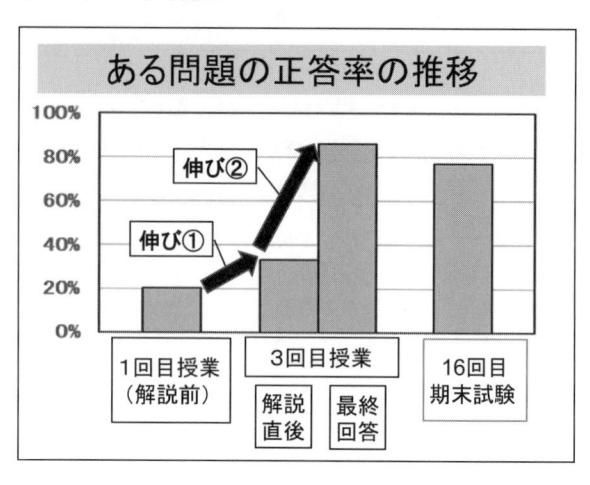

　すると，ある問題について，図に示したように，1回目の授業で，解説を聞く前に取り組ませたときの平均正答率は20％でした。そして，3回目の授業で，少し詳しく説明し，「Web 問題で，正否と解説が出る。繰り返し取り組める。その中で出た最も高い点数を取り上げて評価する」と学生に伝えると，学生は高得点を取るまで繰り返し取り組んでいました。その回答で，初回の回答（解説直後の回答）の平均正答率は33％でしたが，最終回答の平均正答率は86％でした。そして，期末試験における平均正答率は77％でした。つまり，教員の解説による伸びは13ポイントで，繰り返し学習による伸びは53ポイントであり，大差がみられたことになります。

　また，過年度と共通する期末試験の問題の結果を分析したところ，Web 問題を導入してからのほうが，点数が高く表れました。さらに，何人かの学生が「解説を聞いて，問題を解く中で自分の理解状況を調べる流れが良い」と述べており，筆者は「聴覚障害児は，教師の説明を長時間聞くより，実際に取り組んで正誤を目の当たりにするほうが頭に入りやすい」という傾向を再確認させられました。思い返すと，筆者自身もそうだったと思います。「正誤を先に教えてくれないと，解説が頭に入りづらい」とよく感じたものでした。

　能動的学習（アクティブラーニング）は，聴児にとっても効果がありますが，視同型の人は，聴継型の人より効果が大きく表れるように感じます。

10章 高校の範囲の 数学の指導の具体例

筆者は，聾学校高等部に数学科教員として着任し，長年数学を担当してきましたが，現在，筑波技術大学で日本語表現法を担当しています。それで，聾学校にいたときの筆者の工夫例を忘れないうちに書き留めておきたいと思い，この章を設けました。

藤田ら（1998）や熊谷ら（2000，2008，2015，2016）は，『長所活用型指導で子どもが変わる』（Part 1〜5）を著していますが，そこでは，「10までの数」「九九をおぼえる」「三角形と四角形をかく」「お金の分類」「時計の長針の読み」のように，小学校段階の内容を1時間の授業で取り組むときの工夫の例が多数紹介されています。

聾学校では，「範囲が狭いとできるが，広くなると混乱する」という課題をかかえる子どもが多いです。筆者は，「いったん教えた内容の保持のための努力は，各生徒の自己責任」という雰囲気を感じており，「定着が難しい」「すぐに忘れる」と嘆くだけでは問題は解決されないことから，毎回の定期試験では，過去の単元も少し混ぜて出すようにしてきました。その量は，テスト用紙の4分の1以下でしたが，このことが模擬試験のようなテスト問題に太刀打ちできる力の育成に効果的なことを感じてきました。このような複数の授業にまたがる指導の工夫例について，以下に記したことが参考になれば幸いです。

ここで，聾学校で範囲が広くなると混乱する例が多い理由を考えてみました。聴継型は，新規情報を聞いて，まだよく理解できないながらも取り込み，理解すると既有情報に「上書き」して保存します。それに対し，視同型は，まだよく理解できない新規情報は，既有情報の隣に「挿入」して保存します。その後も新規情報と既有情報の関連がよく理解できない場合，新規情報あるいは既有情報は「記憶容量」を超えるゆえにすぐに消えることになります。

聴継型は「聞きながら学ぶ」ことが可能ですが，視同型は「見ながら学ぶ」のがよいです。すなわち，視同型には，既習事項であっても文字で視覚的にまとめておき，

新規学習内容に入るとき，その文字と照らし合わせながら既有情報と新規情報の関連を考えさせるという「精緻化・体制化」を図り，新規情報をできるだけ既有情報に「上書き」させるのがよいと考えます。

（1）高校数学I「2次関数」

1）式を見て原型をどのように移動させるかを理解させる

7章で述べたことと重なりますが，以下詳しく述べます。教科書を見ると，「① $y = ax^2$，② $y = ax^2 + q$，③ $y = a(x-p)^2$，④ $y = a(x-p)^2 + q$」の順番でグラフをかくことになっています。①は，原点を通る放物線となります。②は，y軸に頂点がある放物線，つまり，①のグラフをy軸方向にqだけ平行移動したグラフとなります。③は，x軸に頂点がある放物線，つまり，①のグラフをx軸方向にpだけ平行移動したグラフとなります。④は，①のグラフをx軸方向にp，y軸方向にq平行移動したグラフとなります。

①〜④の順番で教えた後，いろいろな式を示すと，聾学校では，「先生，これは②？ ③？」「③は，上下と左右のどちら？」と混乱し，「①〜④の4つを覚えるのがしんどい」と言った生徒がいました。したがって，

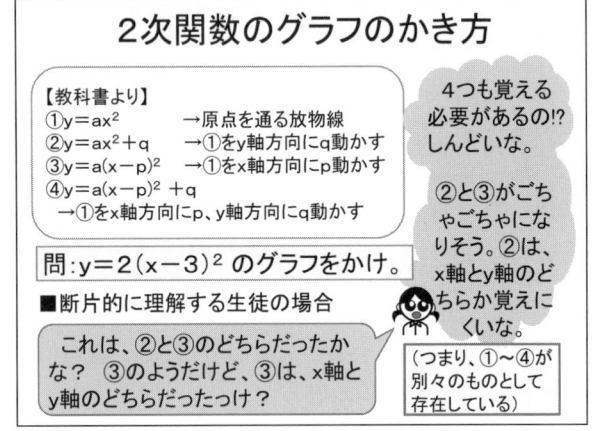

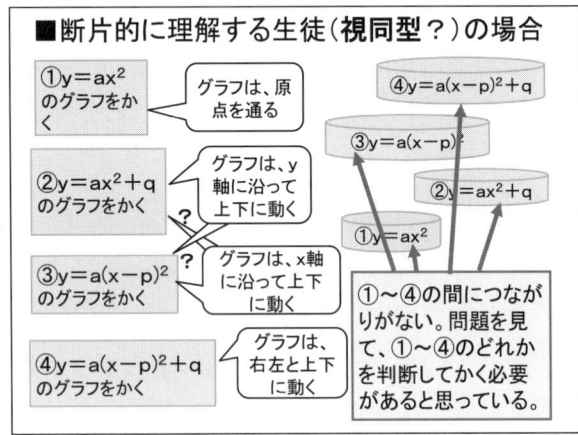

①〜④はそれぞれ全く別物であり，式を見て①〜④のどれに該当するかを判断して解かなければならないと思っているようでした。

聴継型の場合，①〜④の説明を受けると，最終的に④が①〜③に「上書き」されるようです。それに対して，視同型の場合は，①〜④が別個のものとして「挿入」され，問題毎にどれを適用するかを考える必要があると考えるようです。

そこで，「$3 + 0 = [\quad]$」「$3 - 0 = [\quad]$」「$(3 + 0)^2 = [\quad]^2$」「$-x^2 = [\quad] \times x^2$」などの「$[\quad]$」がすぐに分かるようにさせてから，「$y = a(x-p)^2 + q$」は，q

＝0のとき「③y＝a（x－p）²」となり，p＝0のとき「②y＝a x²＋q」となり，p＝q＝0のとき「①y＝a x²」となることを説明して，「y＝2（x－3）²」や「y＝x²－1」「y＝－x²」のそれぞれでa，p，qがいくつになるかをすぐ読み取れるように練習させます。

　それから，「④y＝a（x－p）²＋q」のグラフを最初に説明し，次に「③y＝a（x－p）²」では「q＝0，つまり上下に動かない」を理解させました。同様にして，「②y＝a x²＋q」では「p＝0，つまり左右に動かない」を理解させました。最後に①を指導すると，生徒は，「結局，④が基本。ゼロのところは動かないと理解すればよい」と理解し，問題を見ても「①〜④のどれ？」と言うことがなくなりました。

2）グラフの原型がかけるようにさせる

　「『y＝a（x－p）²＋q』のグラフは，『y＝x²』のグラフをx軸方向にp，y軸方向にq動かしたもの」と「『y＝a（x－p）²＋q』のグラフは，『y＝x²』のグラフの形と同じで，頂点は（p，q）」は同じ意味ですが，これを理解しない生徒がみられます。また，「y＝2（x－3）²＋1のグラフをかけ」という問題が出されたとき，頂点の座標（3，1）がかけても，そのあとグラフの曲線をかくのに時間がかかる例もあります。グラフの形は，「y＝2 x²」に「x＝0，1，2…」を代入すれば分かりますが，過去に，元の式「y＝2（x－3）²＋1」に「x＝0，1，2…」を代入して計算する必要があると考えた生徒がいました。

　y＝a x²の形の指導について，これは中学の範囲ですが，聴覚障害児は，手を動かす「運動的手がかり」が確実な定着に結びつきやすいので，筆者は，「y＝x²」「y＝2 x²」「y＝1/2 x²」の形を両手で表させてきました。具体的に言うと，「y＝x²」の場合，両手で中心（原点）から「1」の指数字を右と左に動かし，次に（頭の中で「1の2乗」を計算して）「1」の指数字を上へ動かします。それから，両手で中心（原点）から「2」の指数字を右と左に動かし，

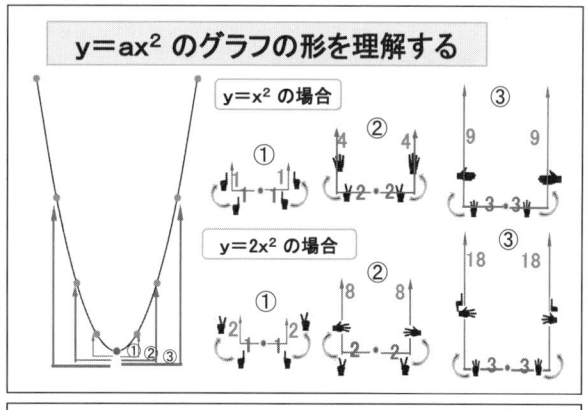

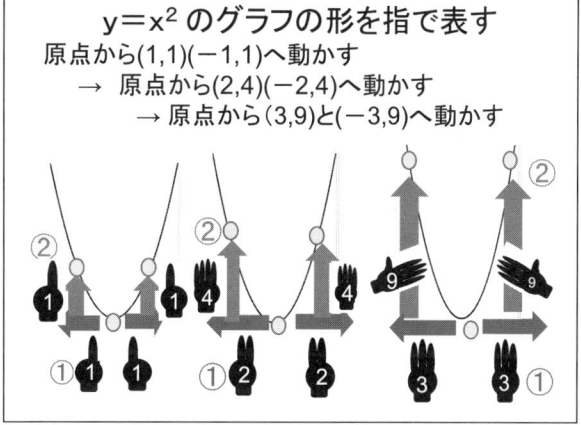

次に（頭の中で「2の2乗」を計算して）「4」の指数字を上へ動かします。同様にして，「右左へ3，上に9」を指数字で表現させます。「$y = 2x^2$」の場合，上記の「〜の2乗」を2倍して，「右左へ1，上へ2」「右左へ2，上へ8」，「右左へ3，上へ18」となります。「$y = 1/2x^2$」の場合は，「〜の2乗の半分」を考えればよいです。「$y = -x^2$」「$y = -2x^2$」「$y = -1/2x^2$」の場合は，それぞれ「$y = x^2$」「$y = 2x^2$」「$y = 1/2x^2$」の手の動きを下に変えるだけです。

3) 式を見てグラフがかけるようにさせる

　次に，グラフの形と頂点の座標から，グラフをかかせるとき，最初は，透明なシートに「$y = x^2$」「$y = 2x^2$」「$y = 1/2x^2$」の形を描いておき，それを使って2次関数のグラフをグラフ用紙の上に置かせるとよいでしょう。「$y = -x^2$」「$y = -2x^2$」「$y = -1/2x^2$」の場合は，その透明シートを下向きにすればよいです。適切に透明シートを置けるようになると，生徒は「あとは，グラフの形を覚えて，頂点から出発してグラフをかけばよい」と理解します。

4) 頂点の座標を求めるための平方完成の指導

　数の分解が難しい聴覚障害児が多いです。聾学校では，「7は，3と（　）」より「$7 = 3 + (　)$」のほうが，「3といくつあれば，7になるか？」より「$3 + (　) = 7$」のほうが，すぐに答えられる例が多いです。また，「ここにaを仮に持ってきて，後でaを返すと，a

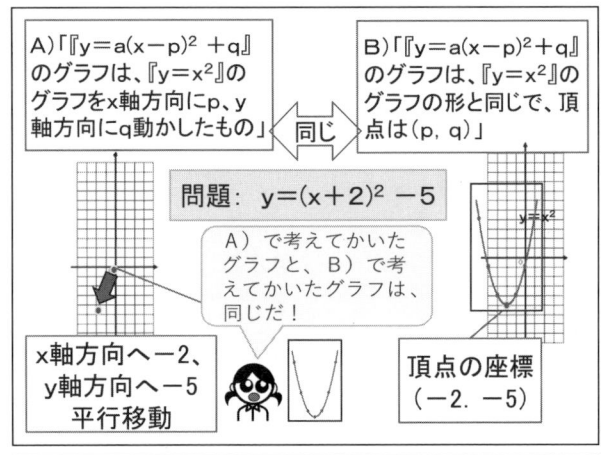

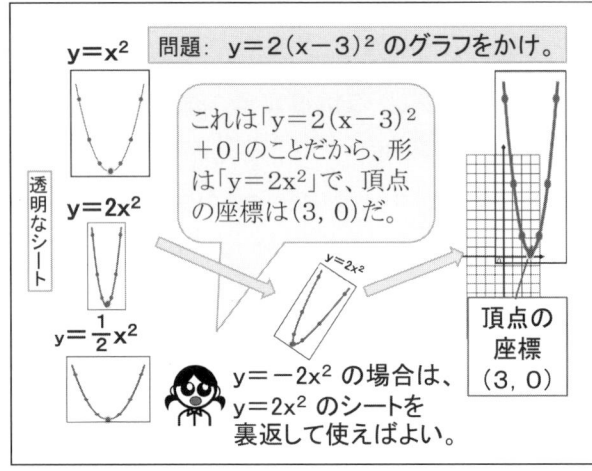

はなかったことになる」のような「借りて返す」という思考が難しいです。

　2次関数の頂点の座標を求めるための平方完成のところで，「$y = 2x^2 + 12x + 10 = 2(x + 3)^2 - 8$」のように変形して，頂点の座標を$(-3, -8)$と出す問題があるとします。

　教科書では，「$y = 2x^2 + 12x + 10 = 2\{(x + 3)^2 - 3^2\} + 10 = 2(x + 3)^2$

－8」のように説明されていますが，この「仮にここにこの数字をおくから，あとのほうでこの数字を引く」という考え方は，理解が難しい生徒が多いです。つまり，「＋9－9＝0」は分かっても，「0＝＋9－9」とする必要性が分かりづらいのです。

　そこで，筆者は，以下のような方法で教えました。「$y = 2x^2 + 12x + 8 = 2(x \pm \blacksquare)^2 \pm \blacklozenge$」とおきます。最初に，■について，いろいろな数字を入れて，「■は，xの係数をx^2の係数で割ってそれを半分にしたもの」つまり「3」であることをつかませます。これは，展開や因数分解ができる生徒であれば，そんなに難しくないようです。次に，◆について，別の場所で「$2 \times 3^2 = 18$」を計算し，「＋10＝18±◆」という式を作らせて計算させます。

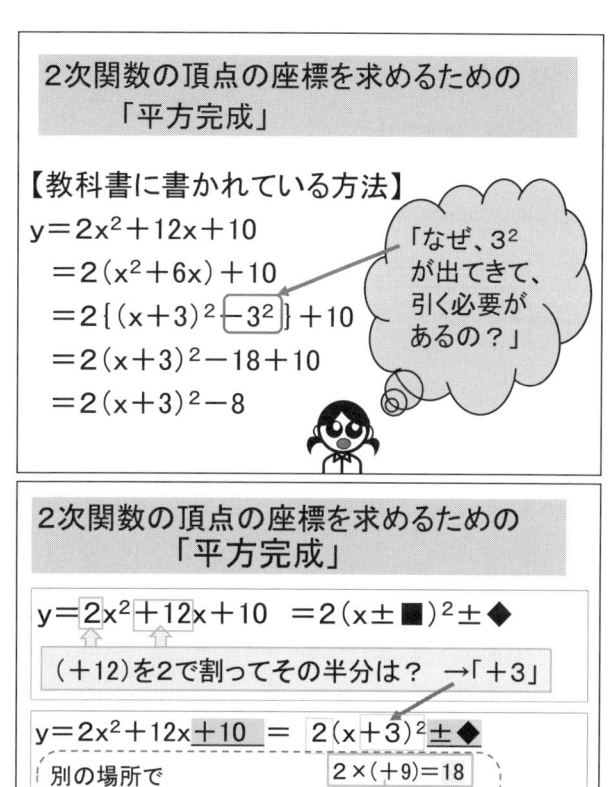

　教科書の方法は，「借りて返す」ような考え方であるのに対し，筆者が指導した方法は，「鳥の視点」から「式が成り立つように考える」ものと言えるでしょう。

　なお，教科書の方法で指導して，それでスムーズに進む場合は，むりに筆者が考えた方法で指導する必要はありません。

（2）高校数学Ⅰ「三角比」

　高校数学Ⅰの三角比の指導例については，90 〜 92 ページでも述べました。

　ここでは，正弦定理と余弦定理の使い分けの指導例をまとめます。

　三角比の単元では，正弦定理と余弦定理，三角形の面積の公式などがあります。聾学校では，「∠Aを求めるためには，cos Aやsin A，あるいはtan Aの値が分かればよい」ことをやっと理解できても，公式を適切に選ぶことが難しい例が多いです。

　「$a^2 = b^2 + c^2 - 2bc \cos A$」という余弦定理の式を変形すると，「$\cos A = (b^2 + c^2 - a^2)/2bc$」となりますが，後者の式を覚える必要はありません。しかし，

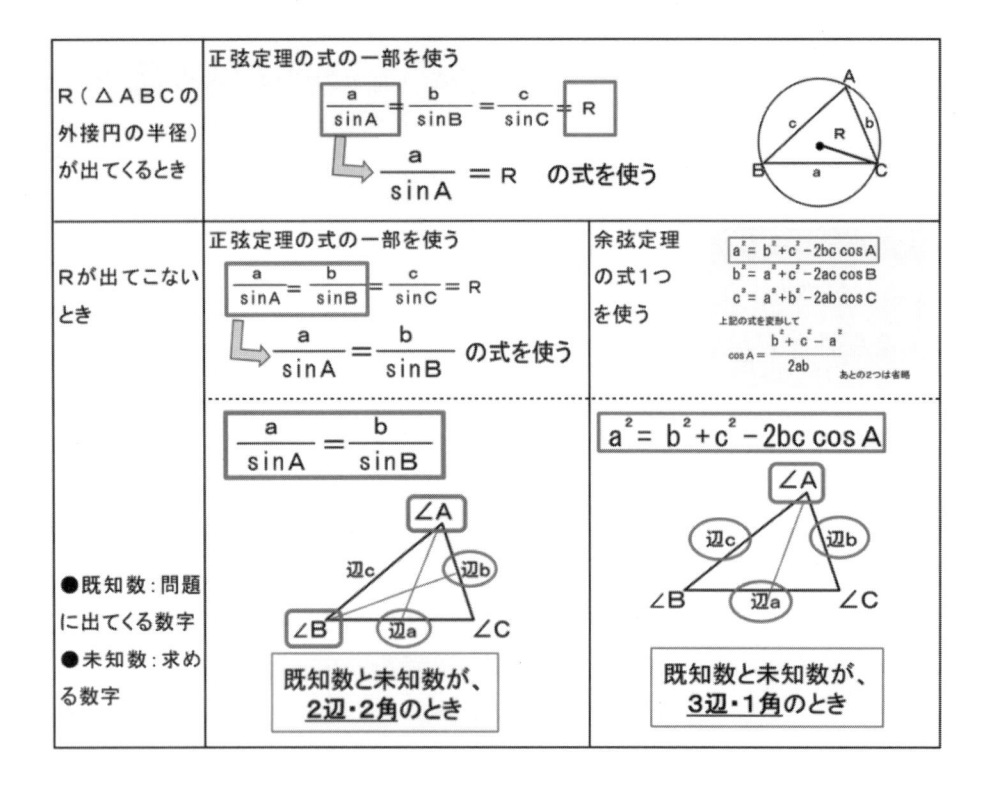

　∠Aの大きさを求めるとき，生徒は，「『cos A＝…』の公式」を探し，「cos A＝（b^2＋c^2－a^2）／2 b c」という公式を見つけるとなんとか解けますが，「こんなにたくさんの公式を覚えるのは難しい」と言います。「それは覚えなくても，余弦定理の式を使えばよい」と説明しても，そのあとの問題でなかなか応用できません。

　正弦定理を示したあとに出てくるある辺の長さを求める問題やある角の角度を求める問題，余弦定理を示したあとに出てくる1辺の長さを求める問題やある角の角度を求める問題が解けるようになっても，これらが混じると立ち往生する例が多いです。

　そこで，正弦定理の式を示したとき，（「R（半径）」を使わない場合）「2辺と2角を使う」と明記し，「数値が分かっている3つと数値が分からない1つが，三角形の2つの辺の長さと2つの角の大きさの時に使う（三角形であるため，2つの角の大きさが分かれば，残りの1つの角の大きさはすぐに分かる）」と説明しました。余弦定理の式を示したとき，「3辺と1角」と明記し，「数値が分かっている3つと数値が分からない1つが，三角形の3つの辺の長さと1つの角の大きさの時に使う」と説明しました。その際，「対応する辺と角」の関係に気をつける必要があります。

　すると，生徒は，問題を読んで，「問題に出てくる数値は2つの辺の長さと1つの角の角度で，求めるのは1つの角の角度だから，『2辺・2角』の正弦定理を使えばよい」というように，すぐに判断できるようになりました。

視同型の生徒は，複数の公式の使い分けが難しいので，俯瞰的・視覚的に違いや使い分け方を説明する必要があるでしょう。

（3）高校数学Ａ「順列と組合せ」

1）順列の導入

筆者が聾学校で教科書選定にあたって留意した点は，イラストが豊富で，色を効果的に用いていて，レベルが高い問題が多くないことでした。例えば，「４人から３人が並んで写真を撮るときの並び方は，全部で何通りか」という問題では，１人が他の３人の写真を撮っている挿絵がついているほうが，「問題文の意味が分かったか」を確認する手間が省けます。

実教出版の『高校数学Ａ』で「順列」のところを開くと，その１ページ目と２ページ目は，右のようになっています。すなわち，１ページ目は，例を通して何通りあるかを「樹形図」で考えさせるものとなっており，その後「順列」という語と「$_nP_r$」という式が初登場します。その次の２ページ目では，式の計算の仕方が説明され，「$_5P_3$」などを実際に計算する問題が出されます。そのあとに出てくる例題は，「５枚の数字カードから３枚を取って，３桁の整数を作る。何個できるか」というものであり，答えやその説明は，「異なる５個のものから３個取る順列の総数だから，$_5P_3 = \cdots = 60$（個）」とだけ書かれていました。

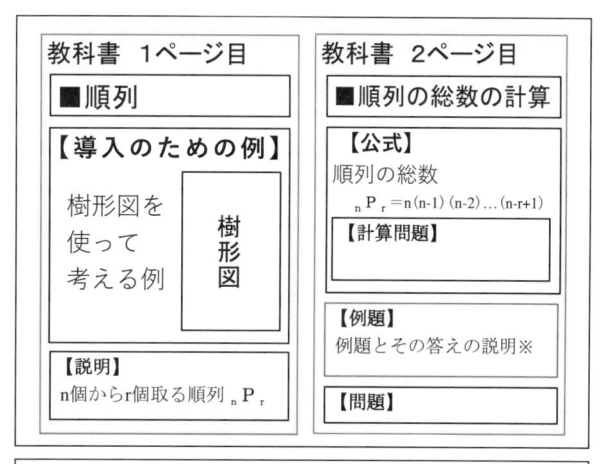

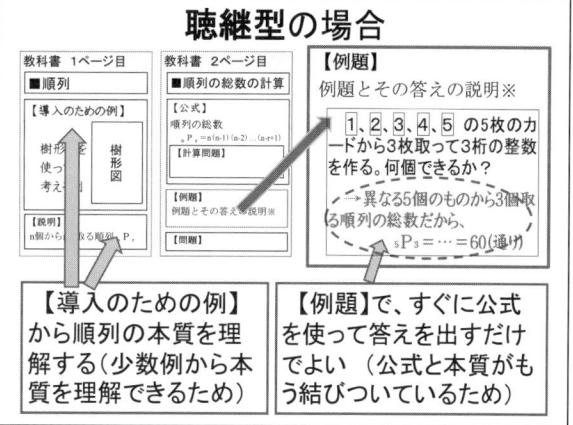

少数例を丁寧に説明されるだけで本質をつかみやすい聴継型は，１ページ目で樹形図を作って答えを求めるなかで，順列の公式の本質をつかんでいるので，２ページ目の例題では，「公式を使って，答えは…」と説明するだけでよいです。

しかし，少数例から本質をつかむのに時間がかかり，場数が必要な視同型の場合は，公式が導入されると，その直後に出てくる問題はその公式を使えばよいと考えて解い

ているに過ぎないことが多いです。それで，その後，組合せの問題が混じると，順列と組合せのどちらを使えばよいか混乱する例が多いのでしょう。

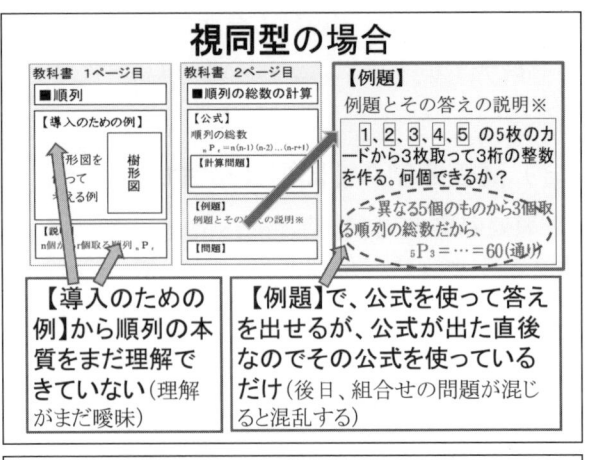

そこで，筆者は，1ページ目の樹形図の導入のところでは，樹形図が書けるようになることを目標とし，時間をあまりかけないようにして，すぐに2ページ目に移ります。そして，公式の計算ができるようにして，例題のところで時間をかけて指導します。すなわち，生徒が公式を使って計算して「60個」と言ったら，それで良しとするのではなく，「実際の例を全部書いてみて。本当に60個あるかな」と問いかけます（「60個」を全部書くのは大変なので，例題で

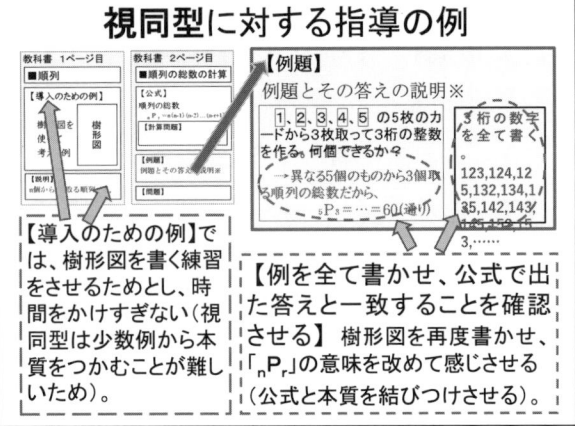

は，答えが「24個」になるような問題のほうがよいのですが）。生徒は，例が「60個」に届かないとき，樹形図を書いたり列挙したりするときの考え方に漏れがないかを考えたり，逆に多いときは「例の重なり」がないかを考えたりします。そして，あらためて順列の「$5 \times 4 \times 3$」の式の意味を感じることができます。

2）組合せの導入

上述した実教出版の『高校数学A』では，組合せに関する内容の1ページ目と2ページ目は，右に示したようになっています。他の教科書では，順列と組合せの関係は簡潔にしか述べられていませんが，この教科書では，実例を挙げて，「$_nP_r$」を「$r!$」で割る理由が分かるように工夫されています。

視同型は，聴継型と比べると，ある事柄と事柄の関係や「つながり」

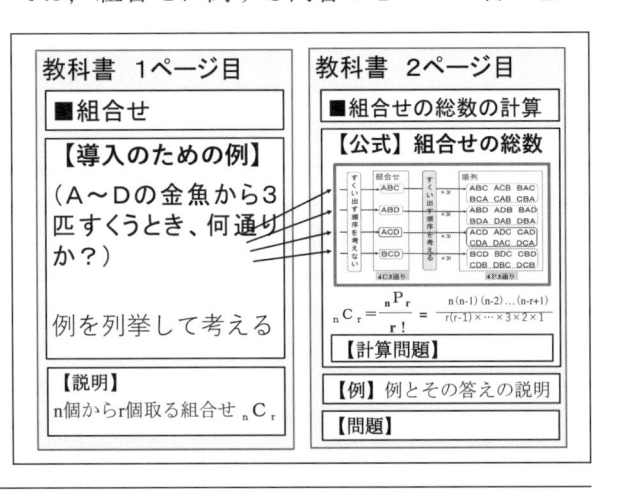

を理解しても，似た事例に出会うと，混乱して，その「つながり」が細くなったり切れたりする場合が多いので，それを最小限にするために，直前にそれまでの既習事項を板書しておき，それから，新規学習事項の学習に入る形のほうがよいと考えます。文字は薄らいだり消えたりすることがないため，既習事項と新規学習事項の照らし合わせが進めやすくなります。

　具体的に言うと，教科書では，組合せの1ページ目で「A〜Dの金魚から3匹すくう。すくい方は何通りか」という問題があり，答えは「ABC，ABD，ACD，BCD」の4通りであることが導かれたあと，すくい出す順序を考えると，それぞれ「×3!」の6通りあることが描かれています。そして，「$_4C_3$」は「$_4P_3$」を「3!」で割ったものということが説明されています。つまり，新規学習事項のあとに既習事項が導かれています。

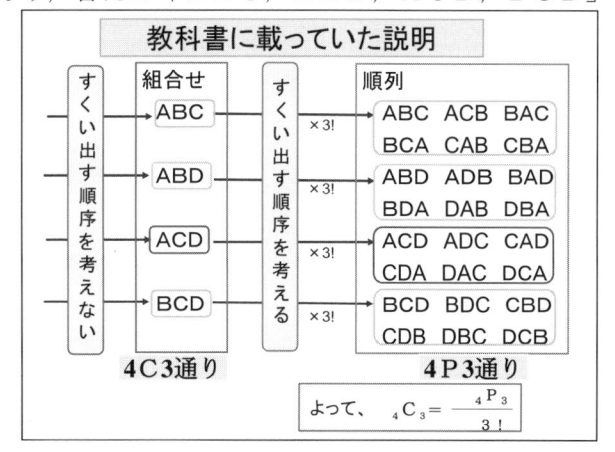

　しかし，聾学校では，「『×（かける）』とあるのに，なぜ割るのか」と思う生徒が生じるかもしれません。また，順列と似た組合せの問題を先に出して答えを考えさせているので，それまで「順列とはこういうもの」と理解していた内容が薄らいだり混乱したりする可能性があります。似た物を見ると，本物はどんな物だったか記憶が曖昧になることは，よくあることだからです。

　それで，筆者の場合は，「既習事項のあとに新規学習事項が導かれる形」を重視します。つまり，組合せの前に，「A〜Dの金魚から3匹を順番を考えてすくう。すくい方は何通りか」という既習の順列の問題を出して，全ての例（「A→B→C」「A→D→C」など）を書かせ，答えは「$_4P_3 = 24$ 通り」であることを板書します。板書された内容は，曖昧になることなく，確実に目の前に残されます。その後，「A〜Dの金魚から3匹をすくう。順番は考えない。すくい方は何通りか」

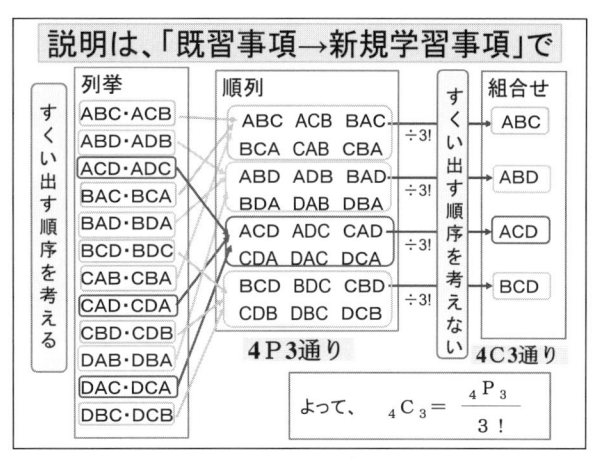

という問題を出して，「AとBとC」「AとBとD」「AとCとD」「BとCとD」の4

通りであることを導きます。次に，その前に順列で列挙した全ての例を「結果として
AとBとCになるもの」などに分け，それぞれのグループは6通りあることを導き，
「$_4C_3$」は「$_4P_3$」を「$3! = 6$」で割ったものであることを導きます。つまり，「既
習事項から未習事項へ」という流れの中で，既習事項が薄らいだり混乱したりしない
ようにするために「板書」という形で目に見えるものにしておくというのがポイント
です。

3) 順列と組合せが混じった問題が解けるようにさせるために

教科書では「順列」「条件付き順列」「円順列」「重複順列」「組合せ」を扱っていま
すが，聴継型の人の場合は，それぞれで説明を聞くと「本質」を一定つかみ，最後に
いろいろな問題が混じってもかなり
対応できます。しかし，視同型の人
は，例えば「重複順列」のあとの文
章題を「さっき重複順列を習ったば
かりだから」として解いているにす
ぎないため，いろいろな問題が混じ
るとどれを使えばよいのか混乱しま
す。

そこで，筆者は，「1巡目」として，
教科書を駆け足で進めます。次に「2
巡目」として，例えば「順列」のと
ころでは「組合せ」との違いを尋ね
て確認し，「組合せ」のところで「順
列」との違いを尋ねて確認します。
最後に，「3巡目」として，教科書に
出ていたいろいろな問題を紙に写し
たものをランダムに混ぜて出題して
「$_7C_4$」「$_4P_2×_5P_3$」のように式
だけを書かせ，適切に式を作れるか

を確認します。2巡目と3巡目では，教科書の問題を全て紙に写し，同じような題材
で順列や組合せの問題が揃うように，教科書にない問題はこちらで作成し，適宜それ
を使います。

例えば「10人の生徒から3人の走者を選びたい。選び方は何通りあるか」では，答
えは「$_{10}C_3$」ですが，生徒が「$_{10}P_3$」と書いたときは，同じ題材で作成した順列の

問題「10 人の生徒から第一走者，第二走者，第三走者を選びたい。選び方は何通りあるか」を見せて見比べさせます（同時参照）。そして，生徒が「$_7C_3$」と訂正したときは，その理由を尋ねて，「走る順番を問題にしていないから」などと答えさせます。

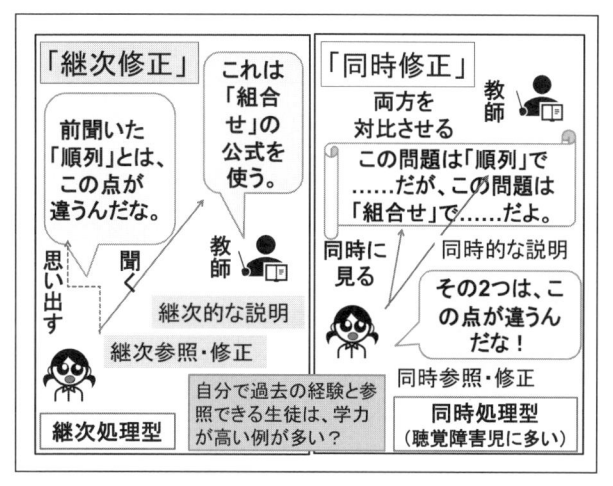

　文章題の指導は難しいです。教師が教師のことばで「こういうときに順列で，こういうときに組合せを使う」と説明しながら進めても，生徒は，「その場から早く逃れる」ために「分かったふり」をすることがあります。筆者も，着任当時は，「自分が話すことが多いわりに，生徒の中に残ったものは少ない」と感じることがありましたが，あるとき，生徒から答えを引き出そうと質問に質問を重ね，軌道修正が難しくなったと感じ，「答えは，実はこれなんだけど」と言って答えを見せました。すると，生徒が「あっ，そういうことか」と叫んだので，「その分かったことを言ってみて」と言うと，生徒は，解法の本質に迫る内容をとぎれとぎれに語り始めました。「そうそう，そこが〜なんだよ」などと説明すると，それまでと異なり，驚くぐらい生徒の頭に入り，その結果，「解法の本質」を教師と生徒で共有できたと感じたことがありました。それ以来，筆者は，説明に行き詰まったときは，答えをあっさり生徒に見せて，そこで分かったことを生徒に語らせ，教師はそれを肉付け，形を整えていく方向に転換しました。この順列と組合せについても，似た文章題を対比させ（「同時参照」），「違いは何かな」と尋ね，生徒のことばを引き出し，「そうそう，そこがポイントになるんだよ」などと押さえる教え方のほうが効果的なことが多いと感じています。念を押して言いますが，全ての場面で「答えを早く見せること」を勧めているのではありません。

　さらに，6 章のところで述べたように，身体を使って表現することが理解の深化に有効な例がみられることから，この順列と組合せの文章題を読ませるときも，手話を使って読ませたいです。順列の文章題では，順番に決める動作を強調する表現（「第一走者を決めて，次に第二走者を決めて…」のような手話）を用い，組合せの文章題では，3 人をくくって取り出すような表現を用いるとよいでしょう。

　ちなみに，筆者が教科書の文章題をあらかじめ別の紙に写すようになったきっかけは，この順列と組合せの単元にあります。筆者が手話をつけて読むと，生徒は筆者の

微妙な手話表現から順列と組合せのどちらかを見抜くことが多かったので，手話によるヒントを与えないために問題を紙に写しました。すると，授業で問題提示の時間が短縮されること，混同が起きたときに「順列の文章題」と「組合せの文章題」の紙を同時に示して比較させることで違いの理解が速く進むこと，試験前の復習時にその紙を有効に使えることを感じました。

（4）高校数学Ａ「互除法」

1）「互除法」の導入

実教出版の『高校数学Ａ』では，右に示した問題があります。この問題には，簡単な数値を使って互除法を説明しようとする意図があるのでしょうが，聾学校生徒の多くは，「15と42」を見て，「15」の約数は（「1」と「15」以外に）「3」と「5」しかないこともあり，すぐに「3」が答えだと見抜きます。そして，「答えがすぐに分かるのに，なんでこんな面倒くさい式を作らなければいけないのか」と言います。「互除法を説明するためだから」と言っても，生徒の頭に入りづらいと感じることが多かったです。

互除法は，「765と221」のように，すぐに最大公約数が分からないときに便利な方法です。それで，筆者は，導入は，「765と221の最大公約数

「ユークリッドの互除法」の導入
【教科書の問題】 上の例にならって、次の（ ）にあてはまる数を入れよ。 $42 = 15 \times (\ ) + (\ )$ $15 = (\ ) \times (\ ) + (\ )$ $(\ ) = (\ ) \times (\ )$ よって、15と42の最大公約数は（ ）。	**■聴継型** 「互除法を知るために、この問題が出ている」と知り、方法を理解する。 **■視同型** 「15と42の最大公約数は（3）」とわかるので、「こんな面倒くさい計算がなぜ必要なのか」と思う。

視同型の場合の互除法の導入 →必要性を感じさせる問題を使う
次の（ ）にあてはまる数を入れよ。 $765 = 221 \times (3) + (102)$ $221 = (102) \times (2) + (17)$ $(102) = (17) \times (6)$ よって、765と221の最大公約数は（17）である。	**■視同型** それまで最大公約数を求めるときに用いた方法が使えない。 視同型は、必要性を感じないと、頭に入りにくく、解こうとするモチベーションがもちにくい。

を求めよ」のようにあえて難しい数値を使った問題から始め，互除法の便利さを伝えるようにしてきました。

聾学校では，すでにある解き方を知っていると，「別の解き方がある」と紹介しても生徒の頭に入りにくい例が多いように感じるので，既習の解法が使えない場面を設定するほうが，生徒に考えさせられる場合が多いです。

2)「互除法」の説明

　最大公約数を求めるにあたって，教科書では，「長方形をしきつめる最大の正方形を見つける方法」を使った説明がなされていますが，「縦」と「横」の意味が分かりづらい生徒がいるかもしれません。

　筆者は，例えば「7の倍数と別の7の倍数を足したものが，7の倍数ではないことがあるか」「7の倍数から別の7の倍数を引いたものが，7の倍数ではないことがあるか」を，「56，14」などを使って考えさせてきました。生徒は「56+14=70」「56 − 14=42」を計算して「これも7の倍数だ」と言います。「では，その42からまた14を引いてみて」と言うと，「それもまた7の倍数だ」と言います。他にも例を出すと，生徒は「mの倍数からmの倍数を引いても，それもまたmの倍数である」ことに納得します。

　「765」と「221」を例に取ると，「765」と「221」は両方とも最大公約数mを因数にもつので，「765 − 221 − 221 − 221=102」(765 ÷ 221=3 余り 102)で出てくる余り「102」もmの倍数です。今度は，「221」と「102」に着目し，「221 − 102 − 102=17」で出てくる余り「17」もmの倍数です。そして，「102」と「17」の最大公約数を調べると，102 は 17 で割り切れるので，「m = 17」と分かります。筆者は，2つの数字を見て最大公約数が分かる段階まで来ればそれで良しとしています。

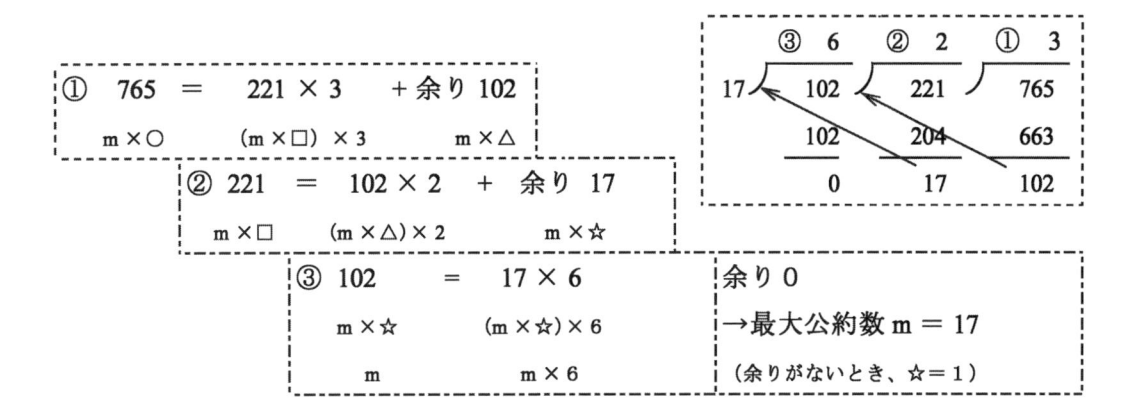

（5）高校数学A「不定方程式」

　「不定方程式　$45x + 13y = 1$　の整数解を1組求めよ」という問題について，教科書に書かれている解法を次ページに示しました。この方法は分かりにくいと感じる聾学校生徒が多いです。

　筆者は，聾学校で教科書の問題に入る前に，「16 ÷ 5=3 余り 1」から「16=5 × 3+1」という式を作れるかを確認するようにしています。例えば「11 × 5は，11 で割

り切れるか」と尋ねると，「11 × 5 = 55，55 ÷ 11 = 5 余り0」と計算してから，「はい，割り切れる」と回答する生徒が多いので，積で表された式を見て，約数か否かを判断する練習が必要です。次に，聾学校では代入法より加減法を好む生徒が多いと感じており，筆者は，最小限加減法がすらすらできればそれで良しとしています。

そのうえで教科書の問題に入るとき，筆者は，右に示した加減法を用いる方法を勧めてきました。「45」「13」「1」を□や○で囲んだのは，aやbの文字と同様に扱うためです。「45 = 13 × 3 + 6」と「13 = 6 × 2 + 1」の式を作り，問題の式にある「45」「13」「1」を文字のように考え，「6」を消去する考え方です。

以下の不定方程式の1組の整数解を求めよ。
$$45x+13y=1 \quad …①$$

【教科書】
45と13の最大公約数は1
だから、互除法より

$45=13×3+6$　…②
$13=6×2+1$　…③
$6=1×6$

②、③の余りに着目し、それぞれの式を変形すると

$6=45−13×3$　…④
$1=13−6×2$　…⑤

(左からの続き)

④の右辺を⑤の「6」に代入すると

$1=13−(45−13×3)×2$
$1=13−45×2+13×6$
$1=45×(−2)+13×7$

よって、

$45×(−2)+13×7=1$

したがって、不定方程式の1組の整数解は　$\underline{(−2,7)}$

以下の不定方程式の1組の整数解を求めよ。
$$\boxed{45}\,x + \boxed{13}\,y = ①　…①$$

互除法より　$\boxed{45}=\boxed{13}×3+6$　…②
$\boxed{13}=6×2+①$　…③

③より　　　　　$\boxed{13}=\qquad 6×2+①$
②×2　−　$\boxed{45}×2=\boxed{13}×3×2+6×2$

　　　　　　$\boxed{13}−\boxed{45}×2 = −\boxed{13}×6 \qquad +①$

移項して、　$−\boxed{45}×2+\boxed{13}+\boxed{13}×6 = +①$
まとめて、　$\boxed{45}×(−2)+\boxed{13}×7 = ①$　…④

④より、$\boxed{45}\,x+\boxed{13}\,y=①$…①　の整数解は、
$$(x, y)=(−2, 7)$$

つまり，「45 → a」「13 → b」「1 → c」と置き換えると，「a = 3b + 6」と「b = 6 × 2 + c」であり，「6」を消すために，「2a = 6b + 6 × 2」に変え，加減法により「6 × 2」を消去するという考え方です。生徒は，最初は，数字を文字のように扱うことに戸惑いますが，慣れると，教科書の方法より筆者の紹介した方法のほうがよいと言う生徒がみられます。

目的は，生徒が楽に解けるようになることなので，筆者は，自分が良いと思う方法をむりに使わせる必要はないと考えます。教科書の方法がなかなか使えないと感じたときに，「別の方法でやってみる？」と尋ねて紹介するようにしています。

補章　認知特性の数値化の難しさ

（1）本田（2012）の問題を実施した結果

　3章で述べたように，認知特性を把握するために本田（2012）が作成した35問を，筆者がいろいろな大学の学部で実施したところ，仮説は支持されませんでした。自己申告による認知特性の把握の難しさや，一定レベルの言語力の獲得が認知特性の偏りをカバーする可能性を示す結果になったと思われました。

　とは言え，本田（2012）の問題のように，自分の認知特性を容易に把握できる問題や集団での一斉実施が可能な問題が必要だと考えるので，本田（2012）の問題の改良版の作成を考える人たちの参考にしていただくために，本書を借りて報告させていただきます。

　問4，5，12，17，21の5問の結果は3章（2）の表（38ページ）に，問1の結果は4章（1）の表（40ページ）に示したので，それ以外の29問の結果を以下に示します。

問題番号は，本田（2012）の問題番号と同じ「美術」は美術系，「教育」は教育系，「音楽」は音楽系の学部		本田（2012）による配点						結果（%）		
		①	②	③	④	⑤	⑥	美術	教育	音楽
問1 → 第一部4章(1)の表（40ページ）を参照										
問2（表現力）自宅に人を招くとき，道順をどうやって説明しますか？	B. 近くまで来てもらい，電話でそこから何が見えるかを手がかりに道順を伝える		2					33	51	52
	A. 地図を書いて渡す	4			2			17	11	18
	C. 事前に言葉（メールなど）で道順を説明する				4		2	50	38	30
問3（視覚記憶力）初対面の人の顔をどの程度覚えていますか？	A. すぐに覚えることができ，しっかりと思い出せる	4	2					0	40	36
	B. 眼鏡をかけているといった特徴などは覚えている				1			75	51	43
	C. 眼鏡をかけていたかどうかすら覚えていない				2	2	2	25	9	20
問4 → 第一部3章(2)の表（38ページ）を参照										
問5 → 第一部3章(2)の表（38ページ）を参照										

問題番号は，本田（2012）の問題番号と同じ 「美術」は美術系，「教育」は教育系，「音楽」は音楽系の学部		本田（2012）による配点						結果（%）		
		①	②	③	④	⑤	⑥	美術	教育	音楽
問6（思考方法）スーパーマーケットで1週間分の食料を買い出しにいくときを想像してください。	A. 買う商品のイメージを思い浮かべる	2						42	35	50
	B. 商品がどこの売り場に置いてあるか思い浮かべる		2	1				0	18	18
	C. 買う商品の名前をすべてメモする				4			58	48	32
	D. 「人参は＜に＞」というように商品の頭文字を覚える					2	2	0	0	0
問7（聴覚認知力）それほど親しくない人からの電話があったとき，あなたは?	C. わかるまでに時間がかかる，またはわからない	1	1					42	20	34
	B. 話し始めるとわかる			1	1			50	61	52
	A. 相手が誰だかすぐにわかる					2	4	8	19	14
問8（保存記憶）記憶について伺います。	A. 3歳以前の記憶がいくつかある	2	2					33	24	45
	C. 最近の記憶しか思い浮かばない				2			17	11	9
	B. 4歳以降の記憶がもっとも古い			2		1	1	50	65	45
問9（保存記憶）一番古い記憶の映像をイメージしてください。	A. 自分の目から見た記憶で，その場面に自分はいない	2	4					42	46	43
	B. その場に自分がいて，客観的に見ている			2	1			50	43	41
	C. わからない					1	1	8	11	16
問10（聴覚表現力）モノマネは得意ですか?	C. 特徴をつかむことができない	1			1			0	15	20
	B. 人の動作の特徴は何となく思い浮かぶ		2	2				67	68	66
	A. 人の動作のマネも声マネも得意					2	4	33	18	14
問11（思考方法）1分間で野菜の名前をできるだけ多くあげてください。	A. 野菜の写真やスーパーマーケットの野菜売り場をイメージして名前をあげた	4	4	1				75	88	86
	B. 五十音で野菜の名前を思い出しながらあげた				2	2	4	25	13	11
	白紙									2
問12　→　第一部3章(2)の表（38ページ）を参照										
問13（視覚認知力）以前一度だけ行ったことのある場所にもう一度行くとすると?	A. すぐに道順がわかり，迷うことなく目的地までスイスイ行ける		4	2				33	31	25
	B. 大きな目印となる場所は覚えているが，次に進む道は曖昧である	2			1			58	46	57
	C. もう一度調べ直すか，誰かが道案内してくれないと行かれない					1	1	8	23	18
問14（視覚認知力）文字を学習したときのことを思い出してください。	C. 文字の形は覚えられたが，書き順はなかなか覚えられなかった	2						0	21	27
	B. ひらがな，カタカナよりも漢字のほうが覚えやすかった		2					8	6	5
	A. ひらがな，カタカナ，漢字は苦労せずに覚えた			2	4	2		75	65	50
	D. 文字を覚えるのに苦労した						0	17	8	18
問15（思考方法）「フランシスコ・ザビエル」と聞いたとき，何を思い浮かべますか?	C. 教科書に載っていた「フランシスコ・ザビエル」の写真	2	2					92	91	86
	B. 何となく「フランシスコ・ザビエル」のようなぼやけた人物像			1				0	6	7

問	選択肢									
	A.「フランシスコ・ザビエル」という文字				4			8	1	5
	D. おもしろい，あるいは言いづらそうな名前（響き）だな〜と思った					1	2	0	1	2
問16（記憶処理）気がつけば携帯電話が見当たらない。さて，あなたはどのように探しますか？	C. 最後に携帯電話を見た場所を，写真のように思い浮かべる	2						33	16	32
	A. 自分の足取りを順々にイメージ映像として思い浮かべて探す		2					50	64	48
	B. それまでの自分の足取りを言葉にしながら，記憶をたどる			2	1	1	1	17	20	20
問17　→　第一部3章 (2) の表（38 ページ）を参照										
問18（視覚記憶力）合コンで自己紹介したあとのことを思い出してください。	B. 名前は覚えにくいが，顔や洋服の特徴を見つけて覚えていく	2	2					67	81	82
	A. すぐに全員の名前と顔が一致する			2				0	10	5
	C. 名前は覚えられるが，席が移動するとわからなくなる				2	1	2	33	9	14
問19（記憶方法）次に，合コンの翌日のことを思い出してください。	B. 名前は思い出せないが，参加者全員の顔は思い出せる	2	2					50	58	59
	A. 参加者全員の顔と名前を思い出せる			2				8	14	9
	D. 名前は名刺の文字で思い出す，または，名前も顔も思い出しにくい				2			33	23	27
	C. 顔はうろ覚えだが，名前は全員いえる					2	2	8	6	5
問20（固執性）収集について伺います。	A. 大金をはたいてでもいろいろなモノを集めたいコレクターである	2	1					42	15	57
	B. ペットボトルについているようなおまけやストラップくらいなら，全種類集めてもよいと思う				1			25	34	23
	C. コレクターの気持ちがわからない				0	0	0	33	51	20
問21　→　第一部3章 (2) の表（38 ページ）を参照										
問22（空間認知力）マンションの物件探しをしているときのことを想像してください。	B. 間取り図を見て，何となく部屋の想像がつく	2			1			50	71	66
	A. 間取り図を見ただけで，その場に立っているような感覚になる		2	2				8	5	9
	C. 間取り図を見ても，どのような部屋なのかまったく想像できない					0	0	42	24	25
問23（推論方法）難しい本を読んだときのことを思い出してください。	C. 難しい文章の本は読まない	0	0				0	17	25	27
	B. 本の内容にそったイメージを映像にして理解している				4			75	66	57
	A. 本の内容を人間関係や出来事などにわけて，頭の中でまとめながら理解する。難しい内容でもそれほど苦にならない				4	2		8	9	16
問24（想像嗜好）子どもの頃好きだった遊びについて伺います。	D. 昆虫採集やキャラクターもの集めなど	1						25	19	16
	B. お人形遊びやヒーローごっこなど，場面を空想しながら遊ぶこと		4	2				67	58	61
	C. カルタやしりとりなどの言葉遊び				1	2		0	4	9
	A. 歌や「アルプス一万尺」などの手遊び歌						2	8	19	14
	白紙							1		

設問	選択肢									
問25（視覚認知力）友人の顔を思い出してください。	D. 写真で見た顔を思い出す	2						0	3	0
	A. 笑った顔や怒った顔，真顔などいろいろな表情を鮮明に思い出せる		2	1				58	70	52
	B. 笑った顔あるいは真顔など，その人がよくしている表情しか思い出せない				1			33	23	36
	C. よく知っている友人の顔も，思い出すとなると曖昧になる					0	0	8	5	11
問26（処理嗜好）授業中にノートをとっていたときのことを思い出してください。	D. ノートをまとめるのは苦手で，黒板や教科書の手本通りにとりあえず書いていた。あるいは，ノートのすみに落書きをしていた	2	2					33	33	39
	C. 授業内容にそったイメージイラストをノートに付け加えたりしていた			4				0	10	14
	A. 授業中，あるいは教科書の内容をノートをまとめるのは得意だった				4			50	44	25
	B. 要点やキーワードしかノートに書かなかったし，要点以外はノートに書く必要がない					2	1	17	14	23
問27（言語創造力）ことわざについて伺います。	C. 格言やことわざ，難しい言い回しは使わない	1	1					8	26	30
	A. その場にあった格言やことわざ，言い回しがすぐに思い浮かぶ			2		1		50	23	25
	B. 何となくイメージはわくものの，正しく表現できない				1		1	42	51	45
問28（聴覚認知力）ダジャレについて伺います。	C. ダジャレはいわないし，いわれても説明されないと気がつかないことも多い	1	1					8	13	16
	B. ダジャレはいわないが，いわれればわかる			2	1			75	71	73
	A. ダジャレをいうのが得意					4	2	17	16	11
問29（視覚創造力）朗読を聞いたときのことをイメージしてください。	C. 朗読や本を読むことより，映画や芝居を見るほうが好き	1	1					0	24	30
	B. 朗読よりも，自分で本を読んだほうがわかりやすい				2			67	33	41
	A. 朗読を聞くだけで，情景が頭に浮かびやすい				2	1	1	33	44	30
問30（言語操作力）外国語を学ぶとき，あなたはどうしますか?	D. どれも苦手	1	1					50	26	45
	B. 文法からきちんと学ぶ教科書派			1	2			50	51	25
	C. 外国人と話して学ぶ実践派					2		0	14	20
	A. 読むより聞いて覚えるラジオ講座派						2	0	9	9
問31（聴覚認知力）テレビ番組のテロップについて伺います。	A. わかりやすい。あるいは，テロップがあったほうがおもしろい	2	1		2			42	68	68
	C. どちらでもない				1			42	25	18
	B. わかりにくい。あるいは，ないほうがいい					4	2	17	8	14
問32（聴覚認知力）絶対音感（音を聞いてどの音階かすぐにわかる）について伺います。	B. ない。または，わからない	0	0	0	0			92	81	84
	A. ある					2	4	8	19	16

問33（聴覚認知力）遠くから救急車のサイレンが聞こえてきたとき，あなたは，	C. サイレンが近づかないと方向もわからない	0	0					42	15	5
	B. 方向はわかるが，近づいているのか遠ざかっているのかはわからない			1	1			0	15	20
	A. サイレンがする方向も，近づいているのか遠ざかっているのかもわかる					2	4	58	70	75
問34（思考方法）何かを決定するとき，あなたは，	A. 直感的に決めることが多い	2	2					42	31	43
	B. いろいろな状況を想定してから決める				1	2		42	58	50
	C. どちらともいえない				1		0	17	11	7
問35（言語操作力）人を説得するとき，あなたは，	C. 最初に結論をいい，あとから補足的に説明をするが，要点が抜けることもある	2	1					25	28	23
	B. 最初から身ぶり手ぶりを使って話すが，本題からそれることが多い				2	1		1	50	45	43
	A. 理論立てて，順序よく話すことができる						2	25	28	34

　以下，本田（2012）の問題を実施して考えたことを記します。

（2）聴覚障害の有無と認知特性を問う問題

　電話ができない聴覚障害者は，問2において，Bの選択肢（電話で伝える）を選ばないでしょう。耳でことばを識別できない聴覚障害者は，問4の「初めて聞いた曲を口ずさむ」や，問12の「映画の音や挿入歌を思い出す」，問30の「外国語で会話する（聞く・話す）」，問33の「両耳に入るサイレンの音のわずかな違いにより方向などを判断する」こと自体が難しいです。問29では，朗読を聞くこと自体が聴覚活用を必要とするので，字幕付きの映画がない場合，「本」という選択肢しか残されていないことになります。問31では，「テロップがあったほうが分かりやすい，おもしろい」という選択肢を選ぶでしょうが，それはテロップがないと内容が分からないからでしょう。

　障害のない人にとっては，全ての選択肢に書かれている方法をとることが可能であり，ある選択肢を選ばなかった場合，それは「それ自体は可能だが，自分は好まない・苦手だから」になるのに対して，重度の聴覚障害者の場合は，「それ自体が不可能だから」になる場合があります。

　認知特性は聴覚や視覚という感覚器官と関係するので，聴覚活用や視覚活用の可能性の程度に左右されない設問の作成は難しいでしょうが，「聴覚活用は厳しいが聴覚優位型の人」や「視覚活用は厳しいが視覚優位型の人」がいる可能性を否定できないのであれば，障害の有無による影響が少ない設問の作成も必要でしょう。

　問21の「取扱説明書」の場合は，聞き取る力と無関係ですが，書記日本語の理解力が関わるので，同じ聴覚優位型あるいは視覚優位型でも書記日本語の理解の程度に

よって結果が変わる可能性があります。このように，日本語の力の状況が関わると思われる設問として，他に問2や問29，問31などがあると思われます。

（3）自己申告による認知特性の把握が難しい理由の考察

本田（2012）の設問は，確かに視覚優位型の人ならこの選択肢を，聴覚優位型の人ならこの選択肢を選ぶだろうと思うものが多かったにもかかわらず，学部による違いが明瞭に表れなかった理由として，認知特性の違いは学部の選択に影響を及ぼさない可能性の他に，以下のことが考えられるでしょう。

1）自己客観視の難しさ

自己評価は周囲の人との比較によってなされることが多いので，所属集団によって自己評価が変わる可能性があります。例えば，専門家から見ると音楽能力のレベルが同じであっても，音楽を得意としない家族や集団で育った子どもは，そうでない子どもと比べて，「自分は音楽が得意」と思う確率が高くなる可能性があります。

また，年齢が低いと甘い自己認知が多いという指摘もあります。生和（1978）は，「聴覚障害児は現実自己と理想自己の分化が十分でなく，一般に甘い自己認知をする傾向が強い」と述べていますが，京都府立聾学校高等部（2000）は，「高等部全体で見ると，生和（1978）の健聴児と聴障児の中間の様相を示し」たと述べています。

これらは，「自分は平均以上」と考える人が半数以上みられる現象である「平均以上効果（レイク・ウォビゴン効果）」や「自己評価と客観評価の間の距離」と関連すると思われます。

2）自己申告が自分の努力の有無に左右される可能性

1）と関連しますが，自己評価が「こうありたい自分」に引っ張られる可能性も考えられます。例えば，手話が否定され，「聞こえるイコール良い」という価値観をもっている人が多かった頃，「自分は聞こえる。コミュニケーションで困ることはない」と言い張る例が見られたことから，「自分は聞こえる」と思いたがる人は，そうでない人と比べて，聴覚活用が必要な選択肢を選ぼうとする可能性があります。

3）一定レベルの言語的思考が認知特性の偏りをカバーする可能性

定型発達児は4歳頃から直観的な理解によって解けるようになるといういわゆる「心の理論」の課題について，一定の言語力を獲得した「高機能自閉症児」は言語的理由づけによってこの問題をクリアできるという研究（別府・野村（2005）など）を読んだとき，筆者も「言語的思考」でカバーする面があることに思い当たりました。

以下のように，同じ正答に至った人であっても，①と②の過程を経た人がいると考えられます。

・国語に関する問題で，①最初から「虫の視点」で考えて答えを選ぶ。②「鳥の視点」で答えを選んだあと，他の選択肢を見て，「虫の視点」から考え直す。

・カタカナ語を，①聞いて自然に記憶する。②漢字と結びつけて記憶する。

・真偽判断問題で，①体験から正答する。②体験はないが，「対偶は常に真」などを利用して真偽を判断する。

4）質問内容が新規学習内容と既習学習内容のどちらと関わるかと関連する可能性

　3）と関連しますが，4章（2）で述べたように，一定の言語処理能力を獲得すると既習学習内容への対処方法が変わる可能性が考えられます。したがって，「聴覚優位型か視覚優位型か」を調べる設問と，「聴覚優位型か視覚優位型か言語優位型か」を調べる設問とでは，回答結果がかなり異なる可能性が考えられます。

　学部との関連が当初期待した通りに表れなかった前掲の29問を見ると，問2（人に道順を説明する），問6（食料を買い出しに行く），問11（野菜の名前をあげる），問17（教科書を暗記する），問23（難しい本を読む），問26（授業中にノートを取る），問27（ことわざを使う），問28（ダジャレを聞く），問29（朗読を聞く），問31（テロップを読む），問35（人を説得する）などは，本人の言語力や論理的思考力の程度，既知事項・既習学習内容と関わると思われます。

（4）その他考えたこと

・「表現力」を問う問2において，視覚優位型は選ばないとされる「C．言葉で説明する」は，美術系で最も高く表れ，逆に，聴覚優位型は選ばないとされる選択肢を選んだ比率は，音楽系でかなり高く表れました。これは「他人に対する説明の仕方」を尋ねているので，相手に合わせた可能性があります。それで，「自分が説明を受けるとき，どの方法が良いか」という設問のほうがよいかもしれません。

・「視覚記憶力」を問う問3において，視覚優位型が選ぶとされる「A．初対面の人をすぐに覚え，しっかり思い出せる」は，美術系で皆無であったことから，「思い出せる」の基準が人によって異なる可能性があります。つまり，美術系の学生は，「しっかり思い出せる」を，初対面の人の顔を絵に描けるレベルで考えているのに対し，教育系や音楽系の学生は，初対面の人の顔をだいたい脳裏に思い浮かべられるレベルで考えている可能性があります。また，同じ視覚優位型でも，本田（2012）の「写真タイプ」と「三次元映像タイプ」とでは，顔が覚えられる度合いが異なる可能性があります。

・「保存記憶」を問う問9において，視覚優位型が選ぶとされる「A．自分の目から見た記憶で，その場面に自分はいない」は美術系に多いという結果は見出されませんでした。本田（2012）は，「B．その場に自分がいて，客観的に見ている」を言語優位

型の特徴としていますが，このＢの比率は，同じ人でも年齢によって変わる可能性があるかもしれません。すなわち，幼少時はＡが多く，大人になるとＢが多くなる可能性が考えられます。

・「空間認知力」を問う問 22 において，聴覚優位型が選ぶとされる「Ｃ．間取り図を見てもどんな部屋なのか想像できない」は，美術系で最も多く表れたことから，「部屋を想像できる」の意味を「家具やカーテンも想像できる」意味でとらえた人とそうでない人がいる可能性が考えられます。この設問は，「初めて行った建物の間取り図を書くことができるか」のほうがよいかもしれません。

・「視覚創造力」を問う問 29 において，視覚優位型が選ぶとされる「Ｃ．映画や芝居を見るほうが好き」は，美術系で皆無であり，言語優位型が選ぶとされる「Ｂ．本を読むほうがよい」は，教育系で最も低く表れました。この設問が，「ある小説の内容を知るとき，本で読む方法と映画や芝居で知る方法のどちらを好むか」という設問であれば，言語優位型は「本」を，視覚優位型と聴覚優位型は「映画や芝居」を選ぶ可能性があるかもしれません。

・「絶対音感」の有無を問う問 32 について，本人が「自分は絶対音感がある」と言っても，調べるとそうでない場合があるかもしれません。その逆もしかりでしょう。

　この補章で記したことが，自分の認知特性を容易に把握できる問題や集団での一斉実施が可能な問題を誰かが作成するときの参考になれば幸いです。

あとがき

　本書では，認知特性に配慮した指導をまとめましたが，筆者も，いまだに試行錯誤の毎日です。5章で記した内容に，あらためて留意していただければと思います。

　なお，生徒が「得意な方法で教わる」ことの意味は大きいですが，教師が「得意な方法で教える」ことの意味も考えたいことを，ここに記しておきます。

　最後に，聴覚障害教育の現場では，認知特性の問題だけでなく，「口話」と「手話」の問題も考える必要があります。「口話」と「手話」の間の激しい揺れ動きに巻き込まれた身として，以下のことを強調させてください。

● とかく何かの「強調」や「絶対視」は「排他性」に結びつきやすいことに留意してください。

● 口話（聴覚活用・発声・読話）や手話（広義の手話と狭義の手話），文字などのメリットとデメリットを冷静に見つめ，場面や目的に応じて使い分けてください。
　「人が得る情報の80％は視覚から」と言われますが，聴覚障害教育の現場では，軽度難聴であっても日本語獲得の難しさがよく指摘されるのに対し，視覚障害教育の現場ではほとんど指摘されません。つまり，日本語の獲得や定着に結びつく情報とそうでない情報があり，前者では，「日本語が隅から隅まで正確に届く」ことや「日本語を直接用いる」ことの積み重ねが大きな意味をもつのでしょう。

● 「聴覚活用できるから授業も伝わっている」と思い込まないでください。幅広い日本語の獲得と定着のために，学習内容と関わらない話であっても日々正確に届くことを大切に考えてください。

● 「文字情報があるから大丈夫」と思い込まないでください。プリントなどの文字情報が単なる「車窓の風景」の一部になっている場合があることに留意してください。例えば，アラビア語を理解しない日本人がアラビア語の文字情報があふれた環境に置かれるだけで高いレベルのアラビア語を獲得できるとは言えないのと同様に，日本語の資料や書物が多数用意されるだけで聴覚障害児は高いレベルの日本語を獲得できるとは言えないでしょう。

● 「本人と教師」の話だけでなく，「他の生徒と教師」の話，「他の生徒どうしの話」も，本人がきちんと理解できるように留意してください。教師が他の生徒の発言にどう反応したかを聞くことは，自分の考えを修正するための大切なチャンスです。「対話」

は，本人だけでなく聞いている周囲の者にとっても重要な意味をもちます。

●「手話を用いたから日本語も伝わっている」と思い込まないでください。音声と口形，手話をつけて表しても，日本語が正確に届いているとは限りません。聴覚障害学生に対して，「声と口形：（耐え）かねる，手話：難しい」や「声と口形：あいつ，手話：彼」，「声と口形：頭が切れる，手話：賢い」で表したときの日本語の受容率は，それぞれ4％，25％，38％でした。「（農民は）立ち上がる」の手話表現は難しいですが，手話表現を工夫して音声をつけても，日本語の受容率は13％でした（脇中，2023b）。手話の習得は日本語の習得に直結しないことを念頭に置いて，聴覚障害児に関わってください。

●日本語には「生活言語」と「学習言語」があります。「かぶとむ○」は容易に推測できますが，「かん○きがん」は推測が難しいでしょう。答えは「かぶと虫」と「鑑識眼」です。授業では，後者のような語が多いです。障害者手帳をもたない軽度難聴児で「磁針」「溶質」「蒸散」「裁判員」などの教科用語が半分も聞き取れなかった例がありますが，手話（指文字を除く手の動き）は日本語を届けません。かと言って，音声・口形情報も正確に届きづらいため，指文字やキューサインのように日本語の音韻を視覚的に届けるサインの併用も考える必要があるでしょう。「サイスセソ」の場合，指文字は5つのサインを覚える必要があるのに対し，キューサインは1つですみます。キューサインについては，https://cue.cosmocity.net/ や現在編集中の書籍（2025年春刊行予定）をご覧ください。このように，学習言語の届きづらさと獲得の難しさ，偶発的学習のもつ意味を直視して，聴覚障害児に効果的な教育方法を考える必要があります。

●応用力や汎用力の育成は難しいです。言語力や抽象的思考力が欠如した状態で汎用力をもつのは難しいと考える一方で，これは，もはや「認知特性」や「口話・手話」の問題と無関係かもしれないと思ったりします。共生社会の実現のためには，自分の考えと他者の考えをすりあわせること，すなわち「自己主張力」と「協調性」をバランス良くもつことが必要でしょう。

　いろいろな方法を臨機応変に組み合わせて指導法を工夫できる先生方が増えることに，本書が少しでもお役に立てればうれしく思います。

2024年10月

脇中 起余子

■文献

アラン・ピーズ&バーバラ・ピーズ（Allan Pease & Barbara Pease）（2002）話を聞かない男，地図が読めない女．主婦の友社．

別府哲・野村香代（2005）高機能自閉症児は健常児と異なる「心の理論」をもつのか：「誤った信念」課題とその言語的理由付けにおける健常児との比較．発達心理学研究，16巻3号．（https://doi.org/10.11201/jjdp.16.257）（2022年4月30日閲覧）

藤村宣之（1990）児童期における内包量概念の形成過程について．教育心理学研究，38, 277-286.

藤田和弘・青山真二・熊谷恵子編（1998）長所活用型指導で子どもが変わる：特殊学級・養護学校用．図書文化社．

藤田和弘（2019）「継次処理」と「同時処理」学び方の2つのタイプ：認知処理スタイルを生かして得意な学び方を身につける．図書文化社．

Hardy-Braz,S.T.. 聴覚障害のある学生へのWisc-Ⅳの応用（Flanagan,D.P.,&Kaufman,A.S.（2009）Essentials of WISC-IV assessment.Wiley.）（フラナガン, D.P.・カウフマン, A.S. 上野一彦（監訳）（2014）エッセンシャルズ WISC-IV による心理アセスメント．日本文化科学社）

長谷部陽一郎（2014）視点配置と文脈情報−認知文法からみた『雪国』とその英訳テクスト−．表現研究，表現学会，100号，21-30.（https://hyogen-gakkai-official.org/pdf/100/100_21-30.pdf）（2023年12月1日閲覧）

本田真美（2012）医師のつくった「頭のよさ」テスト〜認知特性から見た6つのパターン〜．光文社新書．

池上嘉彦（2008）＜主観的把握＞認知言語学から見た日本語話者の一側面 昭和女子大学大学院言語教育・コミュニケーション研究, 3, 1-6.（KJ00005220739%20（2）.pdf）（2023年12月1日閲覧）

五百田達成（2014）察しない男，説明しない女．ディスカヴァー・トゥエンティワン．

石川倉次（1889）「日用単語」に記載されている「尋常科ニ関スル［唖］生ノ希望」

門眞一郎（2010）自閉症スペクトラムにみられる「視覚優位」．精神科治療学 25（12）; 1619-1626（http://www.eonet.ne.jp/~skado/book1/ASD-visual.pdf）（2022年4月30日閲覧）

河内美恵・佐藤公代（2008）「心の理論」に関する研究 ― 軽度発達障害児とダウン症児を対象にして―．愛媛大学教育学部紀要，55, 41-46.

京都府立聾学校高等部（2000）本校高等部生徒の自我構造に関する一考察〜生和（1978）と山口（1998）の追試より〜．京都府立聾学校研究紀要，No.31, 55-70.

熊谷恵子・青山真二編，藤田和弘監修（2000）長所活用型指導で子どもが変わる〈Part2〉：国語・算数・遊び・日常生活のつまずきの指導．図書文化社．

熊谷恵子・柘植雅義・三浦光哉・星井純子編，藤田和弘監修（2008）長所活用型指導で子どもが変わる〈Part3〉：認知処理様式を生かす各教科・ソーシャルスキルの指導．図書文化社．

熊谷恵子・高畑芳美・小林玄編，藤田和弘監修（2015）長所活用型指導で子どもが変わる〈Part4〉：認知処理様式を生かす遊び・生活・行事の支援．図書文化社．

熊谷恵子・熊上崇・小林玄編，藤田和弘監修（2016）長所活用型指導で子どもが変わる〈Part5〉：KABC-Ⅱを活用した社会生活の支援．図書文化社．

國末和也・津島靖子・長南浩人・佐藤正幸・須藤正彦（2019）聴覚障害学生の認知情報処理機能−KABC-Ⅱからのアプローチ−．ろう教育科学，61（1）,3-10.

前川久男・中山健・岡崎慎治編（2017）日本版 DN-CAS の解釈と事例．日本文化科学社．

宮城県総合教育センター（2019）1 認知特性とは　＜特性理解編＞．ともまなびガイド．（http://www.edu-c.pref.miyagi.jp/midori/tokushi/tomomanabi/tomomanabigaido.html）（2022 年 4 月 30 日閲覧）

文部科学省（2020）聴覚障害教育の手引　言語に関する指導の充実を目指して．ジアース教育新社．

茂木秀昭（2021）子どもロジカル思考　なぜ論理的に考えることが大切なのかがわかる本．カンゼン社．

村松静・岡崎慎治（2014）通常の学級における児童の認知処理過程を考慮した授業 - 理想的なインクルーシブ教育をめざして - ．筑波大学特別支援教育研究第 8 巻．12-22．

村山美沙姫（2017）通常学級における認知特性を考慮した授業実践の指導効果〜実態把握の確立と成績による比較分析〜．山形大学大学院教育実践研究科年報第 8 号．118-125．

中野正映（2007）児童一人ひとりを大切にする教育的支援に関する研究 −認知特性に応じた支援を通して−．平成 19 年度長期研修教員調査研究課題（http://www.ysn21.jp/introduction/organ/h19pdf/h-nakano.pdf）（2022 年 4 月 30 日閲覧）

野内良三（2010）日本語作文術．中央公論新社．

小畑修一（1985）我が国における聴覚障害者の言語教育の歴史．リハビリテーション研究　STUDY OF CURRENT REHABILITATION．1985 年 11 月（第 50 号）　（財）日本障害者リハビリテーション協会発行「リハビリテーション研究」1985 年 11 月（第 50 号）2-8.（https://www.dinf.ne.jp/doc/japanese/prdl/jsrd/rehab/r050/r050_002.html）（2022 年 4 月 30 日閲覧）

岡本和夫&ピーター・フランクル（2020）高校数学A新訂版．実教出版．

大西孝志（2017）新しい学習指導要領が目指す学校の在り方　これからの特別支援教育セミナー．特別支援教育ほっかいどう，No22.（http://www.tokucen.hokkaido-c.ed.jp/?action=cabinet_action_main_download&block_id=209&room_id=1&cabinet_id=4&file_id=1086&upload_id=2585）（2022 年 4 月 30 日閲覧）

小野純平・小林玄・原伸生・東原文子・星井純子（2017）日本版 KABC- Ⅱによる解釈の進め方と実践事例．丸善出版．

大塚正之・岡智之（2016）場の観点から認知を捉える−主観的把握と客観的把握再考−．日本認知言語学会論文集, 16 巻, 40-52.（https://www2.u-gakugei.ac.jp/~gangzhi/wp-content/uploads/2012/12/JCLA2016%EF%BC%88%E5%A4%A7%E5%A1%9A%E3%83%BB%E5%B2%A1%EF%BC%89.pdf）（2023 年 12 月 1 日閲覧）

佐藤健児（2021）『雪国』の冒頭部に隠されたもの．桜美林大学研究紀要, 文学研究, 1 巻, 226-234.（https://obirin.repo.nii.ac.jp/records/2387）（2023 年 12 月 1 日閲覧）

生和秀敏（1978）聴覚障害児の自我構造に関する研究．ろう教育科学, 20（2）, 68-83.

鹿浦佳子・小村親英（2016）話者の視点に立った「やりもらい表現」教授法：「感謝」を表す「くれる」と「依頼」を表す「もらう」．関西外国語大学留学生別科日本語教育論集, 26, 23-40.（https://core.ac.uk/download/pdf/147856209.pdf）（2024 年 1 月 5 日閲覧）

寺田信一・奥代朋美（2018）小学校通常の学級におけるユニバーサルデザインに基づく道徳科の授業づくり．大学院派遣教員　研究報告書．（https://www.pref.kochi.lg.jp/soshiki/310101/files/2018042600292/h29_01okusiro.pdf）（2022 年 4 月 30 日閲覧）

都築繁幸・神山忠・吉田優英・木全祐子（2016）認知特性から考える授業づくり―小学校・算数の指導を中心に―．障害者教育・福祉学研究第 12 巻, 109-119.（https://aue.repo.nii.ac.jp/?action=pages_

view_main&active_action=repository_view_main_item_detail&item_id=3611&item_no=1&page_id=13&block_id=21)（2022 年 4 月 30 日閲覧）

脇中起余子（1998）聴覚障害生徒にとっての「は」ないし「＝」の理解に関する一考察 〜「〜倍」文・「多い」文などを通して〜．ろう教育科学；40（3），131-146.

脇中起余子（2001）手話で数学を指導する 〜教科指導の実際と課題〜．手話コミュニケーション研究；41，32-39.

脇中起余子（2002）K聾学校高等部における九九に関する調査から 〜九九の読み方をどれぐらい覚えているかを中心に〜．ろう教育科学；44（1），37-46.

脇中起余子（2003a）K聾学校高等部生徒における速度と濃度の理解に関する一考察 〜聴覚障害生徒の問題解決過程における困難点を探るために〜．龍谷大学教育学会紀要第2号，15-29.

脇中起余子（2003b）K聾学校高等部生徒の記憶方略に関する一考察〜「音声方略」と「手話口形方略」のどちらが有効か〜．ろう教育科学会．45（2），125-142.

脇中起余子（2005）K聾学校高等部の算数・数学における「9歳の壁」とその克服の方向性〜手話と日本語の関係をどう考えるか〜．学位論文（博士）．

脇中起余子（2009）聴覚障害教育これまでとこれから．北大路書房．

脇中起余子（2012a）助詞の使い分けとその手話表現 格助詞を中心に．北大路書房．

脇中起余子（2012b）助詞の使い分けとその手話表現 副助詞・接続助詞＋接続詞を中心に．北大路書房．

脇中起余子（2012c）視覚優位型・同時処理型の生徒に対する指導について〜算数・数学の授業における試み〜．聴覚障害，67（5），4-11.

脇中起余子（2013a）「9歳の壁」を越えるために 生活言語から学習言語への移行を考える．北大路書房．

脇中起余子（2013b）日本語表現の理解に関する調査−手話表現が似ている日本語表現を中心に−．ろう教育科学，54（3），105-129.

脇中起余子（2014）A聾学校高等部における読書力診断検査の結果（2）〜聴覚障害生徒に多い誤答傾向の分析〜．ろう教育科学，55（3），95-107.

脇中起余子（2017a）聴覚障害学生の日本語に関する困難点の分析（1）〜「もらう・くれる」「いただく・くださる」に関して〜．筑波技術大学テクノレポート，25（1），5-11.

脇中起余子（2017b）聴覚障害学生の日本語に関する困難点の分析（2）〜語彙ネットワークの緊密化に関して〜．筑波技術大学テクノレポート，25（1），12-17.

脇中起余子（2018a）聴覚障害学生の日本語に関する困難点の分析（3）〜格助詞を中心に〜．筑波技術大学テクノレポート，26（1），35-40.

脇中起余子（2018b）聴覚障害学生の日本語に関する困難点の分析（4）〜副助詞・接続助詞・接続詞を中心に〜．筑波技術大学テクノレポート，26（1），41-46.

脇中起余子（2019）聴覚障害学生の日本語に関する困難点の分析（5）〜敬語や文章校正の問題を中心に〜．筑波技術大学テクノレポート，27（1），11-16.

脇中起余子（2020a）Web 助詞問題の開発〜中等・高等教育段階の聴覚障害児のために〜．地域ケアリング：2020 年 12 月号，60-64.

脇中起余子（2020b）聴覚障害学生の日本語に関する困難点の分析（6）〜ことばから概念への発達に関して〜．筑波技術大学テクノレポート，28（1），13-18.

脇中起余子（2021）聴覚障害学生の日本語に関する困難点の分析（7）〜遠隔授業の実施と敬語に関する理解状況〜．筑波技術大学テクノレポート，29（1），7-13.

脇中起余子（2023a）聴覚障害学生の日本語に関する困難点の分析（8）〜反論を想定した文章づくりを通して〜．筑波技術大学テクノレポート，30（1），4-8.

脇中起余子（2023b）口話併用手話により日本語はどこまで正確に聴覚障害児に届いているか〜補聴機器装用や聴力レベルとの関連〜．ろう教育科学，64（2），21-31.

脇中起余子（2023c）聴覚障害学生の日本語に関する困難点の分析（9）〜漢字の読みの問題を通して〜．筑波技術大学テクノレポート，31，1-6.

脇中起余子（2023d）「自分の思いの否定を裏付ける事実・推測」を考えることの困難性〜聴覚障害者のうつ病治療用「こころアプリ」使用の可能性を探るために〜．筑波技術大学テクノレポート，31，36-40.

脇中起余子（2024a）聴覚障害学生の尊敬語・謙譲語，レル形・セル形の理解状況．ろう教育科学，65（2），11-20.

脇中起余子（2024b）聴覚障害学生における授受表現（一般動詞・敬語動詞）の理解状況〜授受の方向と視点制約（ウチソト）の理解〜．ろう教育科学，66（1），37-45.

湯澤正通・湯澤美紀（2017）ワーキングメモリを生かす効果的な学習支援—学習困難な子どもの指導方法がわかる！．学研のヒューマンケアブックス．学研プラス．

脇中　起余子（わきなか・きよこ）

【著者略歴】

新生児のときに失聴。京都府立聾学校幼稚部修了後，京都市立出水小学校（現二条城北小学校）難聴学級卒業。ノートルダム女学院中学校・高等学校卒業。京都大学教育学部卒業。同大学院教育学研究科修士課程修了。同大学院教育学研究科博士後期課程2年次中退を経て，京都府立聾学校に着任し，数学や自立活動を担当する。龍谷大学大学院文学研究科博士後期課程（社会人入学）修了（教育学博士）後，筑波技術大学に着任し，日本語表現法などを担当する。現在に至る。

【主な著書】

『よく似た日本語とその手話表現　第1～2巻』北大路書房，2007年

『からだに関わる日本語とその手話表現　第1～2巻』北大路書房，2008年

『聴覚障害教育これまでとこれから』北大路書房，2009年

『助詞の使い分けとその手話表現　第1～2巻』北大路書房，2012年

『9歳の壁を越えるために』北大路書房，2013年

『ろう教育論争殺人事件』北大路書房，2018年

聴覚障害のある教員が導き出した
生徒の認知特性を生かした指導
－聴覚障害児に見られる傾向や指導上の工夫点，留意事項－

2024年10月11日　初版第1刷発行

■著　　者　　脇中 起余子
■発 行 人　　加藤 勝博
■発 行 所　　株式会社 ジアース教育新社
　　　　　　　〒101-0054　東京都千代田区神田錦町 1-23　宗保第2ビル
　　　　　　　TEL：03-5282-7183　FAX：03-5282-7892
　　　　　　　E-mail：info@kyoikushinsha.co.jp
　　　　　　　URL：https://www.kyoikushinsha.co.jp/

■表紙デザイン　　綿貫 友希
■本文デザイン・DTP　　土屋図形 株式会社
■印刷・製本　　三美印刷 株式会社
Printed in Japan
ISBN978-4-86371-701-5